Kevin Leppek

Theater als interkultureller Dialog

Kevin Leppek

Theater als interkultureller Dialog

DSCHUNGEL WIEN – Theaterhaus für junges Publikum

Tectum Verlag

Aus Förderung der Dr. Alois Mock-Europa-Stiftung

Kevin Leppek

Theater als interkultureller Dialog.
DSCHUNGEL WIEN - Theaterhaus für junges Publikum

Zugl.: Wien, Univ. Diss. 2010

ISBN: 978-3-8288-2437-9

Umschlagabbildung - Henri Rousseau: Der Traum, 1910. Aus: The Yorck Project: 10.000 Meisterwerke der Malerei. DVD-ROM, 2002.

Besuchen Sie uns im Internet
www.tectum-verlag.de

Bibliografische Informationen der Deutschen Nationalbibliothek
Die Deutsche Nationalbibliothek verzeichnet diese Publikation in der Deutschen Nationalbibliografie; detaillierte bibliografische Angaben sind im Internet über http://dnb.ddb.de abrufbar.

Für meinen besten Freund
Wolfgang

DANKSAGUNG

An dieser Stelle möchte ich mich bei einigen Personen bedanken, die mich bei der Erstellung dieser Arbeit unterstützt haben.

Ich widme diese Arbeit meinem besten Freund, Wolfgang de Bellis, ohne dessen Unterstützung diese Dissertation niemals zu einem Abschluss gekommen wäre. Ich habe dir so vieles zu verdanken, dass es sich nicht in Worte fassen lässt. Dadurch, wie du mit dir selbst und mit mir umgegangen bist, hast du einen stabilen und doch flexiblen Grundstein für meine weitere Persönlichkeit gelegt. Du hast durch dein Verständnis, deinen Ermunterungen, deinen umfassenden Korrekturhilfen und vor allem durch deine ständige Hilfe zur Fertigstellung der Arbeit beigetragen. Ich empfinde tiefste Hochachtung für deine Person und möge der Bann zwischen uns nie brechen.

Der Impuls für die vorliegende Arbeit kam von Frau Dr. Ingrid Geretschlaeger, der ich dafür sehr herzlich danke und ohne deren wertvolle Gespräche der Stein nicht ins Rollen gekommen wäre.

Mein großen Dank gilt Frau Univ.-Prof. Dr. Brigitte Marschall für die Betreuung und Fertigstellung der Arbeit in vielfältiger Weise. Sie brachten mir immer wieder sehr viel Hilfsbereitschaft, wissenschaftliches Wissen und vor allem wertvolle Ratschläge für das Gelingen der Arbeit entgegen.

Besonderer Dank gilt auch Herrn Univ.-Prof. Dr. Christian Schulte, der sich freundlicher Weise als Zweitbegutachter zur Verfügung gestellt hat. Des Weiteren möchte ich mich bei Frau Marianne Artmann und Frau Mag.[a] Sabine Forstner-Widter sowie dem restlichen Team des DSCHUNGEL WIEN - Theaterhauses für junges Publikum für deren wertvolle Hilfe und Unterstützung herzlich bedanken.

An dieser Stelle danke ich auch meiner lieben Freundin Mag.[a] Mitra Oshidari. Ich bin dankbar für unsere ehrliche, treue, vertrauensvolle und kostbare Freundschaft, die an einem Abend im Mai 2007 ihren Anfang fand und zu einer großen Bedeutsamkeit in meinem Leben wurde. Mitra, du bist mir wahrhaft eine gute Freundin, hast so manche Erfahrung meines Lebens mit mir geteilt und warst immer da, wenn ich dich brauchte. Gemeinsam schaffen wir den Weg, gemeinsam lachen wir, bis der „Hirsch" kommt und gemeinsam begeben wir uns auf die „Bretter, die

die Welt bedeuten". Ich möchte dich in meinem Leben nicht mehr missen.

Zu guter Letzt möchte ich allen meinen Freunden und besonders meiner Oma danken, da sie mein Leben mit ihrer jeweiligen besonderen Wesensart bereichern.

INHALTSVERZEICHNIS

I. EINLEITUNG

Die wissenschaftliche Auseinandersetzung mit Interkulturalität im gesellschaftspolitischen Kontext erfährt zunehmend an Bedeutung, denn „das Wort *interkulturell* wird im Wissenschaftsdiskurs der 90er Jahre gerade inflationär gebraucht, oft ohne seine Bedeutung zu spezifizieren."[1] Jedoch hat sich das Thema der Migration in einer steigenden ökonomischen, politischen und kulturellen Globalisierung enorm verschärft und rückt nunmehr in den Mittelpunkt eines wissenschaftlichen Interesses.

2008 war das Europäische Jahr des interkulturellen Dialogs. Das heutige Europa ist gekennzeichnet durch multiethische, multikulturelle und multikonfessionelle Mannigfaltigkeit. „Während die Europäische Union diese Vielfalt als Grundlage der Konstituierung einer gemeinsamen europäischen Identität sieht, ist die öffentliche Debatte über Fragen der Migration und Integration von Ängsten, Befürchtungen und Klischeevorstellungen geprägt."[2] Der interkulturelle Dialog verfolgt daher das Ziel, Menschen unterschiedlicher Kulturen zu einem Austausch anzuregen, um so ein zukünftiges Miteinander zu fördern.[3] Anhand dieser Aussagen ist zu ersehen, dass das Thema Interkulturalität gerade im Zuge einer verstärkten Europäisierung, Globalisierung und auch Pluralisierung aktueller denn je ist. Auch das Medium Theater setzt sich mit dieser Thematik auseinander und liefert einen wertvollen Beitrag.

Meine Dissertation soll einen wissenschaftlichen Beitrag zum interkulturellen Dialog am „Theaterhaus für junges Publikum - Dschungel Wien" liefern. In diesem Zusammenhang sind bei der empirischen Untersuchung zwei zentrale Forschungsfragen zu stellen:

---

1 Brunzel, Peggy: Kulturbezogenes Lernen und Interkulturalität. Dissertation. Universität Kassel. 2001. Seite 28.

2 Kultur Kontakt Austria. Symposiumsrückblick - Europäisches Jahr des interkulturellen Dialogs 2008. Jahrgang 4, H1. Wien. 2007. Seite 2.

3 Vgl. Geretschlaeger, Ingrid: Integration beginnt im Kopf - aller Beteiligten. In: Medien Impulse - Beiträge zur Medienpädagogik. Heft Nummer 63, März 2008. Hier Seite 20.

- Wie und in welchen Konzepten und Strukturen des Programms vermittelt das Theaterhaus „Dschungel Wien" den interkulturellen Dialog?
- Welche Dramaturgien und ästhetische Verfahrensweisen werden für die Repräsentation des interkulturellen Dialogs in den untersuchten Theaterstücken des Dschungel Wiens eingesetzt?

Interkulturelle Themen und Aspekte im Theater sehe ich als künstlerisch-ästhetische und besonders pädagogische Herausforderung. Das Theaterhaus Dschungel Wien versteht sich als offenes Zentrum für Kinder, Jugendliche, Familien und junge Erwachsene. Es ist bemüht, als Drehscheibe für Kunst und Kultur sowie als Ort der Begegnung, zu agieren.[4]

> „Theater, Kunst und Kultur bedeuten oft Abenteuer, sind voll von Überraschungen, sind ein sinnliches Erlebnis mit vielfältigsten Momenten, und beinhalten Fantasien und Wünsche, sind voller Träume und Sehnsüchte, setzen sich mit anderen Kulturen und Anschauungen auseinander, lassen einen oft einsam im Dunkeln stehen, um plötzlich alle Farben dieser Welt wieder zu zeigen. Und jeder hat in seinen Gedanken andere Bilder, jeder hört eine andere Geschichte, jeder empfindet anders beim Blick auf die Bühne, beim Erlebnis von Musik, beim Lesen eines Buches und beim Betreten eines Raumes."[5]

Gerade das Theater in seinen ästhetischen, kulturellen und geschichtlichen Ausprägungen vermag Menschen jene Perspektiven zu geben, die möglicherweise das eigene Empfinden und Handeln überdenken und reflektieren lassen und in einen neuen Bezug stellen. Das Theaterhaus Dschungel Wien bekennt sich zu seinem Bildungsauftrag, die kulturelle und künstlerische Vielfalt zu fördern, indem es Kinder, Jugendliche und Erwachsene an unterschiedliche Kunstrichtungen heranführt und so neue Sichtweisen und Handlungskonzepte erschließt.

Ein solches Arbeitsfeld bedingt das Zusammentreffen unterschiedlichster Kulturen mit dem gemeinsamen Ziel, soziale, individuelle und kulturelle Unterschiede in einem Arbeitsprozess zu vereinen und diese im

---

4 Vgl. Dschungel Wien: Rubrik – Das Haus. http://www.dschungelwien.at/ Zugriff am 15. Mai 2008.

5 Ebd.

gemeinsamen Spiel auch auszudrücken und eben durch den Austausch etwas Neues, Kreatives entstehen zu lassen.

Den Zuschauer als passiven Betrachter eines Stückes zu begegnen, will sich das Theaterhaus entziehen, da „Theater nicht durch passives Zuschauen, sondern vom aktiven Mitdenken dominiert [wird]."[6] Um Kinder, Jugendliche und Erwachsene für Kunst zu interessieren und sensibilisieren und ihr aktives Mitgestaltungspotential zu fördern, bedient sich der Dschungel Wien unterschiedlicher Dramaturgien und bietet seine Produktionen in den Formen Erzähltheater - Tanztheater - Musiktheater - Figuren und Objekttheater - Multimediale Performance - Comics - Visuals - Oper und Konzert an.

In der Geschichte des Theaters gibt es eine lange Tradition, interkulturelle Aspekte auf der Bühne zu thematisieren und darzustellen. Deswegen ist es erstaunlich, dass ich im Zuge meiner Recherchen bislang auf wenig theaterwissenschaftliche Diskurse, den interkulturellen Dialog im Theater betreffend, gestoßen bin. Das verleitet mich, Modelle für einen interkulturellen Dialog im Theater als Institution und auf der Bühne zu entwickeln und diese theoretischen Erkenntnisse anhand von Theaterstücken, die im Dschungel Wien aufgeführt wurden, exemplarisch darzustellen.

Aufbau der Dissertation

Die Dissertation besteht aus zwei Teilen - einem theoretischen und, wie oben bereits teilweise beschrieben, empirischen Teil.

Der theoretische Teil umfasst die zum interkulturellen Dialog vorhandenen Publikationen und Beiträge mit einer eingehenden Analyse der Intention des Theaterhauses in Bezug auf das europäische Jahr des interkulturellen Dialogs. Der praktisch-empirische Teil beinhaltet zunächst die Darstellung des Theaterhauses für junges Publikum - Dschungel Wien und setzt sich mit einzelnen Theaterproduktionen des Hauses, welche den interkulturellen Dialog als Thema haben, auseinander. Inhalte wie Migration, Integration, Klischeevorstellungen, Vorurteile gegenüber Fremdartigkeit etc. werden hier auf der Bühne thematisiert. Zudem bietet das Theater Raum für eine ausgezeichnete Integrationsmög-

6 Dschungel Wien: Programm 2007/2008. http://www.dschungelwien.at/cgi-bin/page.pl?id=5;lang=de. Zugriff am 15. Mai 2008.

lichkeit für Theaterschaffende - mit und/oder ohne Migrationshintergrund.

Das erste Kapitel des theoretischen Teiles befasst sich zunächst mit den Begriffen „Inter", „Kultur" und „Dialog", um danach für den zusammengefassten Begriff - „Interkultureller Dialog" - eine fundierte Beschreibung zu finden. Bei der Definition des Begriffes Kultur ist mir besonders wichtig herauszufinden, was Kultur ist, ob man Kultur in verschiedene Ebenen einordnen kann, was unter Kulturstandards zu verstehen ist und welchen Stellenwert Kultur aktuell für die Gesellschaft ausmacht. Auch soll die Frage nach einer „kulturellen Identität" beantwortet werden.

Bei der Auseinandersetzung mit dem Begriff „Interkultureller Dialog" im Bezug auf das europäische Jahr des interkulturellen Dialogs 2008 möchte ich die Fragen beantworten, wie dieser im Kontext der Kulturpolitik entstanden ist und welche Aufgaben und Ziele damit verfolgt werden. Darüber hinaus erscheint mir besonders wichtig, die Bedeutung der wesentlichen Elemente des interkulturellen Dialogs nach EDUCULT[7] aufzuzeigen. Des Weiteren ist es mir ein Anliegen, den kulturellen Austausch in der Europäischen Union darzustellen. Sind die Europäer überhaupt interessiert, Menschen aus anderen europäischen Ländern zu begegnen? Wie sieht die Bereitschaft, eine neue Sprache zu lernen, aus? Welche Maßnahmen würden den Europäern helfen, sich gegenseitig besser kennen zu lernen? Abschließend werden die Chancen des interkulturellen Dialogs aufgelistet und erläutert.

Im zweiten Kapitel erfolgt eine Vertiefung der Themen „Migration" und „Integration" in Österreich, um dabei kulturelle Unterschiede sichtbar zu machen und hervorzuheben. Definitionen, Geschichte der Migration und Überlegungen zu Integration in Verbindung zu MigrantInnen und Kultur finden dabei besondere Berücksichtigungen.

---

7 Anmerkung: EDUCULT - Institut für die Vermittlung von Kunst und Wissenschaft hat im Auftrag des Bundesministeriums für Unterricht, Kunst und Kultur einen Bericht mit dem Titel „Kunst, Kultur und Interkultureller Dialog" zum Europäischen Jahr des interkulturellen Dialogs 2008 herausgebracht. In diesem Report wurden Hintergrundwissen zu Fakten und Perspektiven, die der interkulturelle Dialog im Bildungs-, Kunst- und Kulturbereich eröffnet, dargelegt.

Die Thematisierung des „Fremden“ und des „Eigenen“ muss zusätzlich im dritten Kapitel diskutiert werden, da der Frage nachgegangen werden muss, wie "Fremdheit“ in der Gesellschaft gesehen wird.

Das vierte Kapitel erläutert die derzeit vorherrschende interkulturelle Bildung in unserer Gesellschaft. Familie, frühkindliche Erziehung, Schule, außerschulische und kulturelle Kinder- und Jugendbildung, interreligiöser Dialog sowie Medien als Bildungsmittel stehen hierbei als unerlässliche Untersuchungsgegenstände im Vordergrund. Ebenso soll im Abschnitt Medien als Bildungsmittel die Präsenz von Personen mit Migrationshintergrund im Fernsehen näher untersucht und am Beispiel der öffentlich rechtlichen Sendeanstalten in Deutschland und Österreich aufgezeigt werden. Die Politik spielt eine weitere wesentliche Bedeutung in der Vermittlung von Gesellschaftsbildern und Werten.

Abschließend wird im fünften und letzten Kapitel des theoretischen Teils das Medium Theater als Vermittler des Themas interkultureller Dialog behandelt. Die Fokussierung liegt hier in den Bereichen „interkulturelle Einflüsse, Themen, Aspekte vergangener und heutiger Zeit“, „interkulturelle Theaterarbeit in der Freien Szene“, „Wiener Theaterreform, die erstmalig fremdsprachiges und inter-/multikulturelles Theater subventioniert“, „Formen des Interkulturellen im Theater“ und endet in abschließenden Überlegungen und Entwicklungen zu „Modellen interkulturellen Dialogs im und auf dem Theater“.

Im empirischen Teil wird speziell auf das Theaterhaus für junges Publikum - Dschungel Wien eingegangen, wobei Bereiche wie die Entstehungsgeschichte des Hauses, die Mission, das Programm, die Theaternutzung und der Bezug zum interkulturellen Dialog diesen Teil beherrschen. Die Zusammenfassung eines Email Interviews mit der Dramaturgin des Hauses, Marianne Artmann, scheinen mir unerlässlich zu sein, um eine stringente und schlüssige Erklärung zur Positionierung des Theaterhauses zu liefern. Dieses Interview soll zeigen, dass sich das Theaterhaus tatsächlich und bewusst im Spielraum des interkulturellen Handelns und Dialogs bewegt und sich nicht nur zufällig einer Programmgestaltung unterwirft. Im Anschluss an diese Abhandlung werden drei ausgewählte Inszenierungen szenentechnisch und in Hinblick auf meine im theoretischen Teil entwickelten „Modelle interkulturellen Dialogs im und auf dem Theater“ analysiert. Auf Basis dieser Modelle und vorangegangener Überlegungen soll der Beweis erbracht werden, dass sich der Dschungel Wien nachhaltig mit dem Thema „Interkultureller Dialog“ beschäftigt. Der empirische Teil soll aber vor allem auch die Erkenntnis bringen, wie der interkulturelle Dialog weiterentwickelt werden und zur Angebotsstruktur des Hauses in Zukunft beitragen kann.

Durch den interkulturellen Dialog soll sich das Zusammenleben von Menschen unterschiedlicher Nationalitäten verbessern. Meine Herausforderung wird darin bestehen, dass ich die Position des interkulturellen Dialogs in der künstlerischen Ausdrucksform der verschiedenen Theaterproduktionen extrahiere und den Wert des interkulturellen Austausches explizit darstelle.

Zum Abschluss dieser Dissertation werden die Ergebnisse der empirischen Untersuchung sowie ein Resümee des theoretischen Teils festgehalten und weiterführende Gedanken zum Theater als Ort für „Interkulturellen Dialog" aufgezeigt.

II. THEORETISCHER TEIL

1 Kulturkonzepte

1.1 Begriffserklärungen

Möchte man herausfinden, was die Bedeutung des Begriffes „Interkultureller Dialog" ist, stößt man seitens der Wissenschaft auf zunächst keine geschlossene Definitionen. Er scheint auf nationaler Ebene sowie im europäischen Kontext nicht richtig greifbar zu sein. Von Philosophen, Kommunikationsexperten und Experten aus den Bereichen Kultur, Kunst, Recht, Bildung Wirtschaft, Politik etc. gibt es Mutmaßungen, dass der Begriffszusammenhang eine politische Strategie zu sein scheint.[8]

Um dennoch eine Erklärung der Bedeutung des Begriffszusammenhangs des interkulturellen Dialogs zu geben, werde ich zunächst einmal den zusammengefassten Begriff des „Interkulturellen Dialogs" auseinandernehmen und die einzelnen Worte „inter", „Kultur" und „Dialog" wissenschaftlich untersuchen - und eine für die Arbeit fundierte Beschreibung der einzelnen Wortbedeutungen finden.

1.1.1 Begriffsdefinition von „inter"

„Die Vorsilbe *inter* betont Streuungseffekte"[9] und „bedeutet soviel wie zwischen, mitten, hin und wieder, inmitten, unter. Es kann sowohl räumlich als auch zeitlich gebraucht werden."[10]

Daher geht es im Bereich des *Inter*-kulturellen Dialogs um ein Gespräch *zwischen* den verschiedenen Kulturen, (und) nicht um die bloße Erweiterung eines bestimmten Zentrums.

8 Vgl. EDUCULT - Denken und Handeln im Kulturbereich. Kunst, Kultur und Interkultureller Dialog. Wien. 2008. Seite 12f.

9 Demorgon, Jacques: Europakompetenz lernen interkulturelle Ausbildung und Evaluation. Frankfurt/Main [u.a]: Campus-Verlag. 2001. Seite 39.

10 Huber, Hans-Dieter: Interkontextualität und künstlerische Kompetenz. Eine kritische Auseinandersetzung. http://www.hgb-leipzig.de/ARTNINE/huber/aufsaetze/glarus.html. Zugriff am 1. Juni 2008.

1.1.2 Kultur

In diesem Unterkapitel soll zunächst der Versuch zu einem grundlegenden Verständnis eines Kulturbegriffes unternommen werden. Weiterführend wird die Bedeutung auf verschiedene Ebenen eines Individuums innerhalb einer Gemeinschaft beschrieben und der Begriff von Kultur im Rahmen der kulturellen Dimensionen in Form von Geert Hofstede's Kulturebenen unterschieden. Am Ende möchte ich herausfinden, welchen aktuellen Stellenwert Kultur in unserer Gesellschaft ausmacht.

1.1.2.1 Etymologien des Kulturbegriffs

Ein einfaches Substantiv und dennoch gibt es für das Wort „Kultur" keine eindeutige, ausreichende Erklärung. „"Kultur" ist immer und überall, und dabei eigenartig vage und doch viel sagend. So hat sich der englische Literaturtheoretiker Terry Eagleton einmal darüber mokiert, dass in unserer Postmoderne eigentlich nur mehr der eigene Tod nicht „Kultur" sei."[11] In der Forschung ist die Bedeutung der Definition von „Kultur" umstritten und vor allem diskussionswürdig - „"Den" allgemein gültigen Kulturbegriff gibt es nicht."[12] Edith Slembek spricht von über 300 Kulturdefinitionen.[13] Auch wenn der Kulturbegriff an sich schon paradox ist, stellt sich aber dennoch die Frage, was unter „Kultur" zu verstehen ist. Es hängt vor allem davon ab, nach welcher Betrachtungsweise man an diese Frage herangeht, sei es in der Philosophie, in der Theologie, in der Anthropologie, Ethnologie, Soziologie, Pädagogik, Psychologie, in der Wirtschaft, in der Kulturwissenschaft etc.

Möchte man zunächst wissen, was in welcher historischen Epoche und in welchem Gesellschaftsmodell unter Kultur zu verstehen ist, bekommt man im traditionellen Fremdwörterbuch der deutschen Gegenwartssprache, kurz Duden genannt, folgende Beschreibung:

> „1. [...] Gesamtheit der geistigen u. künstlerischen Lebensäußerungen einer Gemeinschaft, eines Volkes.

---

11 Ruthner, Clemens: Schlüsselbegriff „Kultur" - Facetten eines viel sagenden Wortes. In: Medien - Impulse. Heft Nr. 63., März 2008. Seite 10.

12 Bolten, Jürgen: Interkulturelle Kompetenz. Landeszentrale für politische Bildung Thüringen. Erfurt: Druckerei Sömmerda GmbH. 2007. Seite10.

13 Vgl. Slembek, Edith: Grundfragen der interkulturellen Kommunikation. In: Jonach, Ingrid (Hg.): Interkulturelle Kommunikation. (Reihe: Sprache und Sprechen. Beiträge zur Sprechwissenschaft und Sprecherziehung, Bd. 34), München, Ernst Reinhardt Verlag. 1998. Seite 27.

2. […] feine Lebensart, Erziehung u. Bildung.

3. Zucht von Bakterien u. anderen Lebewesen auf Nährböden.

4. Nutzung, Pflege u. Bebauung von Ackerboden.

5. Junger Bestand von Forstpflanzen.

6. […] das Kultivieren"[14]

Kurz und prägnant beschrieben, aber keine wissenschaftlichen Erklärungen. Da liefert uns der (Kultur-)Philosoph und Ästhetiker Wilhelm Perpeet[15] eine genauere etymologische Beschreibung über den wortgeschichtlichen Kulturbegriff:

> „"Kultur", dem lateinischen „cultura" entlehnt, kommt von „colere" = drehen, wenden, bebauen. Die Wortfamilie von „colere" ist groß: excolere = veredeln, verfeinern; percolere = ausarbeiten; praecolere = vorarbeiten; recolere = wiederherstellen; cultus, -a, -um = angebaut; culta, -orum oder agri culti = bestellte Äcker; agrum colere = Ackerland bestellen. „Cultura" bedeutet agrarische Tätigkeit *und* Ackerland. Die agrarische Bedeutung von „Kultur" ist geläufig in Bezeichnung wie: Obst-, Mono-, Misch-, Treibhaus- und Hortikultur, Kulturpflanze-, -haus, -kasten, Kulturverfahren, Kultivator usw."[16]

Wir nähern uns dem etymologischen breiten Spektrum des Kulturbegriffs. Zur Erklärung werde ich zunächst die Darstellung von Jürgen Bolten, Professor für interkulturelle Wirtschaftskommunikation an der Friedrich-Schiller-Universität, heranziehen, in der er die Etymologie des Kulturbegriffs in einen „erweiterten" und in einen „engen" unterscheidet.

---

14 Duden: Stichwort Kultur. Das Fremdwörterbuch. Mannheim: Dudenverlag. 2001. Seite 557.

15 Wilhelm Perpeet (*1915, † 2002) war ein (Kultur-)Philosoph und Ästhetiker. Er wirkte mit seinen Forschungen im Bereich des Kulturbegriffs wesentlich am Verständnis der Gegenwart mit. Einer seiner häufig gebrauchten Sätze waren u.a. „Des Menschen Lebenswelt ist eine Kulturwelt". Er beharrte auf Begründung in der Kulturphilosophie und unterschied zwischen „formaler" und „materialer" Kulturphilosophie – „Kultur steht für ein Wir-Bewusstsein, das verpflichtet. Wer sich vereinzelt, nur an sich und für sich denkt und lebt, lebt barbarisch, das heißt fern von aller Kultur."

Vgl. Seibel, Johannes: Des Menschen Lebenswelt ist eine Kulturwelt – Zum Tod des Bonner Philosophen Wilhelm Perpeet DT vom 31.08.2002. http://www.die-tagespost.de/archiv/titel_anzeige.asp?ID=1352. Zugriff am 5.4. 2008.

16 Perpeet, Wilhelm: Kulturphilosphie. Anfänge und Probleme. Bonn: Bouvier Verlag. 1997. Seite 9.

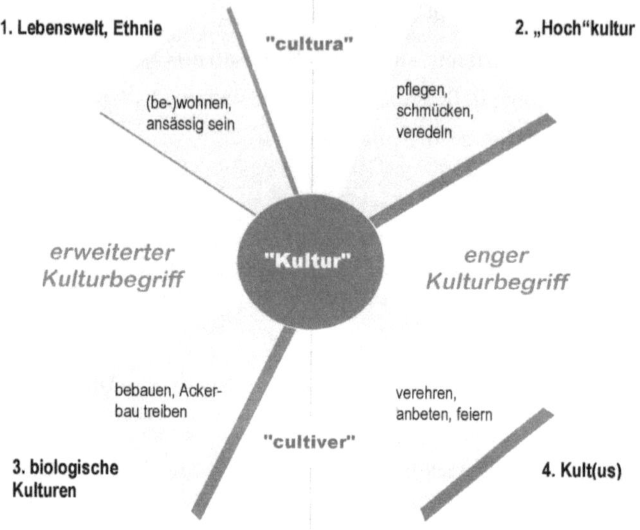

Abb.1[17] Etymologie des Kulturbegriffs

Dieses Modell zeigt, dass der Kulturbegriff in vier Bedeutungsdimensionen unterteilt ist. Er beschreibt, dass Kultur –

> „abgeleitet aus dem lateinischen Verb *colere* fanden über die Vermittlung des französischen *cultiver* Zusammensetzungen mit dem Wortstamm *kult-* Eingang in das Deutsche, die hinsichtlich ihrer Bedeutungskontexte in vier deutlich voneinander abgrenzbare Gruppen eingeteilt werden können. Es handelt sich hierbei um 1. *(be)wohnen, ansässig sein,* 2. *pflegen, schmücken, ausbilden, wahren, veredeln,* 3. *bebauen, Ackerbau treiben* und 4. *verehren, anbeten, feiern.*"[18]

Diese vier Gruppen haben zudem eine klare Bedeutungszuweisung in Wortverbindungen mit den vier Grund- und Bestimmungswörtern: 1. Lebenswelt, Ethnie, 2. „Hoch"kultur, 3. biologische Kulturen und 4. Kult(us). Die Variante 4. *verehren* ist relativ eindeutig in Wortverbin-

---

17 **Abb. 1:** Bolten, Jürgen: Interkulturelle Kompetenz. Landeszentrale für politische Bildung Thüringen. Erfurt: Druckerei Sömmerda GmbH. 2007. Seite 11.

18 Petschnig zitiert nach Bolten, Jürgen: Interkulturelle Kompetenz. Landeszentrale für politische Bildung Thüringen. Erfurt: Druckerei Sömmerda GmbH, 2007. Seite 11 bzw. Petschenig, Michael: Der kleine Stowasser. Lateinisch-deutsches Wörterbuch. München. 1969. Seite 114.

dung mit dem Grund- oder Bestimmungswort Kult(us) realisiert. Beispiele: Kultstätte, Marienkult, kultig, Kultfilm. Die anderen drei Bedeutungen: 1. *(be)wohnen, ansässig sein,* 2. *pflegen, schmücken, ausbilden, wahren, veredeln,* 3. *bebauen, Ackerbau treiben* werden im Deutschen undifferenziert mit dem Grund- oder Bestimmungswort „Kultur" belegt.[19] „Dass jedoch Nationalkultur, Kulturraum (1) mit Geisteskultur, Kulturbanause, „Kunst", Kulturgut, Kulturtasche (2) oder mit Bakterienkultur, Kulturpflanze, Kulturflüchter (3) in keinem unmittelbaren Sinnzusammenhang stehen, liegt auf der Hand."[20]

Abschließend lässt sich zum Modell sagen, dass der „erweiterte Kulturbegriff" mit der Bedeutungsdimension der lebensweltlichen Dimension - 1. Lebenswelt, Ethnie - und im weiteren Sinne naturbezogenen Dimension - 3. biologische Kulturen - jeweils aus sehr unterschiedlichen und breit gefächerten Gegenstandsbereichen besteht, während der „enge Kulturbegriff" mit der hochkulturellen Dimension - 2. „Hoch"kultur - und kulturbezogen Dimension - 4. Kult(us) - eher Bedeutungsspektren wie Kultiviertheit, Religion und Kunst bzw. deren säkularisierte (verweltlichte) Kultformen auf den Kulturbegriff aufweist.[21]

1.1.2.2 Der erweiterte Kulturbegriff

Für meine Dissertation werde ich den „erweiterten Kulturbegriff" als „lebensweltlichen orientierten Kulturbegriff"[22] verwenden, da

> „ihm keine zeitlos-statische, sondern eine historisch-dynamische Bedeutung eigen ist. [...] Damit beinhaltet der Kulturbegriff wesentliche Voraussetzungen, die erbracht sein müssen, um Prozesse kulturübergreifenden Handelns ohne Wertungsbedürfnis beginnen und mitgestalten zu können."[23]

Dieser Begriff beinhaltet Bereiche wie Religion, Ethik, Recht, Technik, Bildungssysteme, materielle und immaterielle Produkte und auch Umweltschutz. Laut Jürgen Bolten beschränkt sich der „erweiterte Kulturbegriff" nicht nur auf die sogenannten „Schönen Künste": das Wahre

---

19 Vgl. Bolten, Jürgen: Interkulturelle Kompetenz. Landeszentrale für politische Bildung Thüringen. Erfurt: Druckerei Sömmerda GmbH. 2007. Seite 11.

20 Ebd.

21 Vgl. Ebd.

22 Ebd. Seite 13.

23 Ebd.

und das Gute wie z.B. die Literatur, das Theater, die Musik, der Tanz, die Malerei usw., sondern wird auch u. a. in den Bereichen Gesellschaft, Traditionen und Wissenschaft verwendet. In diesem Zusammenhang möchte ich eine interessante Kulturdefinition darstellen. Es handelt sich hierbei um die Definition von Geert Hofstede, der in seinem Werk „Interkulturelle Zusammenarbeit. Kulturen - Organisationen - Management" Kultur als „die Software des Geistes" beschreibt. Aus anthropologischer Sicht versteht Hofstede die Kultur als Gesamtheit der „kollektiven Denk-, Wahrnehmungs- und Handlungsmuster einer Gesellschaft."[24] Er definiert Kultur als

> „ein kollektives Phänomen, da man sie zumindest teilweise mit Menschen teilt, die im selben sozialen Umfeld leben oder lebten, d.h. dort, wo diese Kultur erlernt wurde. [...] Sie ist die kollektive Programmierung des Geistes[25], die die Mitglieder einer Gruppe oder Kategorie[26] von Menschen von einer anderen unterscheidet."[27]

In diesem Bezug sieht Alexander Thomas, Psychologe mit dem Forschungs- und Arbeitsschwerpunkt Interkulturelle Psychologie, Kultur als ein kollektives „Orientierungssystem":

---

24 Lüsebrink, Hans-Jürgen: Interkulturelle Kommunikation. - Interaktion, Fremdwahrnehmung, Kulturtransfer. Weimar: Verlag J.B. Metzler Stuttgart. 2005. Seite 10.

25 „Der Begriff „kollektive Programmierung des Geistes „ ähnelt dem Begriff des „Habitus" des französischen Soziologen Pierre Bourdieu (1930-2002): „Unter bestimmten Existenzbedingungen entsteht ein Habitus, ein System dauerhaft und übertragbarerer Veranlagungen. Ein Habitus...dient als Grundlage für Praktiken und Bilder..., die gemeinsam in Szene gesetzt werden können, ohne dass dafür ein Regisseur notwendig wäre"" Englische Übersetzung von Geert Hofstede aus Bourdieu, Pierre:Le sens pratique. Paris: Editions de Minuit, 1980. Seite 88f. In: Hofstede, Geert: Lokales Denken, globales Handeln - Interkulturelle Zusammenarbeit und globales Management. München: Deutscher Taschenbuch Verlag. 2006. Seite 47 (siehe Anmerkung 3).

26 „Eine *Gruppe* bezeichnet eine Reihe von Menschen, die in Kontakt miteinander stehen. Eine *Kategorie* besteht aus Menschen, die, ohne zwingend Kontakt miteinander zu haben, eine Gemeinsamkeit aufweisen, z.B. alle weiblichen Manager, oder alle Menschen, die vor 1940 geboren sind."

Hofstede, Geert: Lokales Denken, globales Handeln - Interkulturelle Zusammenarbeit und globales Management. München: Deutscher Taschenbuch Verlag. 2006. Seite 47 (siehe Anmerkung 2).

27 Hofstede, Geert: Lokales Denken, globales Handeln - Interkulturelle Zusammenarbeit und globales Management. München: Deutscher Taschenbuch Verlag. 2006. Seite 4.

„Kultur ist ein universelles, für eine Gesellschaft, Organisation und Gruppe aber sehr typisches Orientierungssystem. Dieses Orientierungssystem wird aus spezifischen Symbolen gebildet und in der jeweiligen Gesellschaft usw. tradiert. Es beeinflusst das Wahrnehmen, Denken, Werten und Handeln aller ihrer Mitglieder und definiert somit deren Zugehörigkeit zur Gesellschaft. Kultur als Orientierungssystem strukturiert ein für die sich der Gesellschaft zugehörig fühlenden Individuen spezifisches Handlungsfeld und schafft damit die Voraussetzungen zur Entwicklung eigenständiger Formen der Umweltbewältigung."[28]

Neben den für meine Dissertation expliziten Kulturbegriffsdefinitionen von Hofstede und Thomas sollen hier weitläufigere Begriffsbestimmungen zur Hilfe und zur Annäherung in der Arbeit exemplarisch näher ausgeführt werden, um diesen vielseitig interpretierbaren Begriff Kultur näher erkenntlich zu machen. In diesem Sinn verstehen sich die weiteren Definitionen, was alles Kultur sein könnte, als Zusammenfassung und Anregung.

Laut dem deutschen Anthropologen Wilhelm Emil Mühlmann ist Kultur "die Gesamtheit der typischen Lebensformen einer Bevölkerung, einschließlich der sie tragenden Geistesverfassung, insbesondere der Wert-Einstellungen."[29]

Für die US-Amerikanischen Anthropologen Kroeber & Kluckhohn, welche über 170 Kulturdefinitionen zusammengetragen haben[30], besteht Kultur

„aus expliziten und impliziten Mustern von und für Verhalten. Erworben und weitergegeben wird sie durch Symbole (einschließlich ihrer Verkörperung in Artefakten), welche eine besondere menschliche Leistung dar-

28 Thomas, Alexander: Psychologie interkulturellen Lernens und Handelns. In: Thomas, Alexander (Hrsg.), Kulturvergleichende Psychologie. Göttingen: Hogrefe-Verlag. 2003. S. 436f.

29 Mühlmann, Wilhelm Emil zitiert nach dem Wörterbuch der Soziologie: Stichwort Kultur. Hrsg. v. Wilhelm Bernsdorf. Band 2. Frankfurt am Main: Fischer-Taschenbuch-Verlag. 1972. Seite 479.

Vgl. Helmolt, Katharina v.: Kommunikation in internationalen Arbeitsgruppen. Eine Fallstudie über divergierende Konventionen der Modalitätskonstituierung. (Reihe interkulturelle Kommunikation, Bd. 2)

München: Iudicium, 1997. Seite 14 (Die Angaben über die von Kroeber/Kluckhohn gelisteten Kulturdefinitionen schwanken in einschlägiger Literatur zwischen 170 und 250).

stellen. Der Kern der Kultur besteht aus traditionellen (historisch überlieferten und ausgewählten) Ideen und damit verbundenen Werten."[31]

Zwar stammt diese Definition von Kroeber & Kluckhohn aus den 50er Jahren und ist weniger spezialisiert als heutige Begriffsdefinitionen, aber dennoch erscheint diese nach wie vor brauchbar und für diese Arbeit als Arbeitsdefinition sinnvoll vorgeschlagen.

Georg Auernheimer, emeritierter Professor der interkulturellen Pädagogik an der Erziehungswissenschaftlichen Universität Köln, versteht Kultur als „[...] das Bedeutungssystem, das sich die Menschen in der Auseinandersetzung mit ihren Lebensbedingungen zu ihrer Orientierung schaffen."[32]

Aus soziologischer Sicht bedeutet Kultur, wie John Fiske es formuliert, „die Verbreitung von Bedeutungen, Vergnügen und Werten im sozialen Raum."[33]

Des Weiteren betont eine andere Begriffsdefinition von Autoren der Birmingham School des britischen Kulturalismus, die dialektische Beziehung zwischen Kultur und Individuum:

> „Die Kultur einer Gruppe oder Klasse umfaßt die besondere und distinkte Lebensweise dieser Gruppe oder Klasse, die Bedeutungen, Werte und Ideen, wie sie in den Institutionen, in den gesellschaftlichen Beziehungen, in Glaubenssystemen, in Sitten und Bräuchen, im Gebrauch der Objekte und im materiellen Leben verkörpert sind. Kultur ist die besondere Gestalt, in der dieses Material und diese gesellschaftliche Organisation des Lebens Ausdruck findet. Eine Kultur enthält die ‚Landkarten der Bedeutung',

---

31 Kroeber, Alfred & Kluckhohn, Clyde zitiert nach Beer, Bettina: Ethnos; Ethnie; Kultur. In: Beer, Bettina und Fischer, Hans (Hrsg.): Ethnologie. Einführung und Überblick. Berlin: Reimer. 2003. Seite 66 Seite 55-72. bzw.
Kroeber, Alfred und Kluckhohn, Clyde: Culture. A Critical Review of Concepts and Definitions (Papers of the Peabody Museum of American Archaeology and Ethnology, Havard University, Bd. 47, No. 1) New York: Random House. O.J. Seite 357.

32 Auernheimer, Georg: Kulturelle Identität als pädagogisches Problem. In: Fuchs, Max (Hrsg.): Fachtagung Kulturelle Identität - eine Aufgabe für die Jugendarbeit? Remscheid: Akad. Remscheid für Musische Bildung und Medienerziehung. 1993. Seite 84.

33 Fiske, John: Wie ein Publikum entsteht. Kulturelle Praxis und Cultural Studies. In: Hörning Karl H. (Hrsg.) und Winter, Rainer: Widerspenstige Kulturen: Culture Studies als Herausforderung. Frankfurt am Main: Suhrkamp. 1999. Seite 248.

welche Dinge für ihre Mitglieder verstehbar machen. Diese Landkarten der Bedeutung trägt man nicht einfach im Kopf mit sich herum: sie sind in den Formen der gesellschaftlichen Organisation und Beziehung objektiviert, durch die das Individuum zu einem gesellschaftlichen Individuum wird. Kultur ist die Art, wie die sozialen Beziehungen einer Gruppe strukturiert und geformt sind; aber sie ist auch die Art, wie diese Formen erfahren, verstanden und interpretiert werden."[34]

Aus den oben angeführten Kulturdefinitionen können wir ablesen, dass

> „Kultur, gleich welcher Form des Ausdruckes sie sich bedient, eine Bekundung von Werten, Glaubenseinstellungen, Weltanschauungen, Orientierungssystemen, traditionellen Ideen, Symbolen, Sozialen Lebensbedingungen, kulturellen Dimensionen, Auseinandersetzungen mit dem eigenen Lebensbedingungen usw. ist. Durch den Kulturaustausch werden Dialoge geknüpft unter Beachtung der Ursprünglichkeit jedes Volkes."[35]

Um diese kulturellen Dimensionen zu verstehen ist es notwendig, Einsicht in verschiedene Denkmuster, Lebensweisen und Umweltdeutungen in den Gesellschaften zu gewinnen. Wichtig dabei ist, dass jeder Mensch weiß, dass „Kultur" aus eigenen Erfahrungen, Beobachtungen, Analysen usw. hervorgeht und sich nicht als abgesicherte Tatsachen und sachliche Darstellungen zeigt. Man kann sich der Objektivität der Kultur nur nähern, wenn man viele unterschiedliche Formen von „Kultur(en)" kennenlernt. Erst dann ist es möglich, sich von subjektiven Urteilen beziehungsweise der Haftung an eine Perspektive zu befreien. Die Kultur entsteht, sobald ein/e BeobachterIn das Leben einer Gruppe beschreibt. Dadurch werden vom Betrachter eine Distanz und eine bewusste Aufmerksamkeit gefordert.[36]

Um diese Aufmerksamkeit des Anderen zu erhalten, bedarf eines es Kulturerwerbs, welcher nur durch das soziale Umfeld erlangt werden kann. Hofstede nennt dies die Quelle zum Kulturerwerb: „Die Programmierung beginnt in der Familie und setzt sich fort in der Nachbarschaft, in Schule, in Jugendgruppen, am Arbeitsplatz, in der Partner-

---

34 Clarke, John u.a. zitiert nach Luger, Karl: Offene Grenzen in der Kommunikationswissenschaft. Über die Notwendigkeit eines interkulturellen Forschungsansatzes. In: Luger, Karl und Renger, Rudi: Dialog der Kulturen. Die Multikulturelle Gesellschaft und die Medien. Wien. 1994. Seite 35.

35 Vgl. Bildung und Kultur in Europa – Das Magazin: Europa am Kreuzungspunkt der Welten. Ausgabe 24 – 2004. Seite 16.

36 Vgl. Tremetzberger, Iris: Menschrechte im Kulturvergleich. http://sammelpunkt.philo.at:8080/913/1/se0102arbtremetzberger.pdf. Zugriff am 5. Juni. 2008.

schaft."[37] Der Mensch wird nicht als Kulturwesen geboren, sondern wird erst durch das Auseinandersetzen mit seinem sozialen Umfeld zu diesem.

1.1.2.3 Kulturstandards

Nach Alexander Thomas ist Kultur als kollektives Orientierungssystem zu sehen. In diesem wird durch Zusammenstellungen, Vereinfachungen und Standardisierung versucht, sogenannte „Kulturstandards" zu definieren, um dabei eine Beschreibung aus der Vielfalt einer Kultur übersichtlich bzw. lehrbar zu machen.

> „Zentrale Merkmale des kulturspezifischen Orientierungssystems lassen sich als sogenannte „Kulturstandards" definieren. Unter Kulturstandards werden alle Arten des Wahrnehmens, Denkens, Wertens und Handelns verstanden, die von der Mehrzahl der Mitglieder einer bestimmten Kultur für sich persönlich und andere als normal, selbstverständlich, typisch und verbindlich angesehen werden. Eigenes und fremdes Verhalten wird auf der Grundlage dieser Kulturstandards beurteilt und reguliert. [...] Zentrale Kulturstandards einer Kultur können in einer anderen Kultur völlig fehlen oder nur von peripherer Bedeutung sein. Verschiedene Kulturen können ähnliche Kulturstandards aufweisen, die aber von unterschiedlicher Bedeutung sind und unterschiedlich weite Toleranzbereiche gewähren. Kulturstandards und ihre handlungsregulierende Funktion sind nach erfolgreicher Sozialisation im individuellen Handlungsvollzug innerhalb der eigenen Kultur nicht mehr bewusstseinspflichtig."[38]

Hofstede sieht die Kultur als „mentale Programmierung des Menschen."[39] „Das Verhalten eines Menschen ist nur zum Teil durch seine mentalen Programme vorbestimmt: er hat grundsätzlich die Möglichkeit, von ihnen abzuweichen und auf eine neue, kreative, destruktive oder unerwartete Weise zu reagieren."[40] Diese Programme eines Menschen

---

37 Hofstede, Geert: Lokales Denken, globales Handeln - Interkulturelle Zusammenarbeit und globales Management. München: Deutscher Taschenbuch Verlag. 2006. Seite 3.

38 Thomas, Alexander: Psychologie interkulturellen Lernens und Handelns. In: Thomas, Alexander (Hrsg.), Kulturvergleichende Psychologie. Göttingen: Hogrefe-Verlag. 2003. Seite 437f.

39 Hofstede, Geert: Lokales Denken, globales Handeln - Interkulturelle Zusammenarbeit und globales Management. München: Deutscher Taschenbuch Verlag. 2006. Seite 2.

40 Ebd. Seite 3.

nennt er Denk-, Fühl- und Handlungsmuster und teilt diese in drei Ebenen ein, nämlich in solche die

- „durch die menschliche Natur, die universell, biologisch, konstituiert und individuell spezifisch vererbt wird;
- durch die individualspezifische Persönlichkeit, die durch Erbfaktoren sowie durch persönliches Erleben geprägt wird;
- durch die Kultur, die erlernt und erfahren wird und - beispielsweise innerhalb einer Nationalkultur (wie der deutschen, französischen oder chinesischen) - gruppen-, sozial- und regionalspezifischen Varianten unterworfen ist.“[41]

1.1.2.4 Kulturebenen

Wenn wir über Kultur sprechen, müssen wir zunächst eine Prüfung der verschiedenen Ebenen der Kultur darlegen. Ich gehe hierbei weiterführend kurz auf die drei Kulturebenen von Geert Hofstede ein. „Da fast jede(r) gleichzeitig einer ganzen Reihe von verschiedenen Gruppen und Kategorien angehört, trägt er/sie zwangsläufig mehrere Schichten mentaler Programmierung in sich, die unterschiedlichen Kulturebenen entsprechen, insbesondere:"[42]

- einer nationalen Ebene, entsprechend dem jeweiligen Land.
- einer regionalen, ethischen, religiösen, sprachlichen Ebene.
- einer Ebene des Geschlechts.
- einer Ebene Generation.
- einer Ebene der sozialen Schicht.
- einer Ebene der Organisation (Beschäftigung in einer Abteilung, Firma, Arbeitsorganisation etc.)

41 Lüsebrink, Hans-Jürgen: Interkulturelle Kommunikation. - Interaktion, Fremdwahrnehmung, Kulturtransfer. Weimar: Verlag J.B. Metzler Stuttgart. 2005. Seite 11.

42 Hofstede, Geert: Lokales Denken, globales Handeln - Interkulturelle Zusammenarbeit und globales Management. München: Deutscher Taschenbuch Verlag. 2006. Seite 12.

Zu diesen unterschiedlichen Kulturebenen lässt sich noch sagen, dass diese nicht unbedingt in Einklang miteinander stehen müssen. Jedes Verhalten eines Individuums ist unterschiedlich und wird demzufolge auch in einer Gruppe sowohl positiv als auch negativ interpretiert bzw. aufgefasst werden. Daher sollte jeder Mensch, der verschiedenen Ebenen und Gruppen angehört, versuchen, ein für sich individuelles Normen- und Wertesystem zu entwickeln.[43]

1.1.2.5 Kulturelle Unterschiede

„Der Kulturbegriff im anthropologischen Sinn, den Hofstede auch als „software of the mind" bezeichnet, liegt der Interkulturellen Kommunikation zugrunde."[44] Um einen Gesamtzusammenhang für die Manifestationen der kulturellen Unterschiede zu erhalten, wird hier nun sein folgendes Zwiebelmodell gezeigt. Dabei werden die Begriffe Symbole, Helden, Rituale und Werte „als Schalen einer Zwiebel dargestellt, womit angedeutet werden soll, dass Symbole die oberflächlichsten und Werte die am tiefsten gehenden Manifestationen von Kultur sind und Helden sowie Rituale dazwischen liegen."[45]

---

43 Vgl. Ebd.

44 Lüsebrink, Hans-Jürgen: Interkulturelle Kommunikation. - Interaktion, Fremdwahrnehmung, Kulturtransfer. Weimar: Verlag J.B. Metzler Stuttgart. 2005 Seite 11.

45 Hofstede, Geert: Lokales Denken, globales Handeln - Interkulturelle Zusammenarbeit und globales Management. München: Deutscher Taschenbuch Verlag. 2006. Seite 7.

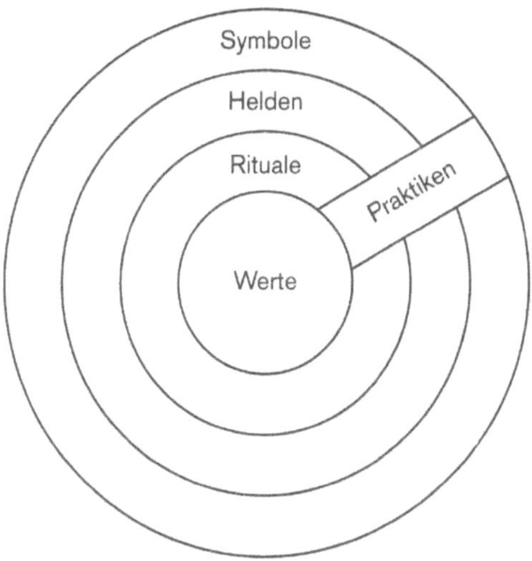

Abb.2[46] Das „Zwiebeldiagramm":
Manifestation von Kultur auf verschiedenen Tiefenebenen

In der äußeren, oberflächlichen Schicht des Diagramms befinden sich die Symbole. Diese sind für ihn

> „Worte, Gesten, Bilder oder Objekte, die eine bestimmte Bedeutung haben, welche nur von denjenigen als solche erkannt werden, die der gleichen Kultur angehören. Die Worte einer Sprache oder Fachsprache gehören zu dieser Kategorie, ebenso wie Kleidung, Haartracht, Flaggen und Statussymbole. Neue Symbole entwickeln sich rasch, und alte verschwinden."[47]

Die zweite Schicht „Helden"

> „sind Personen, tot oder lebend, echt oder fiktiv, die Eigenschaften besitzen, welche in einer Kultur hoch angesehen sind; sie dienen daher als Verhaltensvorbilder. Selbst Fantasie- oder Comicfiguren wie Barbie, Batman oder als Kontrast Snoopy in den USA, Asterix in Frankreich oder Ollie B.

---

46 **Abb. 2**: Hofstede, Geert: Lokales Denken, globales Handeln – Interkulturelle Zusammenarbeit und globales Management. München: Deutscher Taschenbuch Verlag, 2006. Seite 8.

47 Hofstede, Geert: Lokales Denken, globales Handeln – Interkulturelle Zusammenarbeit und globales Management. München: Deutscher Taschenbuch Verlag. 2006. Seite 7f.

Bommel (Mr. Bumble) in den Niederlanden, dienen als kulturelle Heldenfiguren. Im Zeitalter des Fernsehens hat das äußere Erscheinungsbild bei der Wahl von Helden eine größere Bedeutung als früher."[48]

Die angesprochenen Vorbilder bewirken eine kulturelle Identifikation und betreffen einen Personenkreis (u.a. Politiker, Schriftsteller, Militärs, Sportler, Künstler, religiöse Führer), mit welchem sich die Gesellschaft identifizieren kann und somit in ihrem kollektiven Gedächtnis speichert - „Software of the mind". Sie sind natürlich einem starken historischen Wandel unterworfen, der besonders im künstlerisch-musikalischen, politischen oder im sportlichen Bereich an der Tagesordnung steht.[49]

Die dritte Schicht „Rituale" bezeichnet Hofstede als

> „kollektive Tätigkeiten, die für das Erreichen der angestrebten Ziele eigentlich überflüssig sind, innerhalb einer Kultur aber als sozial notwendig gelten: sie werden daher um ihrer selbst willen ausgeübt. Formen des Grüßens und der Ehrerbietung anderen gegenüber, soziale und religiöse Zeremonien sind Beispiele dafür. Geschäftliche und politische Zusammenkünfte, die aus scheinbar rationalen Gründen organisiert werden, dienen häufig vor allem rituellen Zwecken, beispielsweise um den Gruppenzusammenhalt zu stärken oder um den führenden Persönlichkeiten Gelegenheit zur Selbstbehauptung zu geben."[50]

Wenn man das Zwiebeldiagramm nochmals betrachtet sieht man, dass die Schichten „Symbole", „Helden" und „Rituale" unter dem Begriff „Praktiken" zusammengefasst sind. „Als solche sind sie für einen außen stehenden Beobachter sichtbar, aber ihre kulturelle Bedeutung ist nicht sichtbar; sie liegt genau und ausschließlich in der Art und Weise, wie diese Praktiken von Insidern interpretiert werden"[51] und bedarf eines „common sense" einer Gemeinschaft.

---

48 Ebd. Seite 8.

49 Vgl. Lüsebrink, Hans-Jürgen: Interkulturelle Kommunikation. - Interaktion, Fremdwahrnehmung, Kulturtransfer. Weimar: Verlag J.B. Metzler Stuttgart. 2005. Seite 12.

50 Hofstede, Geert: Lokales Denken, globales Handeln - Interkulturelle Zusammenarbeit und globales Management. München: Deutscher Taschenbuch Verlag. 2006. Seite 8f.

51 Ebd. Seite 9.

Den Kern dieses Diagramms bilden die „Werte". Mit diesen „bezeichnet man die allgemeine Neigung, bestimmte Umstände anderen vorzuziehen. Werte sind Gefühle mit einer Orientierung zum Plus - oder Minuspol hin. Sie betreffen:

böse	-	gut
schmutzig	-	sauber
gefährlich	-	sicher
verboten	-	erlaubt
anständig	-	unanständig
moralisch	-	unmoralisch
hässlich	-	schön
unnatürlich	-	natürlich
anomal	-	normal
paradox	-	logisch
irrational	-	rational"[52]

„Statt von Werten zu sprechen wird in der interkulturellen Theorie häufig der Begriff Kulturstandard verwendet und in unterschiedlicher Weise definiert und empirisch operationalisiert."[53]

1.1.2.6 Kulturelle Identität

Die Bildung einer Identität erfolgt durch eine Abgrenzung des Einzelnen gegenüber dem Anderen. Sie entsteht durch die Übernahme von kulturellen Werten, Normen, Lebensgestaltungen, Ritualen, etc. die für jeden einzelnen Menschen identitätsstiftend sind. Identität ist somit sehr vielschichtig und darf nicht auf ein einziges Merkmal reduziert werden. Sie „bildet sich fortwährend, sie ist nicht statisch; gerade auch in der Begegnung mit dem Anderen bildet sich die eigene Identität heraus."[54] Ob-

52 Lüsebrink, Hans-Jürgen: Interkulturelle Kommunikation. - Interaktion, Fremdwahrnehmung, Kulturtransfer. Weimar: Verlag J.B. Metzler Stuttgart. 2005. Seite 12.

53 Ebd.

54 Höbsch, Werner: Unterscheiden, um zu klären. In: Pastoralblatt für die Diözesen Aachen, Berlin, Essen, Hildesheim, Köln und Osnabrück. Februar 2/2009. Seite 53.

wohl man mit jedem Menschen einige Identitätsmerkmale gemein haben kann, teilt man trotzdem nicht alle seine Zugehörigkeiten mit diesem.[55]

> „Im Zeitalter der Globalisierung mit seinen schwindelerregenden Umwälzungen, die uns alle erfassen, ist ein neues Verständnis von Identitäten vonnöten. Wir können uns nicht damit zufriedengeben, Milliarden von ratlosen Menschen nur die Wahl zwischen einem übertriebenen Beharren auf ihrer Identität und dem Verlieren jeglicher Identität, zwischen Fundamentalismus und Traditionsverlust zu lassen. Genau darauf aber läuft das immer noch vorherrschende Verständnis von Identität hinaus."[56]

Die Frage nach der Identität im kulturellen Kontext hat sich auch Amin Maalouf, französischer Schriftsteller libanesischer Herkunft, gestellt und versucht seine eigenen Erfahrungen als Migrant darzustellen. Er meint, dass jeder Mensch nur eine Identität besitzt und es dabei keine Aufteilung gibt, sehr wohl aber komplexe Identitäten und mehrere kulturelle Orientierungen möglich sind. Er schreibt:

> „Seit ich 1976 den Libanon verlassen habe, um mich in Frankreich niederzulassen, bin ich unzählige Male und immer in der allerbesten Absicht gefragt worden, ob ich mich „eher als Franzose" oder „eher als Libanes" fühle. Ich antworte jedes Mal: „Sowohl als auch!" Nicht aus Sorge um Ausgleich oder Ausgewogenheit, sondern weil ich lügen würde, wenn ich anders antwortete. Was mich zu dem macht, der ich bin, liegt in der Tatsache begründet, dass ich mich auf der Grenze von zwei Ländern, zwei oder drei Sprachen und mehreren kulturellen Traditionen bewege. Gerade das ist es, was meine Identität bestimmt. Wäre ich mehr ich selbst, wenn ich einen Teil von mir verleugnen würde?"[57]

Eine solche komplexe Identität kann ins Wanken geraten, wenn Menschen ermuntert werden, zu „ihrer Identität zu stehen". Dann meint man, dass sie sich auf ihre religiöse, nationale oder ethnische Herkunft besinnen und dies öffentlich zeigen.[58]

Als erstes Opfer der „tribalen" Auffassung von Identität (nämlich der Herkunft) sieht Maalouf den Migranten:

---

55 Vgl. Maalouf, Amin: Mörderische Identitäten. Aus dem Französischen von Christian Hansen. 5. Auflage. Frankfurt am Main: Suhrkamp Verlag. 2008. Seite 22.

56 Ebd. Seite 35.

57 Ebd. Seite 7.

58 Vgl. Ebd. Seite 8.

„Wenn es nur eine Zugehörigkeit gibt, die zählt, wenn man sich um jeden Preis entscheiden muss, dann fühlt er sich gespalten, hin- und hergerissen, dazu verurteilt, entweder sein Heimatland oder sein Gastland zu verraten, ein Verrat, den er nicht ohne Verbitterung und Zorn erleben wird. Bevor man zum Immigranten wird, ist man Emigrant, bevor man in einem Land ankommt, hat man ein anderes verlassen müssen, und die Gefühle eines Menschen gegenüber dem Ort, den er verlassen hat, sind niemals einfach."[59]

Das Programm „Europa für Bürgerinnen und Bürger" von 2007 bis 2013, welches die Förderung einer aktiven Bürgerschaft vorsieht, möchte als eines der Ziele „ein Verständnis für eine europäische Identität entwickeln, die auf gemeinsamen Werten, gemeinsamer Geschichte und gemeinsamer Kultur aufbaut."[60] Besonders mit dem Aufbau eines neuen Europa - dem „Europa der Kulturen" - werden alle dort lebenden Menschen zu Migranten und Angehörige einer Minderheit.

„Wir alle sind gezwungen, in einem Universum zu leben, das kaum noch Ähnlichkeit mit der Heimat unserer Kindheit besitzt; wir alle müssen neue Sprachen, neue Ausdrucksweisen, neue Codes erlernen; und alle haben wir den Eindruck, dass unsere Identität, wie sie sich uns von klein auf dargestellt hat, bedroht ist."[61]

Die Frage nach der eigenen Identität darf nie von der Gesellschaft getrennt betrachtet werden. Jeder Mensch besitzt eine jeweils einzigartige Identität, welche nicht einer Vereinheitlichung durch die Gemeinschaft zum Opfer fallen sollte. Durch die richtige „dialogische Ausbildung" und einen interkulturellen Dialog können auch grundverschiedene Identitäten in einer Gruppe gedeihen.

---

59 Nationaltheater Mannheim: Türkisch Gold - theaterpädagogische Materialien. Programmheft der Spielzeit 2007/2008. Seite 10.

60 Europäische Kommission: Programmleitfaden - Programm „Europa für Bürgerinnen und Bürger" 2007-2013. Belgien, im Dezember 2007. Seite 11.

61 Maalouf, Amin: Mörderische Identitäten. Aus dem Französischen von Christian Hansen. 1. Auflage. Frankfurt am Main: Suhrkamp Verlag. 2000. Seite 37.

1.1.2.7 Bedeutung von Kultur für die Gesellschaft (nach einer Eurobarometer-Umfrage über die kulturellen Werte in Europa

> „Kultur und Kreativität sind ein wichtiger Faktor für die Entwicklung des Einzelnen, für den gesellschaftlichen Zusammenhalt und für das wirtschaftliche Wachstum. Die heutige Strategie zur Förderung des interkulturellen Verständnisses festigt den zentralen Platz, den die Kultur inmitten unserer verschiedenen Politiken einnimmt."[62]

Der Ruf zur Förderung des interkulturellen Verständnisses, sowohl innerhalb als auch außerhalb Europa, wird in der letzten Zeit immer lauter. Diesbezüglich hat sich der Präsident der Europäischen Kommission, José Manuel Barroso, für eine neue europäische Kulturagenda im Zeichen der Globalisierung ausgesprochen, welche folgende drei Ziele verfolgt:

- „Förderung der kulturellen Vielfalt und des interkulturellen Dialogs in Europa;
- Förderung der Kultur als Katalysator für Innovation und Kreativität im Rahmen der Strategie von Lissabon für Wachstum und Beschäftigung;
- Förderung der Kultur als wesentlicher Bestandteil der internationalen Beziehung der EU, um Brücken des Verständnisses zu anderen Teilen der Welt zu bauen."[63]

Dazu wurde eine repräsentative Umfrage,[64] die öffentliche Meinung und das Verhalten über Kultur und Werte in Europa betreffend, in den 27

---

62 José Manuel Barroso, Präsident der Europäischen Kommision, erklärte dies anlässlich der Verabschiedung einer Mitteilung der Kommission über eine europäische Kulturagenda im Zeichen der Globalisierung. http://ec.europa.eu/culture/eac/communication/comm_de.html. Zugriff am 19. April 2008.

63 Europäische Kommission: Werte die europäischen Kultur - 2007. Eurobarometer Umfrage über die kulturellen Werte in Europa. Eurobarometer Spezial 278/Welle 67.1 - TNS Opinion & Social. Durchgeführt im Auftrag der Generaldirektion Bildung und Kultur und koordiniert von der Generaldirektion Kommunikation. Veröffentlichung: September 2007. Seite 4.

64 Bei dieser repräsentativen Eurobarometer-Umfrage von TNS Opinion &Social-Networks wurden 26.755 BürgerInnen im Alter über 15 Jahren in 27 Mitgliedsstaaten der EU gemäß den gültigen technischen Standards mittels einer Zufallsauswahl mit jedem Befragten persönlich Zuhause in der eigenen Sprache im

Mitgliedstaaten[65] der Europäischen Union veröffentlicht, welche ich in kurzen Erläuterungen darstellen möchte. Die in dieser Arbeit beinhalteten Graphiken sollen zur Veranschaulichung und als Orientierungsrahmen dienen.

Die vorliegende Erhebung bietet einen „wichtigen Einblick in das Verhältnis der europäischen Bürgerinnen und Bürger zur Kultur."[66] Besonders positiv zu erwähnen ist, dass die Eurobarometer-Umfrage bei einigen Fragen den europäischen Durchschnitt erfasst und zum Vergleich die höchsten Ergebnisse nach Ländern bzw. nach sozialdemografischen Variablen aufschlüsselt. Darüber hinaus gilt mein Hauptaugenmerk Österreich, da die Bedeutung von Kultur und interkulturellen Verständnis in Österreich für die weiterführende Dissertation von hoher Wichtigkeit ist. Zur Veranschaulichung möchte ich die Resultate zu folgenden gestellten Fragen darstellen:

Zeitraum zwischen dem 14. Februar und dem 18. März 2007 durchgeführt. Den vollständigen Bericht mit ausführlichen Auswertungen der Befragung kann man unter http://ec.europa.eu/culture/pdf/doc958_en.pdf nachlesen.

65 Derzeit sind folgende 27 Staaten Mitglieder der Europäischen Union (EU-Code der Mitgliedstaaten in Klammern): Belgien (BE), Bulgarien (BG), Dänemark (DK), Deutschland (DE), Estland (EE), Finnland (FI), Frankreich (FR), Griechenland (EL), Irland (IE), Italien (IT), Lettland (LV), Litauen (LT), Luxemburg (LU), Malta (MT), Niederlande (NL), Österreich (AT), Polen (PL), Portugal (PT), Rumänien (RO), Schweden (SE), Slowakei (SK), Slowenien (SI), Spanien (ES), Tschechien (CZ), Ungarn (HU), Vereinigtes Königreich (UK) und Republik Zypern (CY).

66 Europäische Kommission: Werte die europäischen Kultur – 2007. Eurobarometer Umfrage über die kulturellen Werte in Europa. Eurobarometer Spezial 278/Welle 67.1 – TNS Opinion & Social. Durchgeführt im Auftrag der Generaldirektion Bildung und Kultur und koordiniert von der Generaldirektion Kommunikation. Veröffentlichung: September 2007. Seite 6.

Frage: Was fällt Ihnen spontan ein, wenn Sie an das Wort „Kultur" denken?

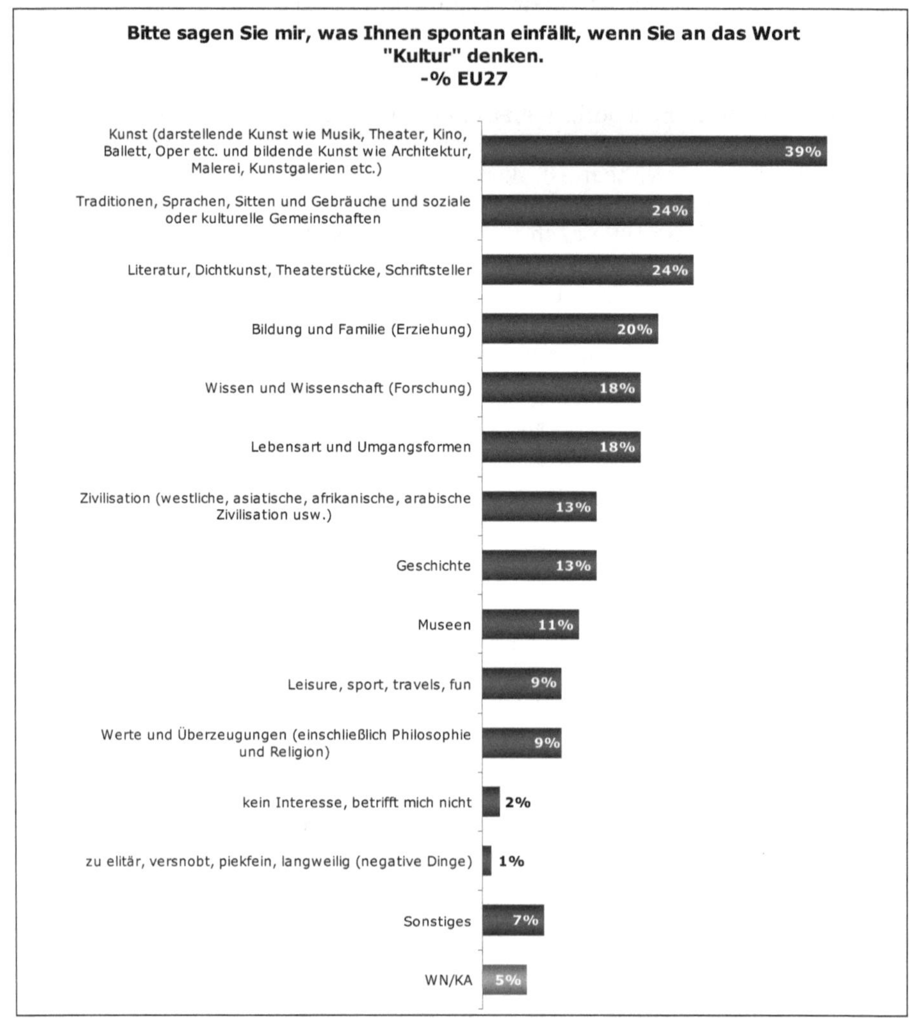

Abb.3[67]

67 **Abb 3**: Europäische Kommission: Werte die europäischen Kultur - 2007. Eurobarometer Umfrage über die kulturellen Werte in Europa. Eurobarometer Spezial 278/Welle 67.1 - TNS Opinion & Social. Durchgeführt im Auftrag der Generaldirektion Bildung und Kultur und koordiniert von der Generaldirektion Kommunikation. Veröffentlichung: September 2007. Seite 8.

Mit dieser Frage assoziierten 39 % aller Befragten spontan die darstellende und bildende Kunst. Zur darstellenden Kunst zählen Musik, Theater, Kino, Ballett, Oper etc. und zur bildenden Kunst Architektur, Kunstgalerien, Museen etc. An zweiter Stelle verbinden 24 % der Befragten die literarische Produktion, welche Literatur, Dichtkunst, Theaterstücke (aber ohne Aufführung) und Schriftsteller beinhaltet, aber auch 24 % der EU-Bürger entschieden sich für Traditionen, Sprachen, Sitten und Gebräuche und soziale oder kulturelle Gemeinschaften.

Assoziationen zum Wort „Kultur": höchste Ergebnisse nach Ländern

Bei der Auswertung der Ergebnisse in Bezug auf die Assoziationen zum Wort „Kultur" nach Ländern kann man als auffallendes Merkmal sehen, dass große Unterschiede zwischen den einzelnen Ländern zu erkennen sind, „wobei in vielen Mittelmeerländern mit dem Wort „Kultur" besondere Auffassungen verbunden werden."[68]

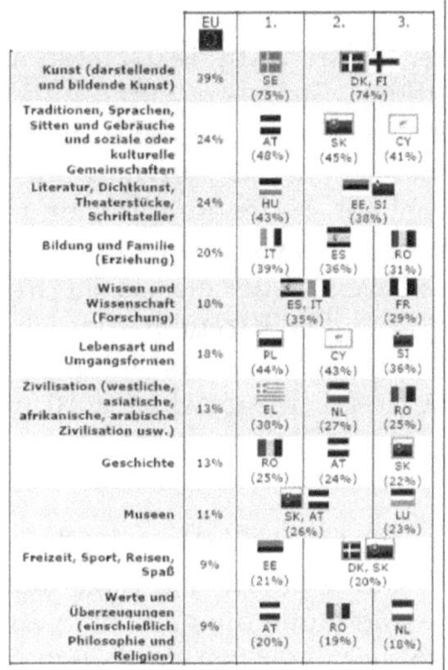

	EU	1.	2.	3.
Kunst (darstellende und bildende Kunst)	39%	SE (75%)	DK, FI (74%)	
Traditionen, Sprachen, Sitten und Gebräuche und soziale oder kulturelle Gemeinschaften	24%	AT (48%)	SK (45%)	CY (41%)
Literatur, Dichtkunst, Theaterstücke, Schriftsteller	24%	HU (43%)	EE, SI (38%)	
Bildung und Familie (Erziehung)	20%	IT (39%)	ES (36%)	RO (31%)
Wissen und Wissenschaft (Forschung)	18%	ES, IT (35%)		FR (29%)
Lebensart und Umgangsformen	18%	PL (44%)	CY (43%)	SI (36%)
Zivilisation (westliche, asiatische, afrikanische, arabische Zivilisation usw.)	13%	EL (38%)	NL (27%)	RO (25%)
Geschichte	13%	RO (25%)	AT (24%)	SK (22%)
Museen	11%	SK, AT (26%)		LU (23%)
Freizeit, Sport, Reisen, Spaß	9%	EE (21%)	DK, SK (20%)	
Werte und Überzeugungen (einschließlich Philosophie und Religion)	9%	AT (20%)	RO (19%)	NL (18%)

Abb. 4[69]

68 Europäische Kommission: Werte die europäischen Kultur - 2007. Eurobarometer Umfrage über die kulturellen Werte in Europa. Eurobarometer Spezial 278/Welle 67.1 - TNS Opinion & Social. Durchgeführt im Auftrag der Generaldirektion Bildung und Kultur und koordiniert von der Generaldirektion Kommunikation. Veröffentlichung: September 2007. Seite 8.

69 **Abb. 4**: Europäische Kommission: Werte die europäischen Kultur - 2007. Eurobarometer Umfrage über die kulturellen Werte in Europa. Eurobarometer Spezi-

Auffallend hier ist, dass in den nordeuropäischen Staaten die Kategorie Kunst von ca. 75 % gegenüber 39 % im EU-Durchschnitt mit Kultur verknüpft wird. Weitere Auffassungen mit dem Wort „Kultur" gelten insbesondere für:

> „„Wissen und Wissenschaft", die von 35 % in Spanien und Italien genannt werden, während es im EU-Durchschnitt nur 18 % sind;
>
> „Bildung und Familie (Erziehung)", die im Vergleich zu 20 % auf EU-Ebene von 39 % in Italien und 36 % in Spanien genannt werden;
>
> einen hohen Anteil der Zyprioten assoziierten mit Kultur mit „Lebensart und Umgangsformen" (43 % gegenüber 18 % in der EU) und mit Traditionen, Sprachen, Sitten und Gebräuche und sozialen oder kulturellen Gemeinschaften" (41 % gegenüber 24 % in der EU) assoziieren;
>
> „Zivilisation", die nur von einem geringen Prozentsatz von EU-Bürgern (13 %), aber einer großen Zahl von Griechen (38 %) erwähnt wird."[70]

Österreich liegt in dieser Befragung mit insgesamt drei Höchst-Platzierungen gegenüber den anderen Mitgliedstaaten an erster Stelle. Besonders die Bereiche Tradition, Sprachen, Sitten und Gebräuche und soziale/kulturelle Gemeinschaft verknüpfen 48% der Befragten in Österreich mit Kultur - gegenüber einem EU-Durchschnitt von 24 %. Werte und Überzeugungen (einschließlich der Religion und der Philosophie) verbinden 20% der ÖsterreicherInnen mit Kultur, wohingegen hier der EU Durchschnitt nur 9% aufweist. Museen werden in Österreich zusammen mit der Slowakei von 26 % der Befragten spontan mit Kultur in Verbindung gebracht - der im EU Durchschnitt beträgt hier ca. 11%. Dass Kultur in Verbindung mit Geschichte gesehen wird meinen 24 % der ÖsterreicherInnen - im EU Durchschnitt sind es 13%.

Wichtig zu erwähnen ist, dass bei dieser Umfrage das Ausbildungsniveau ein wichtiger Faktor war. In der folgenden Graphik kann man deutlich erkennen, dass Befragte, die nach dem 20. Lebensjahr ihre Ausbildung beendet haben, mit einer fast doppelten (52 %) Wahrscheinlichkeit ein Interesse an Kultur aufweisen, als Befragte die sie vor dem 15. Lebensjahr (27 %) beendet haben.[71]

---

al 278/Welle 67.1 - TNS Opinion & Social. Durchgeführt im Auftrag der Generaldirektion Bildung und Kultur und koordiniert von der Generaldirektion Kommunikation. Veröffentlichung: September 2007. Seite 9.

70 Ebd. Seite 8f.

71 Vgl. Seite 9.

Definitions of culture: Analysis by demographics – selected concepts

Note: figures shown = % mentioning concept

	Arts (performance arts and visual arts)	Traditions, languages, customs and social or cultural communities	Literature, poetry, playwriting, authors
EU27	39%	24%	24%
Age			
15-24	34%	28%	20%
25-39	39%	26%	24%
40-54	43%	23%	26%
55 +	38%	20%	25%
Education (End of)			
15	27%	19%	17%
16-19	39%	25%	24%
20+	52%	25%	32%
Still Studying	39%	28%	24%
Respondent occupation			
Self- employed	40%	25%	25%
Managers	51%	28%	33%
Other white collars	41%	26%	24%
Manual workers	38%	25%	22%
House persons	33%	22%	20%
Unemployed	32%	21%	20%
Retired	38%	19%	25%
Students	39%	28%	24%

Abb. 5[72]

Frage: Wie wichtig ist Kultur für Sie persönlich?

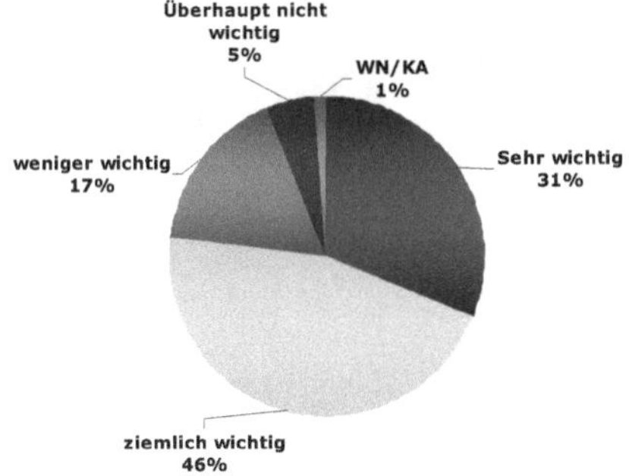

Abb. 6[73]

72 **Abb.5**: European Commision: European Culture Values. Special Eurobarometer 278/Wave 67. - TNS Opinion Social. This Survey was requested by Directorate General Education and Culture and coordinated by Directorate General Communication. Report Publication September 2007. Seite 9.

73 **Abb 6**: Europäische Kommission: Werte die europäischen Kultur – 2007. Eurobarometer Umfrage über die kulturellen Werte in Europa. Eurobarometer Spezial

„Die Antworten zeigen klar, dass Kultur eine wichtige Rolle im Leben vieler Europäer spielt. Über drei Viertel (77 %) aller Befragten geben an, dass Kultur wichtig für sie ist“.[74]

Im Ländervergleich haben Kultur in Polen (92 %) und auf Zypern (91%) die höchste Wichtigkeit. Interessanterweise bilden die deutschsprachigen Länder Österreich (53%), gefolgt von Deutschland (65%) das Schlusslicht.

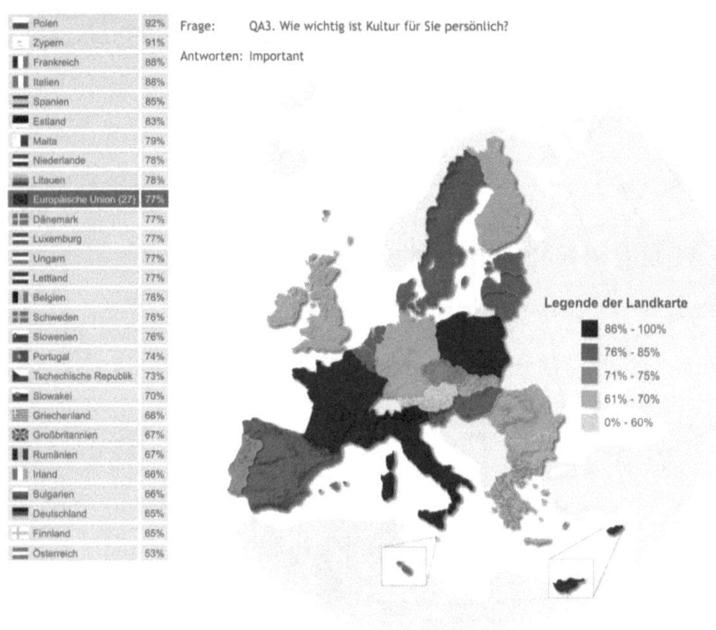

Abb. 7[75]

278/Welle 67.1 – TNS Opinion & Social. Durchgeführt im Auftrag der Generaldirektion Bildung und Kultur und koordiniert von der Generaldirektion Kommunikation. Veröffentlichung: September 2007. Seite 10.

74 Ebd.

75 **Abb 7**: Europäische Kommission: Werte die europäischen Kultur – 2007. Eurobarometer Umfrage über die kulturellen Werte in Europa. Eurobarometer Spezial 278/Welle 67.1 – TNS Opinion & Social. Durchgeführt im Auftrag der Generaldirektion Bildung und Kultur und koordiniert von der Generaldirektion Kommunikation. Veröffentlichung: September 2007. Seite 11.

Ebenso gilt bei dieser Frage folgende Erkenntnis:

> „Ein maßgeblicher soziodemografischer Faktor für die persönlich Bedeutung von Kultur ist die Länge der Ausbildung, denn Befragte, deren Ausbildung bis nach dem 20. Lebensjahr dauerte, erklären mit deutlich größerer Wahrscheinlichkeit (89 %), dass Kultur wichtig für sie ist, als Befragte, die bis zum 15. Lebensjahr in der Ausbildung waren (66%).“[76]

Frage: Wie oft haben Sie in den vergangenen 12 Monaten an verschiedenen kulturellen Aktivitäten teilgenommen?

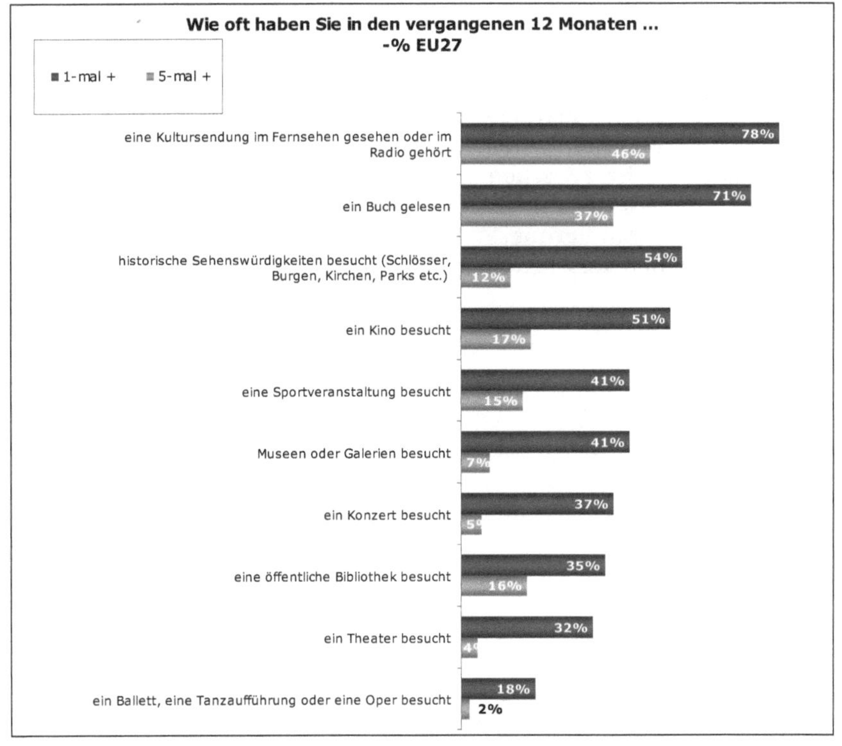

Abb. 8[77]

---

[76] Ebd.

[77] **Abb 8**: Europäische Kommission: Werte die europäischen Kultur - 2007. Eurobarometer Umfrage über die kulturellen Werte in Europa. Eurobarometer Spezial 278/Welle 67.1 - TNS Opinion & Social. Durchgeführt im Auftrag der Generaldirektion Bildung und Kultur und koordiniert von der Generaldirektion Kommunikation. Veröffentlichung: September 2007. Seite 12.

In diesem Schaubild erkennt man deutlich, dass 78 % der Befragten im Laufe der letzten 12 Monate das eine oder andere Mal eine Kultursendung im Fernsehen gesehen oder im Radio gehört haben und fast die Hälfte (46 %) mehr als fünf Mal.[78] Dieses Ergebnis verwundert nicht, da fast 99 Prozent der Haushalte ein Fernseh- bzw. Radiogerät besitzen. Es liegt daher nahe, dass man diese Geräte für kulturelle Aktivitäten verwendet. Fernsehen ist und bleibt das Hauptmedium und zugleich die Freizeitbeschäftigung Nummer eins.

An vorletzter Stelle gaben 3 von 10 Befragten (32 %) an, dass sie mindestens einmal in den vergangenen 12 Monaten ein Theater besucht haben – nur 4 % gönnten sich diese finanzielle Ausgabe für Kunst mehr als fünf Mal. Im Gegensatz zum Kino – das besuchten 17 % der Befragten mehr als fünf Mal pro Jahr. Erwähnenswert ist auch, dass natürlich die Beantwortung bei „einem so breiten Spektrum von Aktivitäten schwankt, was relativ natürlich ist zwischen den soziodemografischen Gruppen. Die Hauptfaktoren sind in diesem Zusammenhang Geschlecht, Alter, Ausbildung und Verstädterung."[79] Beispielhaft zeigt folgende Tabelle die Beteiligung an den verschiedenen Aktivitäten nach Alter.

Participation Rates for Selected Activities: Analysis by Age

Note: Ranked according to percentage point difference (15-24)-(55+)

	15-24	25-39	40-54	55 +	Difference: youngest-oldest
Cinema	82%	66%	53%	24%	+58
Sport	61%	47%	45%	22%	+39
Public library	55%	38%	33%	24%	+31
Concert	52%	43%	37%	27%	+25
Book	82%	72%	74%	63%	+19
Historical monuments	61%	59%	59%	45%	+16
Museums/ galleries	48%	42%	45%	34%	+14
Theatre	35%	32%	33%	27%	+8

Abb. 9[80]

78 Vgl. Ebd.
Bemerkung: „Fernsehen oder Radiohören lässt sich per se als kulturelle Aktivität ansehen. Im Rahmen dieser Umfrage wurde jedoch besonders nach „Kultursendungen" im Fernsehen oder Radio gefragt, ohne allerdings diesen Begriff explizit zu definieren".

79 Europäische Kommission: Werte die europäischen Kultur – 2007. Eurobarometer Umfrage über die kulturellen Werte in Europa. Eurobarometer Spezial 278/Welle 67.1 – TNS Opinion & Social. Durchgeführt im Auftrag der Generaldirektion Bildung und Kultur und koordiniert von der Generaldirektion Kommunikation. Veröffentlichung: September 2007. Seite 13.

80 **Abb. 9**: European Commision: European Culture Values. Special Eurobarometer 278/Wave 67. – TNS Opinion Social. This Survey was requested by Directorate

„So gingen zum Beispiel 82 % der Befragten zwischen 15–24 Jahren in den 12 Monaten vor dem Interview ins Kino. Bei den über 55-jährigen machen Kinogänger dagegen nur 24 % der Befragten aus."[81] Bei Theaterbesuchen ist die Beteiligung in allen Altersgruppen um die 30 % gleichbleibend.

Frage: Welchen Hemmnissen sehen Sie sich gegebenenfalls beim Zugang zu Kultur oder bei der Wahrnehmung kultureller Angebote gegenüber?

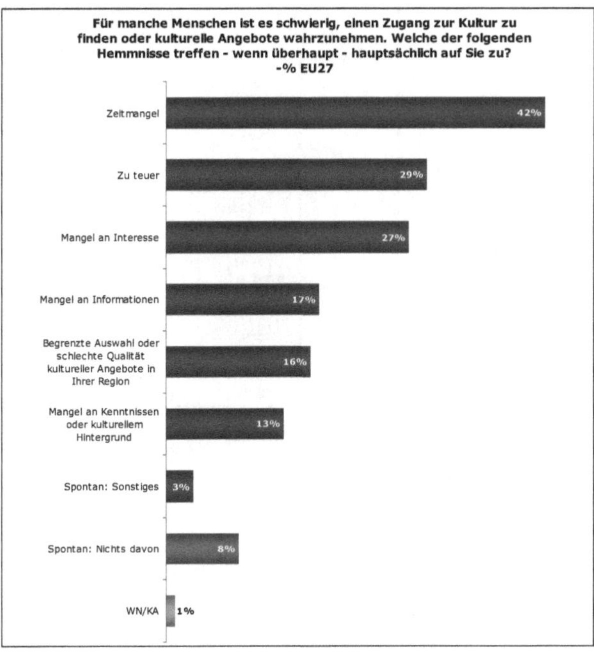

Abb. 10[82]

General Education and Culture and coordinated by Directorate General Communication. Report Publication September 2007. Seite 24.

81 Europäische Kommission: Werte die europäischen Kultur – 2007. Eurobarometer Umfrage über die kulturellen Werte in Europa. Eurobarometer Spezial 278/Welle 67.1 – TNS Opinion & Social. Durchgeführt im Auftrag der Generaldirektion Bildung und Kultur und koordiniert von der Generaldirektion Kommunikation. Veröffentlichung: September 2007. Seite 13.

82 **Abb 10**: Europäische Kommission: Werte die europäischen Kultur – 2007. Eurobarometer Umfrage über die kulturellen Werte in Europa. Eurobarometer Spezi-

Interessant ist es zu erkennen, dass 42 % der Befragten den Zeitmangel als die große Barriere für einen Zugang zu Kultur angeben. Bezeichnet ist auch, dass für ca. ein Drittel der Befragten (29 %) die Kosten ein Hemmnis darstellen. Dem Gegenüber erklären nur 8 %, dass für sie der Konsum für Kultur jederzeit möglich ist.

Nachstehend werden die höchsten Raten nach Ländern im Bezug auf die Hemmnisse für den Zugang zu Kultur zum Vergleich dargestellt:

	EU	1.	2.	3.
Zeitmangel	42%		SE, SI, CY (52%)	
Zu teuer	29%	HU (49%)	BG, SK (45%)	
Mangel an Interesse	27%	AT (48%)	BE, SI (47%)	
Mangel an Informationen	17%	EL (29%)	BE, FR (24%)	
Mangel an kulturellen Kenntnissen	13%	BE (25%)	LU (23%)	FR (21%)
Begrenzte Auswahl/ schlechte Qualität	16%	SK (34%)	BG (29%)	CZ (26%)

Abb. 11[83] Hemmnisse für den Zugang zu Kultur: höchste Rate nach Ländern

In dieser Tabelle nimmt Österreich - mit der Angabe Mangel an Interesse - einen bedauernswerten ersten Platz (48 %) in Bezug auf die Hemmnisse für den Zugang zu kulturellen Angeboten - im Vergleich zum europäischen Durchschnitt von 27 % - ein. Auffallend ist, dass Belgien in den Kategorien Mangel an Interesse (47 %), Mangel an Informationen (24 %) und Mangel an kulturellen Kenntnissen (25%) negative Spitzenpositionen im Vergleich zum europäischen Durchschnitt einnimmt. Glücklicherweise besteht ein zunehmender Trend

al 278/Welle 67.1 - TNS Opinion & Social. Durchgeführt im Auftrag der Generaldirektion Bildung und Kultur und koordiniert von der Generaldirektion Kommunikation. Veröffentlichung: September 2007. Seite 17.

83 **Abb 11**: Europäische Kommission: Werte die europäischen Kultur - 2007. Eurobarometer Umfrage über die kulturellen Werte in Europa. Eurobarometer Spezial 278/Welle 67.1 - TNS Opinion & Social. Durchgeführt im Auftrag der Generaldirektion Bildung und Kultur und koordiniert von der Generaldirektion Kommunikation. Veröffentlichung: September 2007. Seite 18.

„zum kostenlosen Zugang zu kulturellen Aktivitäten. So sind etwa Gratiszeitungen immer häufiger zu finden und auch viele öffentliche Museen und Konzerte mittlerweile kostenlos. Für 82 % der Befragten ist dies eine gute Sache, weil es mehr Menschen den Zugang zu Kultur ermöglicht."[84]

Frage: Wie sehr interessieren Sie die folgenden Themen? Würden Sie sagen, Sie sind sehr interessiert, ziemlich interessiert, nicht sehr interessiert oder überhaupt nicht interessiert an...

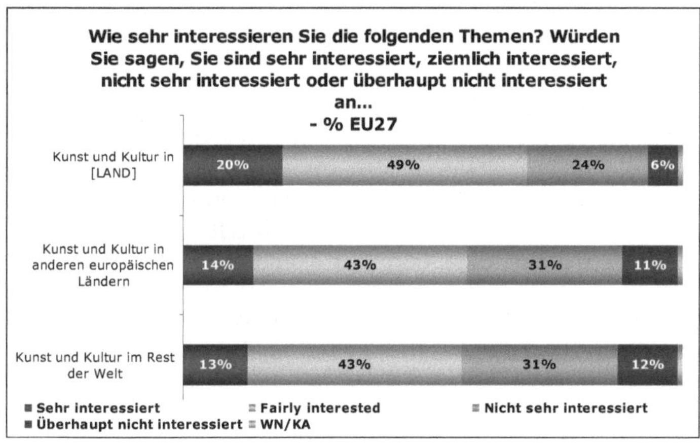

Abb. 12[85]

Bei diesem Ergebnis lassen sich mehrere Aussagen als Bemerkungen darlegen:

- „Erstens erklärt unabhängig von der geografischen Einschränkung eine Mehrheit der Befragten, an Kunst und Kultur interessiert zu sein.
- Zweitens sind etwas mehr Befragte an Kunst und Kultur im eigenen Land interessiert als außerhalb ihres Landes.

84 Ebd.

85 **Abb 12**: Europäische Kommission: Werte die europäischen Kultur - 2007. Eurobarometer Umfrage über die kulturellen Werte in Europa. Eurobarometer Spezial 278/Welle 67.1 - TNS Opinion & Social. Durchgeführt im Auftrag der Generaldirektion Bildung und Kultur und koordiniert von der Generaldirektion Kommunikation. Veröffentlichung: September 2007. Seite 26

- Drittens besteht unabhängig davon, ob Europa oder der Rest der Welt betrachtet wird, nur wenig Unterschied beim Interesse an Kultur außerhalb des eigenen Landes."[86]

1.1.3 Dialog

Aus dem altgriechischen dialégesthai bedeutet Dialog allgemein das Zwiegespräch, welches schriftlich oder mündlich erfolgt - Unterredung zwischen zwei oder mehreren Personen. In der Literatur wird der Begriff Dialog u.a. als Kunstmittel in Epos, Drama (wo er formbestimmend ist), Roman, Essay verwendet.[87]

Aus der griechischen Wortwurzel „διά" („dia") ([hin-]durch) und „λόγος" („logos") (Wort, Sinn, Bedeutung) lässt sich Dia-logos = Fließen von Sinn ableiten. In einem Dialog zwischen zwei Menschen geht es nicht um „ein Subjekt und sein Gegenüber, sondern um Bedeutungen, die in Personen und zwischen Personen durch das gesprochene Wort bewusst werden, die an die Oberfläche kommen."[88]

> „Dialog ist darüber hinaus eine Kulturtechnik, die im Theater und in der Literatur ihre höchste Kunst entfaltet, im Beisammensein mit anderen Menschen für jeden Alltag erlebbar ist und auf politischer Ebene durch diplomatisches Geschick wirksam wird. Dialog heißt nicht nur, einverstanden zu sein, sondern sich auch auseinandersetzen zu können. Dialog schafft einen unsichtbaren und dennoch spürbaren für die Beteiligten gemeinsamen Raum, in dem sich zwei oder mehrere auf gleicher Ebene treffen und austauschen. Dialog funktioniert nur, wenn man sowohl seine eigene Botschaft vermitteln kann, als auch ein offenes Ohr für andere hat. Darin liegt eine Chance, aber auch ein Problem: es gibt keinen Dialog unter asymmetrischen Bedingungen - und diese sind Teil der gesellschaftlichen Realität."[89]

Dennoch kann der Dialog einen grundlegenden Impuls für gesellschaftliche Veränderungen, besonders im interkulturellen Bereich geben: „Die

---

86 Ebd.

87 Vgl. Der Brockhaus Multimedial 2000: Dialog. CD-ROM, © Bibliographisches Institut & F. A. Brockhaus AG: Mannheim. 1999.

88 Beucke-Galm, Mechtild: Über die Bedeutung von Dialog in einer „lernenden Organisation". http://www.io-d.de/pdf/n_mbg0603.pdf. Zugriff am 10. Juni 2008.

89 EDUCULT - Institut für die Vermittlung von Kunst und Wissenschaft: Kunst, Kultur und interkultureller Dialog. Bericht im Auftrag des Bundesministeriums für Unterricht, Kunst und Kultur. Wien. 2008. Seite 12.

Kraft des Dialogs und die damit verbundene Aktion bilden die Grundlage für tatsächliche, fundamentale Änderungen innerhalb der Gesellschaftsstruktur."[90]

1.2 Inter + Kultur + Dialog = Interkultureller Dialog

Nach den einzelnen Begriffserklärungen kann man vorab zum Begriffszusammenhang des interkulturellen Dialogs sagen, dass dieser die Bezeichnung für den Dialog zwischen verschiedenen Kulturen ist. Dabei kann der interkulturelle Dialog mehrere Kulturen parallel einbeziehen - meistens findet ein Dialog aber zwischen zwei Kulturen statt.

1.2.1 Entstehung des interkulturellen Dialogs

> „Im 21. Jahrhundert steht Europa vor einer neuen Herausforderung: es muss zu einer interkulturellen Gesellschaft werden, deren Grundlage der respektvolle, gleichberechtigte Dialog von Individuen und Gruppen mit unterschiedlichem kulturellem Hintergrund bildet. Wir wollen über die multikulturelle Gesellschaft hinauswachsen, in der Kulturen und Kulturgemeinschaften einfach nur koexistieren: schlichte Toleranz genügt heute nicht mehr. Wir müssen den Anstoß für eine echte Verwandlung unserer Gesellschaft geben, damit ein interkulturelles Europa entstehen kann, in dem die verschiedenen Kulturen sich konstruktiv austauschen und interagieren und der Respekt der Menschenwürde Allgemeingut ist."[91]

Diese Worte von Ján Figel', europäischer Kommissar für allgemeine und berufliche Bildung, Kultur und Jugend, waren der Auftakt zur Einführung des europäischen Jahres des interkulturellen Dialogs Anfang Dezember 2007.

Ein Jahr zuvor hat das Europäische Parlament und der Rat der Europäischen Union mit der Entscheidung Nr. 1983/2006/EG am

---

90 Schwinghammer, Susanne: Der gesunde Hausverstand macht uns Krank. In: Monika Wagner [Hrsg.], Michael Hüttler und Susanne Schwinghammer: Theater-Begegnung-Integration? - 1. Auflage. Frankfurt am Main: IKO - Verlag für Interkulturelle Kommunikation. 2003. Seite 22.

91 Slowenien: Europäisches Jahr des interkulturellen Dialogs wird offiziell eröffnet.http://europa.eu/rapid/pressReleasesAction.do?reference=IP/08/10&format=HTML&aged=1&language=DE&guiLanguage=en. Zugriff am 20. Juni 2008.

18. September 2006 das Jahr 2008 als das „Europäische Jahr des interkulturellen Dialogs (2008)" begründet.[92]

In dieser Entscheidung möchte die Europäische Union „einen Beitrag zur Entfaltung der Kulturen der Mitgliedsstaaten unter Wahrung ihrer nationalen und regionalen Vielfalt sowie gleichzeitiger Hervorhebung des gemeinsamen kulturellen Erbes [...] leisten."[93] In Europa nimmt die kulturelle Vielfalt stetig zu und

> „die Erweiterung der Europäischen Union, die Liberalisierung der Arbeitsmärkte, und die Globalisierung haben in vielen Ländern zu einem Mehr an Multikulturalität, einer höheren Zahl an Sprachen und Glaubensbekenntnissen, sowie ethnischen und kulturellen Hintergründen geführt. In der Folge spielt der interkulturelle Dialog eine immer wichtigere Rolle in der Förderung der europäischen Identität und Staatsbürgerschaft."[94]

Da diese Thematik von der Europäischen Union aufgegriffen wurde zeigt, dass der interkulturelle Dialog eine Chance ist, sich mit der kulturellen Vielfalt Europas auseinanderzusetzen und sich mit dieser zu befassen. „Die EU legt großen Wert auf die Förderung des interkulturellen Dialogs sowohl innerhalb der Union als auch mit Drittländern."[95]

1.2.2 Aufgaben und Ziele des interkulturellen Dialogs

Der interkulturelle Dialog konzentriert sich besonders auf die Aufgabe, „wo sie das Zusammenleben der EU-BürgerInnen verbessern können. Insbesondere werden sie auf junge Menschen ausgerichtet sein."[96] Die Herausforderungen für einen Dialog erfolgt in den Feldern:

---

92 Amtsblatt der Europäischen Union: Entscheidung Nr. 1983/2006/EG des Europäischen Parlaments und des Rates vom 18. Dezember 2006 zum Europäischen Jahr des interkulturellen Dialogs (2008). http://eurlex.europa.eu/Lex UriServ/LexUriServ.do?uri=OJ:L:2006:412:0044:0050:DE:PDF. Zugriff am 20. Juni 2008.

93 Ebd.

94 Europäische Jahr des interkulturellen Dialogs 2008. http://www.interculturaldialogue2008.eu/406.0.html?&L=1&redirect_url=my-startpage-eyid.html. Zugriff am 20. Juni 2008.

95 Europäische Kommision: Europäische Union Jahresbericht 2006 zur Menschenrechtslage. Luxemburg, 2006. Seite 52.

96 Kultur Kontakt - Kultur Bildung Europa: Symposiumrückblick - Europäisches Jahr des interkulturellen Dialogs 2008. Wien. Frühling 2007. Seite 2.

- „Bildung, die Grundlagen für ein tieferes Verständnis von kultureller Vielfalt schaffen hilft;
- Jugend und Sport, durch die praktische Erfahrungen mit interkulturellem Dialog erleichtert werden können;
- Kultur; in der z.B. unterschiedliche Wertsysteme miteinander verknüpft und gängige ästhetische Maßstäbe hinterfragt werden können"[97] oder „das Beispiel der darstellenden Künste (Theater, Tanz, Musik) zeigt ein kulturelles Arbeitsfeld, in dem bereits seit Jahrzehnten viel interkulturelle Arbeit geleistet worden ist, besonders in Ländern mit postkolonialer Migration und entsprechend diversifizierter Bevölkerung."[98]

Letztendlich sollen sich alle Menschen in der EU Kenntnisse und Fähigkeiten aneignen können, um sich in einer dynamischen und immer komplexeren Umwelt zurechtzufinden. Darüber hinaus möchte dieser Dialog den Menschen sensibilisieren und das Bewusstsein einer europäischen Bürgerschaft weiterentwickeln - einer europäischen Bürgerschaft, die offen für die Welt ist und ihrer kulturellen Vielfalt mit Wertschätzung begegnet. Dabei sollen die Gemeinsamkeiten verschiedener kultureller Gruppen verdeutlicht und zur Entwicklung einer von Solidarität und Meinungsvielfalt geprägten Gesellschaft beigetragen werden.[99]

> „Intercultural dialogue is a process that comprises an open and respectful exchange or interaction between individuals, groups and organisations with different cultural backgrounds or world views. Among its aims are: to develop a deeper understanding of diverse perspectives and practices; to increase participation and the freedom and ability to make choices; to foster equality; and to enhance creative processes."[100]

97 ERICarts: Sharing Diversity: Kulturelle Vielfalt gemeinsam Leben - Nationale Konzepte zum „Interkulturellen Dialog" in Europa. Zusammenfassung der Ergebnisse der Studie „Sharing Diversity" des Europäischen Instituts für vergleichende Kulturforschung (ERICarts) für die EU-Kommision. Bonn und Helsinki. März 2008. Seite 2.

98 Ebd. Seite 10.

99 Vgl. Europäische Jahr des interkulturellen Dialogs 2008. http://www.bmukk.gv.at/europa/ejid/faq.xml. Zugriff am 20. Juni 2008.

100 ERICarts: Sharing Diversity - National Approaches to Intercultural Dialoque in Europe. Study for the European Commison. Bonn and Helsinki, März 2008. Seite 13.

Der „interkulturelle Dialog ist somit immer ein (Lern-)prozess, der in mehrerlei Hinsicht produktiv sein kann. Er bildet, er fördert die politische Teilnahme und die soziale Gleichheit; darüber hinaus ist er ein Innovations- und Wirtschaftsfaktor."[101]

1.2.3 Die vier Elemente des interkulturellen Dialogs nach EDUCULT

EDUCULT - Institut für die Vermittlung von Kunst und Wissenschaft hat im Auftrag des Bundesministeriums für Unterricht, Kunst und Kultur einen Bericht mit dem Titel „Kunst, Kultur und Interkultureller Dialog" zum Europäischen Jahr des interkulturellen Dialogs 2008 publiziert. In diesem Report wurden Hintergrundwissen zu Fakten und Perspektiven, die der interkulturelle Dialog im Bildungs-, Kunst- und Kulturbereich eröffnet, dargelegt. Im Zuge des Reports hat EDUCULT eine ganze Reihe von Interviews mit ExpertenInnen aus unterschiedlichen Fach- und Arbeitsbereichen, u.a. „VertreterInnen aus MigrantInnen-Vereinen und NGOs, KünstlerInnen mit Migrationshintergrund und Mitgliedern von Integrationsbeiräten, sowie MitarbeiterInnen aus Kultureinrichtungen, aus Universitäten und aus der Kulturverwaltung,"[102] durchgeführt. Aus diesen Gesprächen wurden vier Elemente als Botschaften für den interkulturellen Dialog in Österreich, in Bezug auf „die eigene Praxis, nach Qualitätskriterien, nach dem spezifischen Beitrag des Kunst- und Kulturbetriebs sowie nach den dafür notwendigen politischen, administrativen und institutionellen Rahmenbedingungen"[103], herausgearbeitet. Diese lauten wie folgt:

Übersetzung nach Educult: „Interkultureller Dialog ist ein Prozess, der von einem offenen und respektvollen Austausch zwischen Individuen und Gruppen mit unterschiedlichen kulturellen Hintergründen getragen wird. Ziele des interkulturellen Dialogs sind u.a.: ein tieferes Verständnis für vielfältige Weltanschauungen und Praktiken zu entwickeln; Partizipation (oder Wahlfreiheit) zu erhöhen; Gleichheit zu fördern und kreative Prozesse zu verbessern."

EDUCULT - Institut für die Vermittlung von Kunst und Wissenschaft: Kunst, Kultur und interkultureller Dialog. Bericht im Auftrag des Bundesministeriums für Unterricht, Kunst und Kultur. Wien, 2008. Seite 14.

101 Ebd.

102 Ebd. Seite 67.

103 Ebd. Seite 10.

- **Interkultureller Dialog heißt: von einander lernen**

In der ersten Ebene wird die Botschaft des von einander Lernens angegeben. Dies soll/muss zwischen zwei Subjekten in gleicher Augenhöhe stattfinden, sonst kann der Dialog nicht funktionieren. Dabei muss die Bereitschaft, also die freiwillige Teilnahme am Dialog, vorhanden sein, sich mit dem Individuum zu begegnen - nur so kann ein Gewinn von (inter)kultureller Kompetenz für jeden Einzelnen erfolgen. Die wechselseitige Offenheit und Neugier für „andere" Kulturen wird im interkulturellen Dialog groß geschrieben, d.h. über andere und sich selbst zu lernen und sich über diesen Dialog weiterzuentwickeln - Bereitschaft sowohl kulturelle Gemeinsamkeiten als auch kulturelle Differenzen zu betrachten.

Für all diese Faktoren müssen Rahmenbedingungen geschaffen werden: Chancengleichheit in der Bildung und am Arbeitsmarkt, Möglichkeit zur Teilnahme an politischen und gesellschaftlichen Entscheidungsprozessen sind einige der Voraussetzungen für das Bestehen eines interkulturellen Dialogs. Im Zuge dessen unterliegt der Kunst- und Kulturbereich den gesamtgesellschaftlichen Entwicklungen.[104]

- **Interkultureller Dialog heißt: produktive Wahrnehmung von Differenz**

Auszug aus einer Rede vom damaligen deutschen Bundespräsidenten Roman Herzog, anlässlich der Verleihung der Goethe-Medaillen Ende der 90er in Weimar:

> „Interkultureller Dialog beginnt mit dem Wahrnehmen der Differenzen innerhalb der Kulturen selbst. Indem wir im Ausland die Pluralität unserer Kultur vorstellen, präsentieren wir gleichzeitig [...] die vielleicht entscheidenste historische und politische Erfahrung, die Deutschland und Europa gemacht haben: daß nämlich menschliches und ziviles Zusammenleben in einem toleranten Miteinander möglich ist."[105]

Die produktive Wahrnehmung von Differenzen ist eine Chance von zeitgemäßer (Interkultureller) Kulturarbeit. Das heißt aber nicht, dass die interkulturelle Kulturarbeit eine Kulturarbeit für MigrantInnen be-

104 Vgl. Ebd. Seite 76.

105 Bundespräsident Roman Herzog Zitiert nach Senghaas, Dieter: Zivilisierung wider Willen - der Konflikt der Kulturen mit sich selbst. Frankfurt am Main: Suhrkamp. 1998. Seite 221.

deutet, sondern diese ist in erster Linie ein dialogisches Kulturangebot im interkulturellen thematischen Rahmen.

Kulturarbeit hat neben einem Pflege- und Angebotsauftrag, auch einen Bildungsauftrag.[106]

> „Konsequente BenutzerInnenorientierung ist für Kultureinrichtungen die Voraussetzung, um in einen Dialog treten zu können. Dies umfasst die Ansprache der Menschen, die in Österreich leben, in ihrer sozialen, ethnischen, kulturellen…Vielfalt, die ebenso lebendig wie spannungsreich und komplex ist. Die Leitidee einer „Kultur für alle" ist daher überholt. Vielmehr besteht die Herausforderung an den Kunst- und Kulturbereich - und auch seine besondere immanente Qualität - darin, Spannungen und Unterschiede auszuhalten, aber auch produktiv nutzbar zu machen."[107]

- **Interkultureller Dialog heißt: auf einander zugehen**

Im Zuge der Erarbeitung des Berichts von EDUCULT zeigte sich bei den Gesprächen von MitarbeiterInnen von öffentlichen Kultureinrichtungen und Kulturverwaltungen, dass man in der Entwicklung von konkreten Maßnahmen in Bezug auf den interkulturellen Dialog im Kunst- und Kulturbereich[108] beispielsweise „zu wenig für die MigrantInnen tue, aber angesichts der begrenzten Ressourcen seien die Hände gebunden."[109] Das hängt damit zusammen, dass sich viele der MitarbeiterInnen von Kultureinrichtungen überfordert und unwissend fühlen, wenn sie mit Thema Interkulturalität und Migration konfrontiert werden.[110]

Die freien KünstlerInnen und KulturarbeiterInnen, VertreterInnen von NGO's und Vereinen usw., die durch jahrelange interkultureller Arbeit über enormes Wissen verfügen, wollten dagegen keine Stellungnahme abgeben.[111] Dies „beruht auf teilweise jahrelanger negativer Erfahrung einer einseitigen, unbedankten „Vernutzung" ihres Know-hows."[112]

---

106 Vgl. EDUCULT - Institut für die Vermittlung von Kunst und Wissenschaft: Kunst, Kultur und interkultureller Dialog. Bericht im Auftrag des Bundesministeriums für Unterricht, Kunst und Kultur. Wien. 2008. Seite 76.

107 Ebd.

108 Vgl. Ebd. Seite 77.

109 Ebd.

110 Vgl. Ebd. Seite 83f.

111 Vgl. Ebd. Seite 77.

112 Ebd.

Zwei unterschiedliche Seiten, welche offenbar auf Grund von Kommunikationsproblemen nicht zusammenkommen können. Besonders im interkulturellen Dialog ist es aber notwendig, dass alle Akteure in gleicher Augenhöhe kommunizieren und evtl. gegenseitige Vorurteile thematisieren und diese überwinden.[113]

- **Interkultureller Dialog bedarf eines politischen Auftrags und budgetärer Verantwortung**

Von größter Wichtigkeit ist natürlich ein kulturpolitischer Auftrag und eine klare budgetäre Verantwortung für die Kunst- und Kulturverwaltung, für öffentliche Kunst- und Kultureinrichtungen sowie für Vereine von MigrantInnen.[114]

> „In Österreich orientiert sich die Kulturpolitik traditionell stärker an der Produzentenseite, anstatt nachfrage- beziehungsweise rezipientenorientiert zu sein. Der dem zugrunde liegende Kulturbegriff ist immer noch an der Förderung von Hochkultur und Kunst auf der einen Seite und Volkskultur und Brauchtum auf der anderen Seite geprägt. Auch ist Österreich zwar, wenn man die gegenwärtige demographische Entwicklung auch im historischen Verlauf betrachtet, längst ein Einwanderungsland. Dieses Faktum findet jedoch keine offizielle (kultur-) politische Anerkennung. Dadurch ergeben sich negative Konsequenzen, auch für die Förderung von Maßnahmen im Sinne des interkulturellen Dialogs."[115]

1.2.4 Kultureller Austausch und Ergebnis einer Eurobarometer-Umfrage über die kulturellen Werte in Europa

Im interkulturellen Dialog soll Platz für einen interkulturellen Austausch entdeckt werden. Dies kann in verschiedenen Formen stattfinden. „Das Volkskundemuseum Wien startete 2008 in Kooperation mit der Magistratsabteilung 17 und TrainerInnen für Deutsch als Fremdsprache eine Initiative, bei der das Museum als „Sprachlernort" und als Platz für den interkulturellen Austausch"[116] ergründet werden konnte. So ein Konzept hat laut den Initiatoren, „Impuls gebende Bedeutung für den Ausbau von Netzwerken mit Vereinen und Institutionen, die Deutschkurse für MigrantInnen anbieten. In Zukunft können themenspezifische Unter-

---

113 Vgl. Ebd. Seite 77 und 80f.

114 Vgl. Seite 77.

115 Ebd.

116 Ebd. Seite 83.

richtseinheiten gebucht oder auch von TrainerInnen in Deutschkursen im Museum selbst gestaltet werden."[117]

Die „Alte Schmiede", Kunstverein in Wien, ist ein Kulturinstitut und Veranstaltungszentrum, welches seit 30 Jahren besteht. Das Programm des Kunstvereins enthält viele Sparten der Kunst- und Kultur, Musik, Theater, Tanz, Literatur und umfasst entsprechend ein vielschichtiges Publikum unterschiedlicher Herkunft. Im November 2007 gab es eine Sonderveranstaltung „Türkei - ein Rückblick" zur Thematischen Verankerung des Interkulturalitäts-Gedankens[118], wo es

> „einem breiten Publikum mit oder ohne Migrationsbezug einerseits eine intensive Auseinandersetzung mit der zeitgenössischen türkischen Literatur und damit mit den kulturellen Entwicklungen, der Multikulturalität und der ethischen Vielfalt in der Türkei. Das ganze Programm wurde in Deutsch und Türkisch, mit Lesungen und deren begleitenden Interpretationen und Fragestellungen vorbereitet und veranlasste damit auch einen Kulturaustausch einerseits zwischen den BesucherInnen und den AutorInnen aus der Türkei, andererseits zwischen den BesucherInnen unter einander."[119]

Im Bereich des Theaters hatte das Theaterhaus für junges Publikum - Dschungel Wien, anlässlich des europäischen Jahres des interkulturellen Dialoges im Mai 2008 u.a. einen Länderschwerpunkt: „Israel - Tage der Kunst für junges Publikum" ins Leben gerufen. Es war ein Projekt von Dschungel Wien und der Botschaft des Staates Israel in Wien, in Kooperation mit dem Buchklub der Jugend, Büchereien Wien und der Österreichischen Bibelgesellschaft. Neben Ausstellungen, Workshops, Lesungen, Diskussionen und Führung durch die Wiener Synagoge wurden zwei Theaterstücke, ein Objekttheater und ein musikalisch-visuelles Spektakel aufgeführt. In diesen Theaterstücken erhielt der Zuschauer im Musiktheaterstück einen beeindruckenden Einblick in original mittelalterliche Gesänge und im Objekttheater ein facettenreiches und vielschichtiges

---

117 Volkskunde in Österreich. Jahrgang 42, Folge 9. Wien. November 2007. http://www.volkskundemuseum.at/verein/vioe_2007_09.pdf. Zugriff am 27. Juni 2008.

118 Alte Schmiede. Literatur im Herbst. http://www.alte-schmiede.at/. Zugriff am 27. Juni 2008.

119 EDUCULT - Institut für die Vermittlung von Kunst und Wissenschaft: Kunst, Kultur und interkultureller Dialog. Bericht im Auftrag des Bundesministeriums für Unterricht, Kunst und Kultur. Wien, 2008. Seite 101.

Stück mit einfachsten Mitteln aus der Welt der Bücher, welches in englischer Sprache (in deutsch eingesprochen) aufgeführt wurde.

Anknüpfend an diese Beispiele möchte ich weiterführend das Ergebnis einer „Eurobarometer-Umfrage über die kulturellen Werte in Europa" darstellen, da ich finde, dass diese eine gute Ergänzung und einen positiven Einblick geben, wie das Interesse der Europäer zu Kultur, dem kulturellen Austausch und dem Interesse an Kultur in Europa tatsächlich ist.

Zur Bedeutung und Rolle der Kultur und des Wertes des kulturellen Austausches wurde folgende Frage an die Umfrageteilnehmer gestellt:

Bitte sagen Sie mir für jede der folgenden Aussagen und Meinungen, ob Sie ihr voll und ganz zustimmen, eher zustimmen, eher nicht zustimmen oder überhaupt nicht zustimmen.

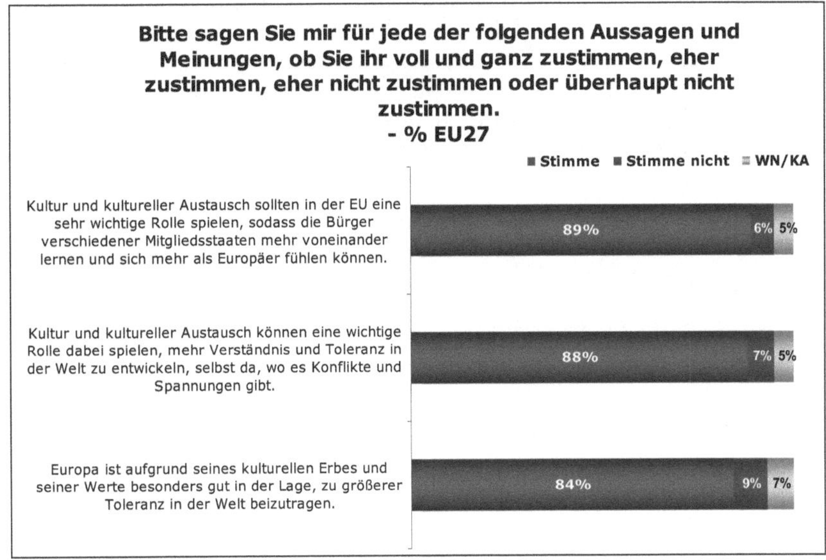

Abb.13[120]

120 **Abb. 13:** Europäische Kommission: Eurobarometer Spezial - Werte die europäischen Kultur 2007. Eurobarometer-Umfrage über die kulturellen Werte in Europa. Durchgeführt im Auftrag der Generaldirektion Bildung und Kultur und koordiniert von der Generaldirektion Kommunikation. Seite 19.

In vorstehender Graphik zeigt sich eindeutig, dass der interkultureller Dialog in Bezug auf die Bedeutung und Rolle der Kultur und des kulturellen Austausches in jeder der drei Kategorien von einer breiten Mehrheit der Europäer (84 % - 89 %) bestätigt wird. Die Europäer sagen klar, dass Kultur und kultureller Austausch eine sehr wichtige Rolle spielt. Zum einen können die Bürger verschiedener Mitgliedstaaten mehr voneinander lernen und sich mehr als Europäer fühlen (89 %) und zum anderen trägt Kultur zu mehr Verständnis und Toleranz in der Welt bei, selbst da, wo es Konflikte und Spannungen gibt (88 %).[121]

> „Dies stellt im Wesentlichen eine solide Rückendeckung für die jüngste Mitteilung der Europäischen Kommission dar, in der ein intensiverer interkultureller Dialog gefordert wird."[122]

Kulturübergreifender Kontakt

In dieser Auswertung wurde nach unterschiedlichen Arten des Kontakts zur Kultur gefragt. Zu sehen ist der europäische Durchschnitt sowie die drei höchsten Raten nach Ländern - hier kommt Österreich nicht vor. Bemerkenswert ist, dass Luxemburg eine ausgesprochen hohe kulturübergreifende Kontaktrate aufweist. Dicht gefolgt von Dänemark und Schweden, die überdurschnittlich abschneiden. Der häufigste kulturübergreifende Kontakt der Europäer hat mit Essen zu tun (45 %).[123]

121 Vgl. Ebd.

122 Ebd. Seite 7.

123 Vgl. Ebd. Seite 19-20.

	EU	1.	2.	3.
Gerne ausländisches Essen	45%	LU (84%)	SE (83%)	DK (75%)
In den letzten 3 Jahren mindestens dreimal Reise ins Ausland	27%	NL (65%)	LU (63%)	DK (56%)
Freunde aus anderen europäischen Ländern	27%	LU (69%)	SE (59%)	DK (43%)
Familie/Verwandter lebt in anderem europäischen Land	22%	CY (59%)	LU (57%)	IE (41%)
Fernsehprogramme/Filme in anderen Sprachen	19%	LU (80%)	DK (74%)	SE (73%)
Freunde aus Ländern außerhalb Europas	17%	SE (43%)	LU (32%)	UK (31%)
Familie/Verwandter lebt in Land außerhalb Europas	15%	MT (50%)	CY (33%)	UK (29%)
Kommunikation mit anderen Ländern per E-Mail/über das Internet	14%	DK (37%)	LU 35%)	SE (31%)
Im Beruf Kontakte mit anderen Ländern	9%	LU (25%)	NL (23%)	SE (22%)
Zeitungen in anderen Sprachen lesen	9%	LU (71%)	MT (56%)	SI (23%)
Bücher in anderen Sprachen lesen	7%	LU 49%)	MT (32%)	DK (29%)
Nichts davon	27%	IT (51%)	BG (47%)	HU (43%)

Abb. 14[124]

124 **Abb. 14:** Europäische Kommission: Eurobarometer Spezial – Werte die europäischen Kultur 2007. Eurobarometer-Umfrage über die kulturellen Werte in Europa. Durchgeführt im Auftrag der Generaldirektion Bildung und Kultur und koordiniert von der Generaldirektion Kommunikation. Seite 20.

Interesse an Begegnungen mit Menschen aus anderen europäischen Ländern

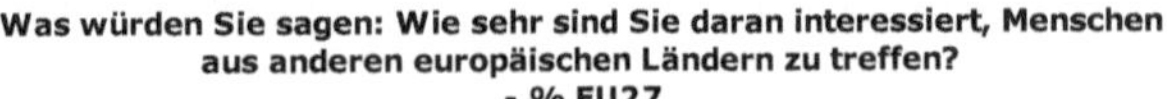

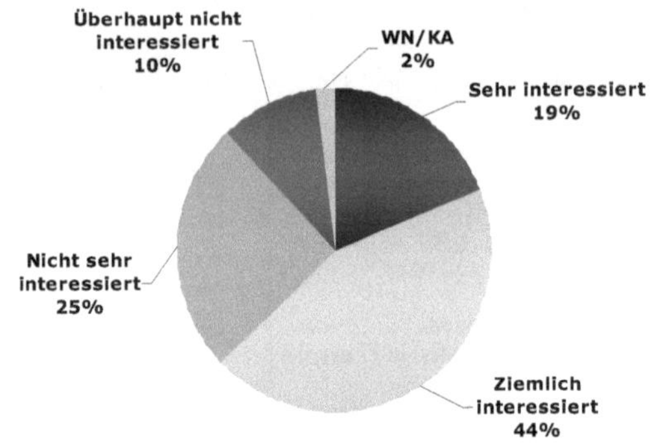

Abb. 15[125]

Die Mehrheit der EU-Bürger (44 %) ist ziemlich interessiert an Begegnungen mit Menschen aus anderen europäischen Ländern. Dazu muss man sagen, dass diese Werte zwischen den soziodemografischen Gruppen relativ hoch schwanken:

- „15- bis 24-Jährige (76% sind daran interessiert).
- Befragte, deren Ausbildung bis nach dem 20. Lebensjahr dauerte (77%).
- Führungskräfte und Studenten (beide 80%).
- Befragte, die in großen Städten wohnen (68%).
- Befragte, für die Kultur persönlich wichtig ist (71%)."[126]

---

125 **Abb. 15**: Europäische Kommission: Eurobarometer Spezial – Werte die europäischen Kultur 2007. Eurobarometer-Umfrage über die kulturellen Werte in Europa. Durchgeführt im Auftrag der Generaldirektion Bildung und Kultur und koordiniert von der Generaldirektion Kommunikation. Seite 21.

126 Ebd.

Bereitschaft, neue Sprachen zu lernen

Da die Sprache als ein wichtigstes Kulturgut unserer Gesellschaft gilt, darf diese Frage in Bezug auf den kulturübergreifenden Austausch, nicht fehlen:

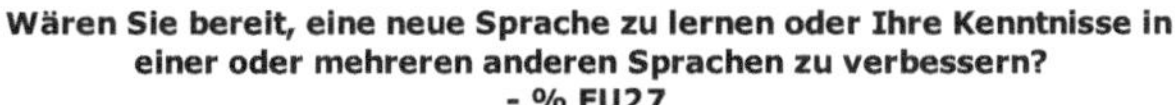

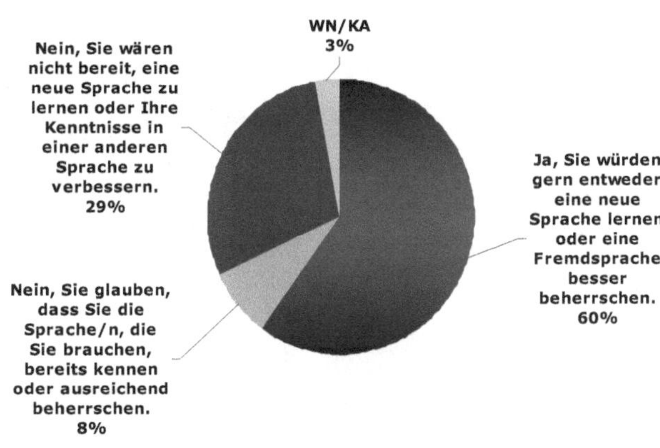

Abb. 16[127]

„Eine solide Mehrheit von 60 % der Befragten erklärt, dass sie gerne eine neue Sprache lernen oder ihre Kenntnisse in einer Sprache, die sie bereits sprechen, verbessern würden."[128]

---

127 **Abb. 16:** Europäische Kommission: Eurobarometer Spezial – Werte die europäischen Kultur 2007. Eurobarometer-Umfrage über die kulturellen Werte in Europa. Durchgeführt im Auftrag der Generaldirektion Bildung und Kultur und koordiniert von der Generaldirektion Kommunikation. Seite 22.

128 Ebd.

Länder vergleichend sieht es folgendermaßen aus:

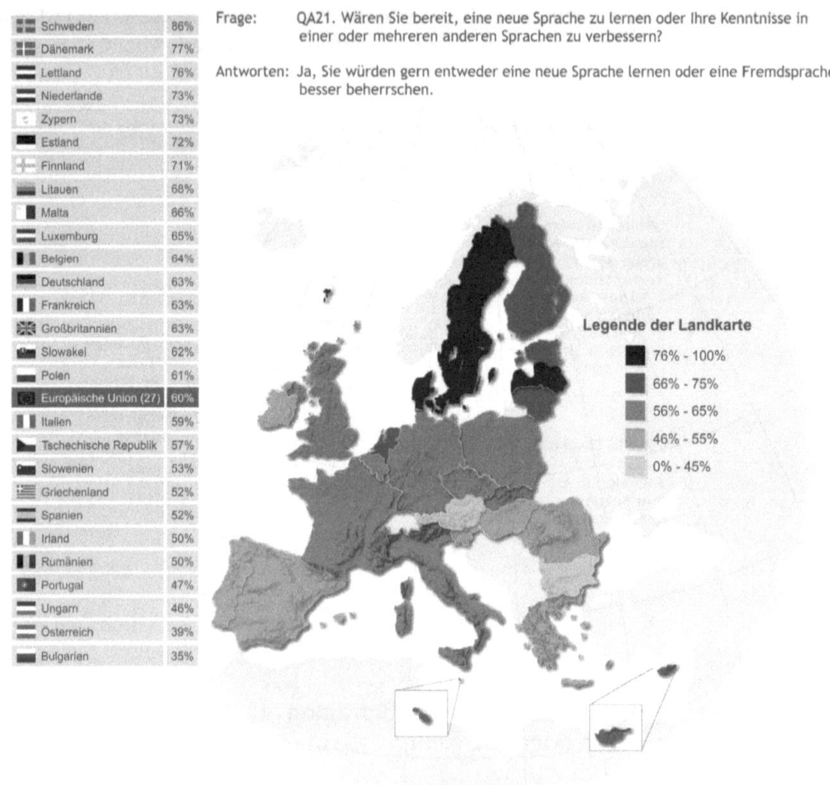

Abb. 17[129]

Interessant ist, dass Österreich mit 39 % weit unter dem europäischen Durchschnitt (60 %) auf dem vorletzten Platz liegt.

---

129 **Abb. 17:** Europäische Kommission: Eurobarometer Spezial - Werte die europäischen Kultur 2007. Eurobarometer-Umfrage über die kulturellen Werte in Europa. Durchgeführt im Auftrag der Generaldirektion Bildung und Kultur und koordiniert von der Generaldirektion Kommunikation. Seite 22.

„Zwischen den soziodemografischen Gruppen fallen die folgenden deutlichen Unterschiede auf:

- Die jüngste Gruppe (83%) ist fast zweieinhalbmal so stark daran interessiert, eine andere Sprache zu lernen, wie die älteste Gruppe (34%).
- Eine ähnliche Kluft tut sich zwischen den Befragten mit der längsten (77%) und denen mit der kürzesten Ausbildungsdauer (32%) auf.
- Die außerhalb Europas geborenen Befragten möchten besonders wahrscheinlich (76%) eine andere Sprache als die eigene lernen oder ihre Kenntnisse darin verbessern.
- Berufstätige Befragte wollen wahrscheinlicher ihre Sprachkenntnisse verbessern als nicht berufstätige. So würden etwa 82% der Führungskräfte, aber nur 31% der Rentner gerne eine neue Sprache lernen."[130]

130 Ebd. Seite 23.

Hauptgründe, eine neue Sprache zu lernen oder Ihre Sprachkenntnisse zu verbessern?

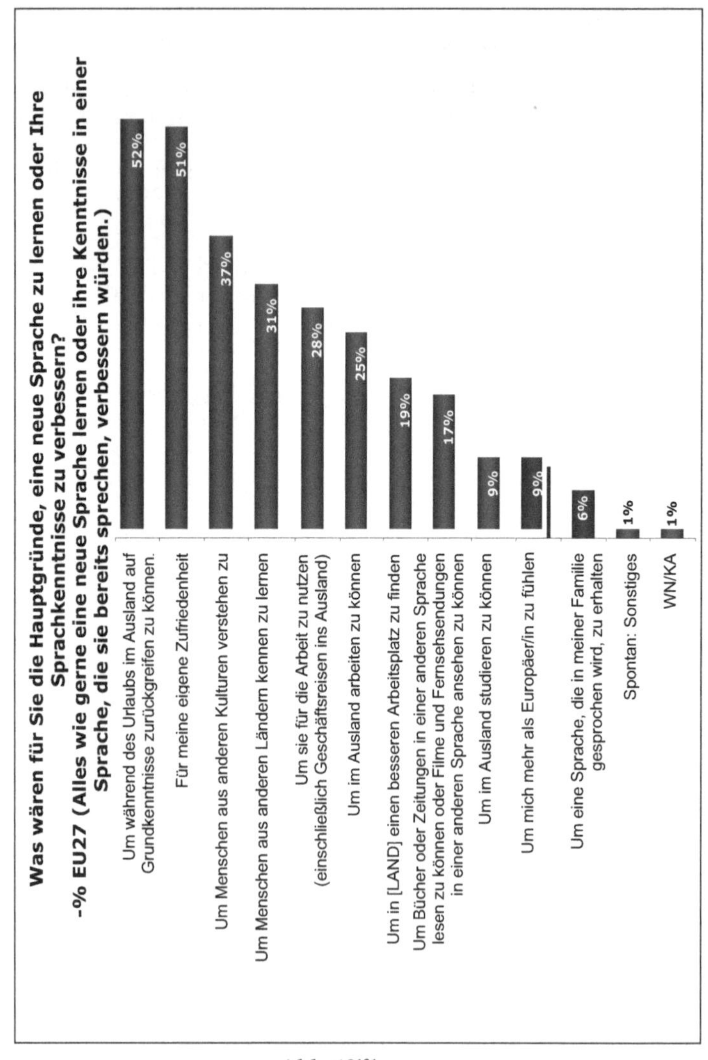

Abb. 18[131]

[131] **Abb. 18**: Europäische Kommission: Eurobarometer Spezial - Werte die europäischen Kultur 2007. Eurobarometer-Umfrage über die kulturellen Werte in Europa. Durchgeführt im Auftrag der Generaldirektion Bildung und Kultur und koordiniert von der Generaldirektion Kommunikation. Seite 23.

Einer der Hauptgründe für Europäer, eine neue Sprache zu erlernen oder ihre Sprachkenntnisse zu verbessern, ist, dass sie während des Urlaubs im Ausland auf Grundkenntnisse zurückgreifen können (52 %) und für die eigene Zufriedenheit (51 %).[132] Auch ist

> „der Wunsch nach kulturellem Austausch ein wichtiger Aspekt für die Arbeit an den eigenen Sprachkenntnissen. Über ein Drittel der Befragten (37%) würde dies gerne tun, um Menschen aus anderen Kulturen besser verstehen zu können, und 31% sagen, dass sie gerne ihre Sprachkenntnisse verbessern würden, um Menschen aus anderen Ländern kennen zu lernen."[133]

Maßnahmen zur Verbesserung des länderübergreifenden Verständnisses

Bei dieser Frage meinen mehr als die Hälfte aller Befragten (56 %), dass dies durch eine Weiterentwicklung des Fremdsprachenunterrichtes an Schulen geschehen soll. Immerhin 17 % sind der Meinung, dass mit „Wanderausstellungen und Gastieren von Life-Darbietungen, wie Theaterstücken oder Konzerten, über Ländergrenzen hinaus" ein gegenseitiges Kennenlernen möglich ist.[134]

---

132 Vgl. Ebd.

133 Ebd. Seite 23f.

134 Vgl. Ebd. Seite 24.

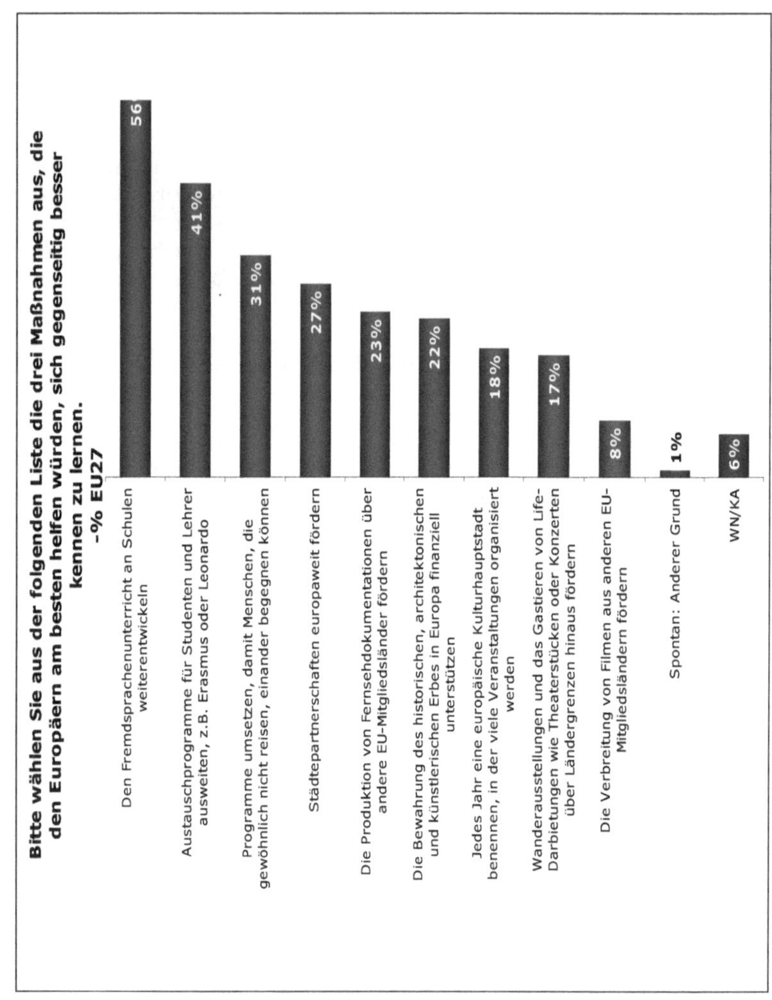

Abb. 19[135]

---

135 **Abb. 19:** Europäische Kommission: Eurobarometer Spezial - Werte die europäischen Kultur 2007. Eurobarometer-Umfrage über die kulturellen Werte in Europa. Durchgeführt im Auftrag der Generaldirektion Bildung und Kultur und koordiniert von der Generaldirektion Kommunikation. Seite 24.

1.2.5 Chancen des interkulturellen Dialogs

Die größte Chance des interkulturellen Dialogs liegt in der Bereicherung des Einzelnen durch kulturelle Vielfalt. Sie muss erlebbar gemacht und ein wechselseitiges Verständnis soll gefördert werden.

Da der Schwerpunkt des Europäischen Jahrs des interkulturellen Dialogs 2008 besonders auf junge Menschen gerichtet ist, haben diese die Chance interkulturelle Kompetenzen zu erlernen, um später besser die Zusammenhänge in einer komplexen und global vernetzten Welt zu verstehen und verantwortlich zu handeln.[136]

Um zu verdeutlichen, in welchen Bereichen genau die Chancen des interkulturellen Dialogs liegen, werde ich einige Beispiele, Projekte und Veranstaltungen, welche im Zuge des Europäischen Jahres des interkulturellen Dialogs aus Österreich - speziell im Bundesland Wien - veranstaltet wurden, angeben, um so einen praktischen Vergleich darzustellen.

Der Verein „living books - Miteinander reden statt übereinander" ist eine „Dialog-Plattform, die wie eine öffentliche Bibliothek funktioniert. Die „Bücher sind Menschen, die mit Vorurteilen konfrontiert sind. Die Besucher/innen können diese „Bücher" für persönliche Gespräche vor Ort kostenlos „ausleihen"."[137] Bei dieser Chance des interkulturellen Dialogs kommt man mit Menschen zusammen, mit denen man persönlich noch nie in Kontakt getreten ist bzw. diese auch nicht ansatzweise kennt, beispielsweise die Muslima mit Kopftuch, die Jüdin oder auch ein afrikanischer Asylbewerber.

Tanz die Toleranz, ein Projekt der Caritas in Wien, zeigt wie mit man mit Tanzen gelebte Integration ein gesellschaftliches Signal setzen kann. Jede Generation unterschiedlicher Nationalität und Herkunft hat die Möglichkeit interkulturelle Bewegung - von afro-haitianisch bis zeitgenössischem Tanz - von professionellen TänzerInnen zu erlernen. Toleranz be-

---

136 Das Europäische Jahr des interkulturellen Dialogs 2008 in Österreich: Interkultureller Dialog in einer globalen Perspektive. http://www.interculturaldialogue2008.eu/545.0.html. Zugriff am 20. Juni 2008.

137 Bundesministerium für Unterricht, Kunst und Kultur: Europäisches Jahr des interkulturellen Dialogs 2008 - Veranstaltungen und Projekte in Österreich. Seite 52.

ginnt hier auf der Bühne, wo Integration durch Leute unterschiedlichen Alters und Herkunft geschaffen wird.

Die Bildungsinitiative für Frauen der Erwachsenenbildung/Erzdiözese Wien - ANIMA - führte das Thema „Islam spezial" ein, welches derzeit ein sehr emotionsgeladenes Thema ist. Die Einrichtung setzt sich sehr stark für ein besseres Verständnis der Weltreligionen und für das Miteinander ein. Im Rahmen des Seminars „Islam spezial" hatten die „TeilnehmerInnen in einem geschützten Raum die Möglichkeit, ihren eigenen Standpunkt zum Thema „Islam" zu definieren."[138]

Durch eine sachliche Auseinandersetzung mit den wesentlichen Glaubensinhalten dieser Religion versucht „ANIMA", Hintergrundinformationen zum Thema Islam zu bieten, Ängste abzubauen, Kontakte zwischen ChristInnen und Muslimas/Muslimen sowie den Boden für eine offene Begegnung miteinander zu bereiten.[139]

Einen interkulturellen Dialog ganz anderer Art bietet der Verein Gartenpolylog mit Kooperation Gärtner/innen der Welt an. Laut deren Homepage versteht sich der Gartenpolylog als

> „ein Verein, der sich zum Ziel gesetzt hat, die Idee der Interkulturellen Gärten in Österreich zu verbreiten, bestehende Initiativen zu vernetzen und weitere Gemeinschaftsgärten zu initiieren. Der Gartenpolylog versteht sich in Form einer offenen Gruppe als Nachbarschafts-, Integrations- und interaktives Bildungsprojekt."[140]

In dieser offenen Gruppe von unterschiedlicher Herkunft können sich alle Interessierten, die sich mit dem Thema „Interkulturelle Gärten" beschäftigen oder sich immer schon beschäftigen wollten, melden und Vorträge, Workshops und Ideen der interkulturellen Gärten besuchen.

Als letztes Bespiel für eine Chance des interkulturellen Dialogs ist Docu Zone Austria (DZA) mit ihrem Projekt „Onlinefilm".

---

[138] Glaube und Religion: Islam spezial. http://www.anima.or.at/. Zugriff am 24. Juni 2008.

[139] Vgl. Ebd.

[140] Gartenpolylog. http://www.gartenpolylog.org/. Zugriff am 20. Juni 2008.

„DocuZone entwickelt, zusammen mit Partner aus ganz Europa, ein Dokumentarfilm-download und -Kommunikationsplattform. Jeder Partner speist die nationale Filme mehrsprachig im Netzwerk ein und bewirbt das Label. Onlinefilm will den virtuellen, interkulturellen Dialog und die noch fragile Europäische Identität stärken."[141]

Anhand dieser Beispiele lässt sich deutlich erkennen, dass die Umsetzung des interkulturellen Dialogs eine Fülle von Möglichkeiten in unterschiedlichen Bereichen und einen Einblick in verschiedene Welten und Kulturen verschafft. „Er bietet die Chance, Traditionslinien und -brüche besser verständlich zu machen und Sensibilität und Urteilsvermögen für Andere(s) zu wecken: das Andere/die Anderen mit neuen Augen sehen lernen, sich selbst mit den Augen der Anderen sehen lernen."[142]

---

141 Bundesministerium für Unterricht, Kunst und Kultur: Europäisches Jahr des interkulturellen Dialogs 2008 - Veranstaltungen und Projekte in Österreich. Seite 62.

142 Interkultureller Dialog. http://www.daara.de/interkultureller-dialog/. Zugriff am 20. Juni 2008.

2 Migration und Integration

2.1 Migration

Es gibt verschiedene Formen, Ursachen, Modelle, Geschichten bzw. Verläufe der Migration - diese können in dieser Arbeit jedoch nicht ausführlich behandelt werden. In diesem Kapitel möchte ich vielmehr eine mögliche Definition des Begriffs Migration finden und diese mit der Geschichte des Zuwanderungsprozesses nach Österreich verbinden. Abgerundet wird dies mit einer Darstellung der Bevölkerung mit Migrationshintergrund in Österreich.

2.1.1 Definition Migration

Der Begriff der Migration leitet sich aus dem Lateinischen „migratio" - zu Deutsch Wanderung - ab und wird in der wissenschaftlichen Literatur unterschiedlich beschrieben. Als „Migration werden langfristige oder kurzfristige Wanderungsbewegungen von einzelnen Lebewesen oder Gruppen bezeichnet. Migration beinhaltet die freiwillige oder unfreiwillige, auf Dauer angelegte Verlagerung des Lebensmittelpunktes an einen anderen Ort."[143] Sie hängt von unterschiedlichen Faktoren und bestimmten Ursachen ab. So können zum einen klimatologische (Naturkatastrophen, Wasserknappheit, Vulkanausbrüche, Klimaverschlechterung, Überschwemmungen, etc.), demographische (soziale Bedrohung durch Feinde oder Ressourcenknappheit, etc.) oder geographische (Binnenwanderungen über die Grenzen von Teilgebieten eines Landes und internationale Wanderungen bzw. Außenwanderungen über die Grenzen eines Landes) Aspekte Ursache sein und zum anderen ökologische, politische, ökonomische, religiöse, soziale und kulturelle Bedingungen bzw. Impulse.[144] Findet die Bewegung innerhalb eines Landes statt, spricht man von Binnenmigration. Die typischen Formen der Wanderungen sind jedoch die Immigration - das Einwandern in ein fremdes

---

143 Schönpflug, Ute: Migration aus kulturvergleichender psychologischer Perspektive. In: Thomas, Alexander (Hrsg.): Kulturvergleichende Psychologie. Göttingen: Hogrefe-Verlag. 2003. S. 515.

144 Vgl. Schmid, Albert Maximilian: Aufgabenfelder der Migrationspolitik in Deutschland. In: Institut für Kulturpolitik der Kulturpolitischen Gesellschaft (Hrsg.): Jahrbuch für Kulturpolitik 2002/03. Band 3. Essen: Klartext Verlag. 2003. Seite 115.

Land - und die Emigration - das Auswandern aus der alten Heimat; beide nehmen weltweit immer mehr zu.

Nach einer Studie[145] von Prof. Dr. Rainer Münz - Experte zu Fragen von Bevölkerung und Migration sowie der demographischen Alterung und ihrer Auswirkung auf Wirtschaft und soziale Sicherungssysteme - wird es durch den demographischen Wandel eine Flut von Menschenbewegungen in Europa, so auch in Österreich, geben. Laut Münz betrug die Nettomigration im Jahre 2005 in den damals 25 EU-Mitgliedsländern in absoluten Zahlen insgesamt 1.7 Millionen Menschen. Die größte Zuwachsrate war in Spanien mit 650.000 Migranten zu verzeichnen, gefolgt von Italien (+340.000), Großbritannien (+200.000), Frankreich (+100.000), Deutschland (+100.000) und Österreich mit 60.000.[146] Durch diese hohen Zuwachsraten steigerte sich folglich die kulturelle, ethische und religiöse Heterogenität der jeweiligen Gesellschaft.

In der Europäischen Union leben gegenwärtig etwa 491 Millionen Bürger, von denen über 40 Millionen (ca. 8,6 %) im EU-Ausland geboren wurden.[147]

Auch in Österreich lebt schon seit mehreren Generationen eine große Anzahl von Menschen mit ausländischen Wurzeln, die selbst oder deren Eltern oder Großeltern nach Österreich zugewandert sind, ungeachtet ihrer gegenwärtigen Staatsangehörigkeit. Bei der Generationsfolge unterscheidet man Ausländer in drei Generationen:

> „Der 1. (Zuwanderungs-) Generation gehören all jene Personen an, die selbst zugewandert sind; bei der
>
> 2. Generation sind die Personen nicht selbst, sonder nur deren Eltern zugewandert; in der

---

145 Münz, Rainer u.a.: The Cost and Benefits of European Immigration. Hamburgisches Welt Wirtschafts- Institut (HWWI). Report No. 3 by the HWWI Research Programme. Migration - Migration Research Group. Hamburg. 2006. http://hwwi.hwwi.net/fileadmin/hwwi/Publikationen/Re search/Report/HWWI_Policy_Report_Nr__3.pdf. Zugriff am 4 April 2009.

146 Vgl. Münz, Rainer: Migration in Europa, Migration in Österreich - Rückblick auf das 20 Jahrhundert, Ausblick auf das 21. Jahrhundert. In: Österreichische Beamtenversicherung (ÖBV) (Hg.): Migration verändert die Arbeitswelt - Wiener Kultur- und Bildungseinrichtungen im Dialog. Wien. 2007. Seite 28.

147 Vgl. Ebd. Seite 29.

3. Generation sind weder die Personen noch deren Eltern zugewandert, sondern Großeltern."[148]

2.1.2 Geschichte der Migration am Beispiel Österreichs

Die Geschichte der Migration in Österreich ist sehr umfangreich und wurde vom Österreichischen Integrationsfonds in einer DVD „Vom Schutz zur Chance - Integration von Flüchtlingen in Österreich" anschaulich dargestellt. Meinen Schwerpunkt setze ich auf die Flüchtlingswellen nach Ende des zweiten Weltkrieges bis in die jüngere Geschichte.

Österreich war immer ein offener Zufluchtsort für Flüchtlinge verschiedener Herkunftsländer und Vorreiter als Asylland. Trotz seiner geringen Fläche hat Österreich mehr Flüchtlinge als irgendein anderer EU-Staat aufgenommen. Seit 1945 wurde mehr als zwei Millionen Flüchtlingen Zuflucht gewährt und ein Sprungbett für eine neue und sichere Existenz geschaffen. Die große Tradition als Asylland begann im Jahre 1956, als die erste Flüchtlingswelle aus Ungarn nach Österreich kam. Im Folgenden werden die verschiedenen Flüchtlingsströme zusammengefasst und beispielhaft aufgezeigt:

- **1956 - 180.000 flohen von Ungarn nach Österreich**

Nach der Niederschlagung der Ungarischen Demokratiebewegung durch die Sowjets war Österreich Gastland für 180.000 Flüchtlinge aus Ungarn. Die große Anzahl von Menschen, die versorgt werden mussten, war eine große Herausforderung für alle staatlichen Institutionen und auch für die Bevölkerung. Österreich diente vor allem eher als Durchzugsland, denn mehr als 2/3 der Flüchtlinge reisten in andere Länder weiter - vor allem nach Großbritannien, Kanada, USA und Deutschland. 18.000 Ungarische Flüchtlinge wählten Österreich als neue Heimat. Nur 7000 Ungarn kehrten wieder in ihr Heimatland zurück.

148 Konsortium Bildungsberichterstattung (Hg.): Bildung in Deutschland - Ein indikatorengestützter Bericht mit einer Analyse zu Bildung und Migration. Im Auftrag der Ständigen Konferenz der Kultusminister der Länder in der Bundesrepublik Deutschland und des Bundesministeriums für Bildung und Forschung. Bielefeld: W. Bertelsmann Verlag. 2006. Seite 140.

- **1968 - 160.000 Flüchtlinge aus der Tschechoslowakei (CSSR)**

Am 21. August 1968 endeten die Demokratisierungs- und Liberalisierungsversuche des "Prager Frühlings" mit dem Einmarsch von Truppen des Warschauer Paktes. Durch dieses Ereignis flohen 160.000 Bürger der CSSR nach Österreich, wo sie großzügig durch die österreichische Bevölkerung aufgenommen und massiv unterstützt wurden. Viele der Flüchtlinge reisten ebenfalls in andere Länder weiter.

- **Ab 1970 - Flüchtlingsbewegungen von außerhalb Europa**

Uganda: Nach einem Putsch von Idi Amin im Jahr 1971 flüchteten 1533 von dort vertriebene Inder nach Wien Schwechat. 144 von ihnen blieben in Österreich.

Chile: Nach dem Sturz des chilenischen Präsidenten Allende und in der Folge auf Grund des Bürgerkrieges flüchteten zwischen 1973 und 1981 Anhänger des gestürzten Präsidenten nach Österreich. In Österreich fanden ca. 456 Asylbewerber eine neue Heimat.

Afghanistan: Seit Ende der 1980er Jahre suchten auf Grund der Schrekkensherrschaft der Taliban über 30.000 Menschen in Österreich um Asyl an.

Irak: Auf Grund des Saddam-Regimes und beider Golfkriege suchten etwa 18.000 Iraker zwischen 1995 und 2005 Zuflucht in Österreich.

- **Ab 1980 - Kriegsrecht in Polen; Schreckensherrschaft des Rumänischen Diktators Ceausescu**

Polen: Im kommunistischen Polen wurde Anfang der 1980er Jahre das Kriegsrecht ausgerufen, wodurch zwischen 1981 und 1982 mindestens 33.000 Polen nach Österreich flüchteten.

Rumänien: Auf Grund der Schreckensherrschaft des rumänischen Diktators Ceausescu flüchteten viele Rumänen nach Österreich. Im Jahre 1988 wurden ca. 15.500 Asylanträge gestellt. Bis zum Jahr 1992 haben mehr als 40.000 Rumänen in Österreich um Asyl angesucht.

- **Ab 1990 - Zerfall Jugoslawiens, Beginn des Balkankrieges, Kosovokrise**

Der Zerfall von Jugoslawien hatte dramatische Konsequenzen. Es herrschte Gewalt und eine Spirale des Nationalismus setzte ein. Ethnische Säuberungen fanden statt, Waffenstillstandsabkommen wurden gebrochen, Kriegsallianzen wechselten sich ab und ganze Städte wurden belagert. Mit Beginn des Balkankrieges 1991/1992 flohen insgesamt 13.000 Menschen nach Österreich und die ersten von insgesamt 90.000 Flüchtlingen aus Bosnien Herzegowina trafen ab 1992 in Österreich ein.

Im Jahre 1999 brachten die Kosovokrise sowie die Vertreibungen und gezielten ethnischen Säuberungen eine weitere große Flüchtlingswelle von mehr als 500.000 Menschen aus dem Balkan nach Europa und andere Länder. 11.000 Kosovaren wurden in Österreich aufgenommen.

- **Zerfall der Sowjetunion**

Seit der Unabhängigkeitserklärung Tschetscheniens nach Zerfall der Sowjetunion und der anschließenden Militäraktion Russlands, welche bis heute zigtausende Tote forderte, flüchteten etwa 15.000 Tschetschenen nach Österreich. [149]

Neben diesen oben dargestellten politisch erzwungenen Migrationströmen gab es in Österreich - aber auch in der gesamten Europäischen Union - zwei weitere Zuwanderungsbereiche eher ökonomisch motivierter Art. Darunter fallen die Anfang der 1960er Jahre eingesetzten Gastarbeiter-Wanderungen und seit 2000 nach der EU-Osterweiterung die EU-Binnenmobilität, wo Österreich ebenfalls besondere Schwerpunkte im Bereich der Zuwanderungspolitik setzt.

„1961-1973 „Gastarbeiter"-Wanderung

Seit dem Beginn der 1960er Jahre schloss Österreich mit Griechenland, dem ehemaligen Jugoslawien, der Türkei sowie mit Spanien Anwerbeabkommen für Arbeitskräfte ab, die zu einer massiven Zuwanderung vor

---

149 Vgl. Vom Schutz zur Chance - Integration von Flüchtlingen in Österreich: Flüchtlingsland Österreich. Eine Produktion des Österreichischen Integrationsfonds. Gefördert aus den Mitteln der Republik Österreich. Mit freundlicher Unterstützung des Bundesministeriums für Inneres. © Österreichischer Integrationsfonds, Agentur Heininger: Wien, 2006. DVD. Kapitel 1: 00:00:00 - 00:04:50.

allem männlicher Arbeitskräfte führten. Nach einem leichten Rückgang im Jahr 1967 setzte sich dieser Trend der „Gastarbeiter"-Zuwanderung in Form eines 2. Konjunktur- und Anwerbungszyklusses bis ins Jahr 1973 fort."[150]

„Seit 2000: EU-Ost Erweiterung, EU- Binnenmobilität, neue Zuwanderung

Just mit der Anlobung der schwarz-blauen Bundesregierung zu Beginn des Jahres 2000, die in ihrer Rhetorik auf eine besonders restriktive Zuwanderungspolitik setzte, begann die bislang größte Zuwanderungswelle nach Österreich in Friedenszeiten."[151]

2.1.3 Herkunftsländer

„Österreich war und ist Einwanderungsland - nicht freiwillig und nicht selbst bestimmt, sondern durch faktische Entwicklung."[152] Laut dem 2. Österreichischen Migrations- und Integrationsbericht aus dem Jahr 2007 hat Österreich in den Jahren 2002 bis 2006 eine der größten Zuwanderungswellen nach dem zweiten Weltkrieg mit ca. 114.600 Zuzügen und 75.200 Wegzügen erlebt. Aus diesen Zu- und Wegzügen ergibt sich ein mittlerer internationaler Wanderungssaldo von 39.400 Personen. Zum Vergleich siehe folgende Tabelle:

---

150 EDUCULT - Institut für die Vermittlung von Kunst und Wissenschaft: Kunst, Kultur und interkultureller Dialog. Bericht im Auftrag des Bundesministeriums für Unterricht, Kunst und Kultur. Wien. 2008. Seite 21.

151 Ebd. Seite 22.

152 Ebd.

Internationale Migration nach Österreich 2002-2006

Staatsangehörigkeit	2002	2003	2004	2005	2006
Zuzüge	**113.165**	**113.554**	**127.399**	**117.822**	**100.972**
Österreich	20.598	16.390	18.452	16.367	15.588
fremde Nationalität	92.567	97.164	108.947	101.455	85.384
Wegzüge	**79.658**	**77.257**	**76.817**	**68.650**	**73.495**
Österreich	40.881	31.192	28.491	21.170	20.591
fremde Nationalität	38.777	46.065	48.326	47.480	52.904
Saldo	**33.507**	**36.297**	**50.582**	**49.172**	**27.477**
Österreich	–20.283	–14.802	–10.039	–4.803	–5.003
fremde Nationalität	53.790	51.099	60.621	53.975	32.480

Abb.20[153]

Quelle: Statistik Austria

Im europäischen Vergleich ist Österreich einer der Staaten, welcher die höchsten Zuwanderungsraten zu verzeichnen hat. Knapp 19 % aller ZuwanderInnen aus dem Ausland sind Angehörige eines anderen EU-Staates.[154]

Eine weitere interessante Statistik zeigt, welche Wanderungsverflechtungen Österreichs mit dem Ausland existieren. Zur Veranschaulichung wird die Anzahl von ausländischen Staatsangehörigen mit Hauptwohnsitz in Österreich nach Herkunftsländern, welche von 2001 bis 2007 melderechtlich erfasst worden sind, aufgelistet.

153 **Abb.20**: Lebhart, Gustav und Marik-Lebeck, Stephan: Zuwanderung nach Österreich: aktuelle Trends. In: Fassmann, Heinz (Hg): 2. Österreichischer Migrations- und Integrationsbericht 2001-2006 – Rechtliche Rahmenbedingungen, demographische Entwicklungen, sozioökonomische Strukturen. Klagenfurt/Celovec: Verlag Drava. Wien. 2007. Seite 147.

154 Ebd. Seite 162.

Ausländische Staatsangehörige in Österreich 2001–2007

Staatsangehörigkeit (Auswahl)	15. 05. 2001	01. 01. 2002	01. 01. 2003	01. 01. 2004	01. 01. 2005	01. 01. 2006	01. 01. 2007
insgesamt	**8.032.926**	**8.065.146**	**8.102.175**	**8.140.122**	**8.206.524**	**8.265.925**	**8.298.923**
Österreich	**7.322.000**	**7.333.515**	**7.347.051**	**7.374.819**	**7.417.915**	**7.451.860**	**7.472.910**
fremde Nationalität	**710.926**	**731.631**	**755.124**	**765.303**	**788.609**	**814.065**	**826.013**
EU-Staaten	**163.204**	**165.647**	**175.849**	**187.735**	**206.715**	**227.405**	**245.926**
EU-14	106.173	110.741	118.201	127.365	137.663	150.006	161.803
EU-10 (seit 1.5.2004)	57.031	54.906	57.648	60.370	69.052	77.399	84.123
Nicht-EU	**547.722**	**565.984**	**579.275**	**577.568**	**581.894**	**586.660**	**580.087**
Europa	**641.880**	**635.149**	**655.779**	**665.169**	**685.156**	**706.813**	**717.894**
Deutschland	72.218	75.127	80.147	86.657	94.672	104.410	113.668
Ungarn	12.729	13.104	13.824	14.375	15.455	16.763	18.135
Italien	10.064	10.548	11.101	11.681	12.206	12.769	13.441
Schweiz	5.962	6.186	6.283	6.474	6.692	6.868	7.083
Türkei	127.226	126.735	127.018	122.931	116.882	113.635	108.808
Kroatien	60.650	57.154	58.440	58.520	58.719	58.351	57.103
Slowenien	6.893	6.208	6.181	6.187	6.540	6.692	6.858
Bosnien-Herzegowina	108.047	95.261	95.952	94.114	90.988	88.490	86.427
Mazedonien (ehem. Jug. Rep.)	13.696	13.096	14.327	15.219	15.986	16.305	16.322
Serbien, Montenegro	132.975	139.903	141.744	137.602	137.662	139.076	137.289
Slowakei	7.739	7.408	8.445	9.485	11.479	13.334	14.850
Tschechische Rep.	7.313	6.203	6.617	6.984	7.498	7.941	8.277
Bulgarien	4.217	4.601	5.298	5.952	6.496	6.797	6.910
Frankreich	4.044	4.275	4.527	4.843	5.249	5.683	6.123
Niederlande	3.910	4.086	4.395	4.722	5.077	5.607	6.027
Polen	21.841	21.433	21.907	22.537	27.056	31.456	34.676
Rumänien	17.470	17.786	19.628	20.850	21.871	22.776	23.048
Russische Föderation	3.467	3.570	4.881	8.033	14.272	17.267	18.897
Ver. Königreich	5.447	5.691	6.053	6.517	6.870	7.369	7.799
Afrika	**14.223**	**15.014**	**16.999**	**17.986**	**20.124**	**21.191**	**20.897**
Ägypten	4.721	5.082	5.169	5.082	5.045	5.168	5.051
Tunesien	1.194	1.198	1.288	1.328	1.357	1.390	1.421
Nigeria	2.263	2.719	3.752	4.393	5.930	6.382	6.116
Mittelamerika	**1.892**	**2.131**	**2.469**	**2.668**	**2.851**	**3.079**	**3.025**
Dom. Republik	810	961	1.180	1.318	1.409	1.538	1.400
Kuba	257	247	306	356	396	424	437
Mexiko	404	438	475	478	538	589	641
Nordamerika	**7.176**	**7.303**	**7.595**	**7.865**	**8.181**	**8.535**	**8.889**
Kanada	1.068	1.105	1.207	1.258	1.327	1.416	1.461
USA	6.108	6.198	6.388	6.607	6.854	7.119	7.428
Südamerika	**3.245**	**3.176**	**3.655**	**4.174**	**4.494**	**4.825**	**4.984**
Brasilien	1.368	1.317	1.495	1.695	1.859	2.052	2.154
Kolumbien	401	414	461	535	553	587	580
Peru	471	440	483	525	566	597	634
Asien	**36.067**	**37.065**	**42.575**	**46.787**	**50.519**	**53.032**	**54.855**
China, Volksrepublik	4.567	5.118	6.486	7.666	8.401	8.952	9.153
Indien	4.879	5.012	5.545	5.779	5.861	6.163	6.109
Iran	5.926	5.885	6.091	6.212	6.032	5.775	5.966
Ozeanien	**1.026**	**1.057**	**1.120**	**1.182**	**1.194**	**1.252**	**1.310**
Australien	858	888	939	995	984	1.037	1.069
Neuseeland	150	153	160	165	183	186	213
staatenlos	**4.187**	**1.551**	**1.634**	**1.593**	**1.590**	**1.573**	**2.170**
ungeklärt	**1.146**	**13.728**	**12.439**	**10.689**	**9.515**	**10.281**	**9.485**
unbekannt	**84**	**15.457**	**10.859**	**7.190**	**4.985**	**3.484**	**2.504**

Abb.21[155]

Quelle: Statistik Austria

155 **Abb. 21**: Lebhart, Gustav und Marik-Lebeck, Stephan:Bevölkerung mit Migrationshintergrund. In: Fassmann, Heinz (Hg): 2. Österreichischer Migrations- und Integrationsbericht 2001-2006 – Rechtliche Rahmenbedingungen, demographische Entwicklungen, sozioökonomische Strukturen. Klagenfurt/ Celovec: Verlag Drava. Wien. 2007. Seite 169.

Nach einer aktuellen Statistik zur Bevölkerung ausländischer Staatsangehörigkeit in Österreich mit Stichtag 1.1.2008, lässt sich die Abbildung 21 noch mit neuen Zahlen ergänzen. So ist die Anzahl der Migranten aus Deutschland im Vergleich zu 2007 von 113.668 auf 124.088 im Jahr 2008 gewachsen. Trotz leichtem Rückgang zählen die BürgerInnen aus Serbien und Montenegro (133.692) immer noch zur stärksten AusländerInnengruppe.

Der Trend zeigt, dass der Anteil an Deutschen in den nächsten Jahren weiter wachsen wird, wogegen der Anteil an Türken abnehmen bzw. gleichbleiben (109.716) wird. Interessant ist auch, dass sich die Anzahl an Migranten aus Asien seit 2001 stetig erhöht und 2008 einen Stand von 58.361 erreicht.[156]

Menschen aus der europäischen Union bilden den größten Anteil an der Gruppe der Migranten in Österreich.

> „Anfang 2007 stammte der größte Teil der in Österreich wohnhaften Bevölkerung mit ausländischer Staatsangehörigkeit oder ausländischem Geburtsort aus einem anderen EU-Mitgliedsstaat. Insgesamt besitzen etwas mehr als eine halbe Million Menschen - das sind 38 % der Österreich lebenden Personen mit unmittelbarem Migrationshintergrund - die Staatsbürgerschaft eines der anderen 26 EU-Staaten bzw. wurden in einem dieser Länder geboren."[157]

Die zweitgrößte Bevölkerungsgruppe mit unmittelbarem Migrationshintergrund stammt aus dem ehemaligen Jugoslawien (ohne Slowenien, das seit 2004 EU-Mitglied ist) (426.500 Personen) gefolgt von der Türkei (178.000). Zum Vergleich siehe Abbildung Nummer 22.

---

156 Vgl. Statistik Austria: Bevölkerung am 1.1.2008 nach detaillierter Staatsangehörigkeit und Bundesland. http://www.statistik.at/web_de/static/ bevoelkerung_am_1.1.2008_nach_detaillierter_staatsangehoerigkeit_und_bunde_031066.pdf. Zugriff am 23. August 2008.

157 Österreichischen Integrationsfonds: Integration - Zahlen, Daten, Fakten. Wien: AV + Astoria Druckzentrum. 2008. Seite 10.

Bevölkerung mit ausländischer Staatsangehörigkeit bzw. ausländischem Geburtsort

Bevölkerung mit ausländischer Staatsangehörigkeit bzw. ausländischem Geburtsort

Herkunft (Staatsangehörigkeit bzw. Geburtsland)	15. 05. 2001					01. 01. 2007				
	im Ausland geborene Ausländer	im Inland geborene Ausländer	im Ausland geborene Österreicher	ausländische Staatsangehörige und eingebürgerte Zuwanderer zusammen		im Ausland geborene Ausländer	im Inland geborene Ausländer	im Ausland geborene Österreicher	ausländische Staatsangehörige und eingebürgerte Zuwanderer zusammen	
				abs.	in %				abs.	in %
insgesamt	594.911	116.015	408.488	1.119.414	100,0	709.681	116.332	526.601	1.352.614	100,0
EU-14-Staaten (Beitritt bis 1995)	94.879	11.294	108.697	214.870	19,2	144.608	17.195	104.342	266.145	19,7
EU-12-Staaten (Beitritt 2004/2007)	72.279	6.439	134.183	212.901	19,0	105.930	8.151	128.176	242.257	17,9
EWR (FL, Norwegen, Island)/Schweiz	5.111	1.890	7.650	14.651	1,3	6.317	2.050	8.208	16.575	1,2
Ehemaliges Jugoslawien (ohne Slowenien)	258.717	56.651	70.367	385.735	34,5	240.880	56.261	129.335	426.476	31,5
Türkei	93.634	33.592	31.898	159.124	14,2	86.265	22.543	68.861	177.669	13,1
sonstige Staaten Europas	7.034	360	4.870	12.264	1,1	25.438	2.256	7.325	35.019	2,6
Afrika	13.079	1.144	10.542	24.765	2,2	19.602	1.295	18.052	38.949	2,9
Amerika	11.220	1.093	8.781	21.094	1,9	15.596	1.302	11.421	28.319	2,1
Asien	33.735	2.332	29.923	65.990	5,9	52.074	2.781	42.973	97.828	7,2
Australien und Ozeanien	879	147	1.182	2.208	0,2	1.141	169	1.259	2.569	0,2
staatenlos/unbekannt/ungeklärt	4.344	1.073	395	5.812	0,5	11.830	2.329	6.649	20.808	1,5

Abb.22[158]

Quelle: Statistik Austria, Volkszählung 2001 und Statistik des Bevölkerungsstandes

Im Zusammenhang mit Migration und Integration spielt die Religionszugehörigkeit der Migranten eine nicht unwesentliche Rolle. Nach der im Jahr 2001 in Österreich durchgeführten Volkszählung haben sich 338.988 Personen zum Islamischen Glauben bekannt. Das entspricht etwa 4,2 % der Wohnbevölkerung Österreichs. Die islamische Glaubensgemeinschaft ist neben den Personen ohne Bekenntnis die einzige Gruppe, die in den letzten drei Jahrzehnten kontinuierlich hohe Zuwachsraten aufweisen kann. Siehe nachstehende Abbildung:

158 **Abb. 22**: Österreichischen Integrationsfonds: Integration – Zahlen, Daten, Fakten. Wien: AV + Astoria Druckzentrum. 2008. Seite 11.

Bevölkerung 1971 bis 2001 nach Religionsbekenntnis

Bevölkerung 1971 bis 2001 nach Religionsbekenntnis								
Religionsbekenntnis	1971		1981		1991		2001	
	abs.	in %	abs.	in %	abs.	in %	abs.	in %
Insgesamt	7.491.526	100,0	7.555.338	100,0	7.795.786	100,0	8.032.926	100,0
Römisch-katholisch	6.548.316	87,4	6.372.645	84,3	6.081.454	78,0	5.915.421	73,6
Evangelisch	447.070	6,0	423.162	5,6	388.709	5,0	376.150	4,7
Altkatholisch	26.992	0,4	25.547	0,3	18.930	0,2	14.621	0,2
Israelitisch	8.461	0,1	7.123	0,1	7.268	0,1	8.140	0,1
Islamisch [1]	22.267	0,3	76.939	1,0	158.776	2,0	338.988	4,2
Sonstiges	74.440	1,0	118.866	1,6	197.433	2,5	255.681	3,2
Ohne Bekenntnis	321.218	4,3	452.039	6,0	672.251	8,6	963.263	12,0
Ohne Angabe [2]	42.762	0,6	79.017	1,0	270.965	3,5	160.662	2,0

Q: STATISTIK AUSTRIA, Volkszählungen 1971 bis 2001.

[1] Für die Volkszählung 1971 geschätzt anhand der Staatsangehörigkeit. [2] Unbekanntes Religionsbekenntnis wurde nicht aufgeschätzt.

Abb. 23[159]
Quelle: Statistik Austria, Volkszählung 1971 bis 2001

„Damit leben in Österreich wie in den meisten Staaten Mitteleuropas (Niederlande, Belgien, Deutschland, Schweiz) zwischen 4 und 6 % MuslimInnen."[160] Um eine gelungene Integration von Personen verschiedener Konfessionen zu erreichen ist eine gute Balance zwischen Staat und Religion erforderlich, wobei sich alle Religionen positiv einbringen können.

In Summe leben ca. 1.4 Millionen Personen, die einen Migrationshintergrund haben, in Österreich. Dies verlangt vom Staat besondere Herausforderungen, birgt aber auch große Chancen.

> „Österreich […] im 21. Jahrhundert, wie auch andere europäische Staaten, aufgrund des demographischen Wandels vor großen migrations- und integrationspolitischen Herausforderungen stehen. Die zukünftige Bevölkerungsentwicklung wird einerseits durch die anhaltend niedrigen Kinderzahlen und die damit verbundene demographische Alterung, andererseits durch Zuwanderung aus dem Ausland nachhaltig geprägt sein. Mehr denn je ist eine zielgerichtete Migrations- und Integrationspolitik, die das Faktum einer dauernden Zuwanderung nach Österreich als Tatsache und Ausgangspunkt anerkennt, notwendig. Dabei ist auch zu berücksichtigen, dass Begriffe wie „Inländer/-in" und „Ausländer/-in" an Orientierungs-

159 **Abb. 23**: Österreichischen Integrationsfonds: Integration – Zahlen, Daten, Fakten. Wien: AV + Astoria Druckzentrum. 2008. Seite 75.

160 Potz, Richard: Islam, Migration und Integration. In: Fassmann, Heinz (Hg): 2. Österreichischer Migrations- und Integrationsbericht 2001-2006 – Rechtliche Rahmenbedingungen, demographische Entwicklungen, sozioökonomische Strukturen. Klagenfurt/Celovec: Verlag Drava. Wien. 2007. Seite 339.

> kraft verlieren. „Einheimische AusländerInnen" bzw. „ausländische InländerInnen", als die in Österreich aufgewachsen oder geborene Personen mit Migrationshintergrund, werden zunehmend die Gesellschaft Österreichs prägen."[161]

2.2 Integration

In einem Artikel des Magazins der Österreichischen Hochschülerschaft Wien „unique" wird „Integration" als ein Modewort beschrieben.[162] Integration sollte nicht als solches bezeichnet werden, da diese Thematik nicht nur jetzt sondern auch in der Zukunft große Bedeutung hat und in Verbindung mit Migration richtungweisend für gemeinsame Lebensräume, gesellschaftlichen Zusammenhalt und Chancengleichheit steht.[163]

2.2.1 Die Integration

> „Integration ist ein komplexer Begriff, der einen ebenso komplexen und umfassenden Prozess beschreibt. Es gibt unterschiedliche Definitionen, aber vor allem in der öffentlichen Diskussion wird der Terminus oftmals mit unterschiedlicher Intention verwendet, wobei die Abgrenzung zur Assimilation oft nur scharf ist. Integration ist jedoch ein wechselseitiger Prozess, an dem einzelne Personen, Gruppen und die Mehrheitsgesellschaft beteiligt sind. Es umfasst politische, rechtliche, wirtschaftliche, soziale, kulturelle und kommunikative Aspekte mit dem Ziel der sprachlichen, beruflichen, gesellschaftlichen und kulturellen Integration, bei gleichzeitiger Bewahrung von kulturellen, religiösen und politischen Individualitäten."[164]

---

161 Lebhart, Gustav und Marik-Lebeck, Stephan:Bevölkerung mit Migrationshintergrund. In: Fassmann, Heinz (Hg): 2. Österreichischer Migrations- und Integrationsbericht 2001-2006 - Rechtliche Rahmenbedingungen, demographische Entwicklungen, sozioökonomische Strukturen. Klagenfurt/Celovec: Verlag Drava. Wien. 2007. Seite 182.

162 Vgl. Pocrnja, Jana: Die wollen sich nicht integrieren! unique 01/08, 21. Jänner 2008, Seite 8.

163 Vgl. auch Rettenegger, Florian: Mediale Integration ethnischer Minderheiten am Beispiel des alternativen Fernsehsenders Okto. Diplomarbeit. Universität Wien, Institut für Theater-, Film- und Medienwissenschaft. 2008.

164 Vogl, Mathias und Matscher, Franz: Integration zwischen Assimilation und pluralistischer Multikultur. In: Bundesministerium für Inneres: gemeinsam kommen wir zusammen - Expertenbeiträge zur Integration. Wien, O.A. Seite 15.

Sehr wichtig dabei ist zu erwähnen, dass die Integration keine Assimilation darstellt. Integration beschreibt einen Prozess, in dem sich Menschen aus unterschiedlichen Kulturkreisen in einem fremden Land und mit ihrer unterschiedlichen Bevölkerung miteinander leben und arbeiten wollen. Die Assimilation bedeutet dagegen

> „die vollständige Anpassung an Bestehendes bedeuten würde und gleichzeitig dem Bestehenden Unveränderbarkeit und Permanenz zuschriebe. Der zu Integrierende hat nicht seine herkunfts- und erziehungsbedingte Identität aufzugeben, sich zur Gänze der Gesellschaft des Gastlandes anzupassen und in dieser Gesellschaft aufzugehen. Wohl aber muss er die, diese Gesellschaft prägenden Wertvorstellungen anerkennen, sein Leben danach ausrichten und die entsprechenden Rechtsvorschriften des Aufnahmelandes beachten, wie es auch von Art.2[165] der Genfer Flüchtlingskonvention[166] 1951 gefordert wird."[167]

Ziel der gesellschaftlichen Integration bedeutet „die Einbeziehung außen stehender Elemente in eine Einheit, ein Ganzes; gesellschaftlich heißt, verschiedene Gruppen im hohen Grad harmonisch und konfliktfrei einzuordnen."[168]

---

165 Artikel 2 der Genfer Flüchtlingskonvention:
„Jeder Flüchtling hat gegenüber dem Land, in dem er sich befindet, Pflichten, zu denen insbesondere die Verpflichtung gehört, die Gesetze und sonstigen Rechtsvorschriften sowie die zur Aufrechterhaltung der öffentlichen Ordnung getroffenen Maßnahmen zu beachten."

166 Die Genfer Flüchtlingskonvention wurde im Jahr 1951 beschlossen und trat am 22. April 1954 in Kraft. Weltweit dient die Konvention als Schutz und Hilfe für Flüchtlinge. Sie bestimmt und definiert wer ein Flüchtling ist, den rechtlichen Schutz, die Hilfe und sozialen Rechte, die die Unterzeichnerstaaten den Flüchtigen zu gewähren haben und die Pflichten des Flüchtigen in einem Gastland. Eine Ergänzung durch ein Zusatzprotokoll erfolgte im Jahr 1967. Beide Dokumente wurden von mehr als 142 Staaten unterschrieben und bilden die Grundsteine des internationalen Flüchtlingsrechts.

167 Vogl, Mathias und Matscher, Franz: Integration zwischen Assimilation und pluralistischer Multikultur. In: Bundesministerium für Inneres: gemeinsam kommen wir zusammen – Expertenbeiträge zur Integration. Wien, O.A. Seite 15f.

168 Reiter, Erich: Integration und/oder Kulturkampf. In: Sozialwissenschaftliche Schriftenreihe des Internationalen Instituts für liberale Politik Wien. Heft 16. Wien. 2006. Seite 20.

2.2.2 Integration als Brücke für MigrantInnen

Eine „gelungene Integration zeichnet sich [...] gerade dadurch aus, dass sie unauffällig bleibt“[169], sagt der Migrationsforscher Klaus J. Bade in seinem Aufsatz über Migration, Integration und kulturelle Vielfalt; historische Erfahrungen und aktuelle Herausforderungen.

Integration fordert das Zueinandergehen beider Teile der Gesellschaft - nämlich Inländer und MigrantInnen, wobei jedes Individuum seine Wurzeln und seinen eigenen kulturellen Hintergrund beibehalten sollte.

Integration in eine multikulturelle und multiethnische Gesellschaft birgt auch Ängste und die üblichen Probleme des räumlichen Miteinanders von Menschen unterschiedlicher Lebenssituationen - wie z. B. abweichende Lebensvorstellungen, verschiedene Kulturkreise, unterschiedlicher Glaube, Abwehrhaltung gegenüber Menschen anderer Rasse, usw. Solche Vorurteile zeigen sich beispielsweise in der Diskriminierung von Fremden, in der Schule, im Alltag und im Berufsleben sowie in Ausgrenzung, Fremdenhass, gewalttätigen Übergriffen und rechtlicher Ungleichbehandlung. In einem multikulturellen Zusammenleben kann es natürlich immer wieder Probleme mit[170] „der Anpassung von Migranten aus anderen Kulturkreisen und mit anderen religiös-kulturellen Traditionen an die Werte und Normen einer pluralen, individualistischen und säkularen modernen Gesellschaft“[171], geben.

„Was sind die Grundlagen einer Integration, was die gemeinsamen Werte auf denen sie stattfinden soll und kann?“[172] Eine berechtigte Frage, da eine Integration ohne Akzeptanz der Grundwerte[173], die in der Ver-

---

169 Bade, Klaus J.: Migration, Integration und kulturelle Vielfalt: Historische Erfahrungen und aktuelle Herausforderungen. In: Kulturelle Vielfalt in der Stadtgesellschaft. 34. Cappenberger Gespräch der Freiherr-vom-Stein-Gesellschaft, 3.11.2005 (Cappenberger Gespräche, Bd. 34), Köln: Kohlhammer. 2007. Seite 2. http://www.kjbade.de/bilder/CappenbergPublikation.pdf. Zugriff am 27. August 2008.

170 Vgl. Wagner, Bernd: Integration und Vielfalt. Anforderungen an Gesellschafts- und Kulturpolitik in einer Einwanderungsgesellschaft. In: Institut für Kulturpolitik der Kulturpolitischen Gesellschaft (Hrsg.): Beheimatung durch Kultur - Kulturorte als Lernsorte interkultureller Kompetenz. Essen: Klartext Verlag. 2007. Seite 29f.

171 Ebd. Seite 30.

172 Ebd.

173 Die Grundwerte sind insbesondere die Würde des Menschen, die Freiheit der Person und die Gleichheit aller Menschen.

fassung oder im Grundgesetz eines jeden Staates vorgegeben sind, nicht stattfinden kann. Beispielsweise heißt es in einem Integrationsberichtes des Bundesministeriums für Inneres in Österreich:

> „Die Grundwerte unserer Gesellschaft sind von allen ohne Ausnahme zu akzeptieren. Ohne diese Haltung ist eine Integration von Fremden nicht möglich bzw. entsteht die Gefahr einer gesellschaftlichen Desintegration, also eines Zerfalls des sozialen Zusammenhalts. Es geht also nicht um eine beliebige, sondern im Bereich der Grundwerte klar definierte Gestalt der Eingliederung in die Gesellschaft. Im Unterschied zur wirtschaftlichen und sozialen Integration, für welche andere Maßnahmen erforderlich sind, [...] können hier gesetzlich definierte Standards eingefordert werden. Die Identifikation mit dem demokratischen Verfassungsstaat und der Republik ist hierbei das Ideal, wobei dies - auch seitens der Mehrheitsgesellschaft - oft nur in unterschiedlichen Graden erreicht wird."[174]

Auch ein Bericht der Berliner Kommission „Zuwanderung" - „Zuwanderung gestalten, Integration fördern" zeigt das Ziel von Integration sehr deutlich an. Aus gesellschafts-politischer Sicht ist

> „Zuwanderern eine gleichberechtigte Teilhabe am gesellschaftlichen, wirtschaftlichen, kulturellen und politischen Leben unter Respektierung kultureller Vielfalt zu ermöglichen. Dazu sind Anstrengungen von beiden Seiten erforderlich: Wirtschaft, Politik und Kultur der Aufnahmegesellschaft müssen ebenso wie die Zuwanderer ihren Beitrag leisten."[175]

Die Kommission fasst die wesentlichen Schwerpunkte der Integrationspolitik in vier Hauptgebieten zusammen:

- Schulischer bzw. vorschulischer Bereich der Integration
- Berufliche Integration
- Gesellschaftlich-kulturelle Integration
- Politisch-demokratische Integration[176]

---

174 Vogl, Mathias und Matscher, Franz: Integration zwischen Assimilation und pluralistischer Multikultur. In: Bundesministerium für Inneres: gemeinsam kommen wir zusammen - Expertenbeiträge zur Integration. Wien, O.A. Seite 23.

175 Bericht der Unabhängigen Kommission „Zuwanderung: Zuwanderung gestalten, Integration fördern. Berlin: Druckerei Conrad GmbH. 4. Juli 2001. Seite 200.

176 Vgl. Ebd. Seite 203.

Heinz Fassmann, Obmann der Kommission für Migrations- und Integrationsforschung und Direktor des Instituts für Stadt- und Regionalforschung der Österreichischen Akademie der Wissenschaften (ÖAW), meint in einem Interview auf die Frage: Wie der Begriff der Integration in Österreich gehandhabt wird:

> „Österreich hat noch nicht zu einem Common Sense im Bereich der Integrationspolitik gefunden. Manche verstehen unter Integration ausschließlich Assimilation, andere lassen es offen und meinen, Diversität sei das richtige Konzept. Wir haben leider auch, im Unterschied zu Deutschland (siehe die bereits zurückliegende Debatte über Leitkultur[177]), nur ein geringes Ausmaß an einem offen und ehrlich geführten Diskurs über diesen anzustrebenden Common Sense."[178]

Damit eine Integration erfolgreich Zustande kommen kann sind zwei wichtige Grundvoraussetzungen im Aufnahmeland erforderlich. Zum einen sind das gute Sprachkenntnisse und Anerkennung der Werte und Normen der Aufnahmegesellschaft und zum anderen die staatsbürgerliche Gleichstellung, ein gleichberechtigter Zugang zu Bildung sowie die Gleichbehandlung in der Arbeitswelt. Diese Voraussetzung bewirken allerdings noch kein harmonisches gemeinsames Miteinander von Mi-

---

177 „Das Wort „Leitkultur" geht auf Bassam Tibi zurück. Er hat es ursprünglich 1997 bei den Frankfurter Römerberg-Gesprächen über „Europa und der Rest der Welt" benutzt. Dabei sprach er von der Notwendigkeit einer „übergreifenden internationalen Moral" und einer europaweit gültigen Leitkultur. In seinem Buch Europa ohne Identität? Die Krise der multikulturellen Gesellschaft (1998) präzisiert er seine Vorstellungen von Leitkultur und setzt sie – für die weiteren Diskussionen wirkungsmächtig – den Vorstellungen einer multikulturellen Gesellschaft gegenüber. Unter der Bezeichnung „Leitkultur" fasst er den „verbindlichen Normen- und Werte-Katalog" der europäischen kulturellen Moderne zusammen mit „Primat der Vernunft von religiöser Offenbarung, …individuelle Menschenrechte (also nicht Gruppenrechte), säkulare, auf der Trennung von Religion und Politik basierende Demokratie, allseitig anerkannter Pluralismus sowie ebenso gegenseitig zu geltende säkulare Toleranz". Etwa zur gleichen Zeit wurde „Leitkultur", teilweise in Verbindung mit den Adjektiven „deutsche" oder „europäische", Bestandteil des politischen Vokabulars und taucht in periodischen Abständen immer wieder auf."

Wagner, Bernd: Integration und Vielfalt. Anforderungen an Gesellschafts- und Kulturpolitik in einer Einwanderungsgesellschaft. In: Institut für Kulturpolitik der Kulturpolitischen Gesellschaft (Hrsg.): Beheimatung durch Kultur – Kulturorte als Lernsorte interkultureller Kompetenz. Essen: Klartext Verlag. 2007. Seite 34.

178 Gröschl, Martina: Migration und Integration – Interview mit Heinz Fassmann. http://www.oeaw.ac.at/home/thema/thema_200705_1.html. Zugriff am 28. August 2008.

grantInnen und Bürgern des Aufnahmelandes. Dazu bedarf es darüber hinaus der gegenseitigen Anerkennung der jeweils anderen Kultur und menschlicher Begegnungen, in denen ein interkultureller Dialog entstehen kann. Ein Integrationsprozess benötigt Zeit, Verständnis und vor allem den Integrationswillen sowohl der Zuwanderer als auch der Einheimischen. Ein entscheidender Faktor ist auch, dass die jeweils eigene Kultur vom jeweils anderen toleriert und auch anerkannt wird.[179]

2.2.3 Überlegungen der Österreichischen Bundesregierung in Hinsicht auf Zuwanderung und Integration im Regierungsprogramm 2007 bis 2010

Im „Regierungsprogramm 2007 bis 2010" zwischen SPÖ und ÖVP wurde im Jahre 2006 festgeschrieben, dass sich Österreich „aktiv an der Weiterentwicklung der Union, durch die Teilnahme an der Integration in politischer, wirtschaftlicher, sozialer sowie außen und sicherheitspolitischer Hinsicht beteiligen"[180], beteiligen wird.

Was die Migration und Integration betrifft wird im Regierungsprogramm eine klare Trennung zwischen Asylrecht und Zuwanderung beschrieben:

> „Für Zuwanderung sind klare Regelungen notwendig. Zuwanderung hat im Rahmen der Möglichkeiten und unter Berücksichtigung des Arbeitsmarktes zu erfolgen. Für das Asylrecht gilt: Fairer und schneller Schutz bei Verfolgung, konsequenter Umgang mit straffälligen Fremden."[181]

Voraussetzung einer Integration sind die Sprachkenntnisse des Einwanderungslandes, da sie das Fundament und die entscheidende Voraussetzung für die soziale und vor allem berufliche Eingliederung von MigrantInnen sind. „Zur Förderung der Integration muss für leistbare und zielgruppenorientierte Angebote in Sachen Spracherwerb und Niederlassungsbegleitung gesorgt werden"[182] und „im Bereich der Zuwande-

179 Wagner, Bernd: Integration und Vielfalt. Anforderungen an Gesellschafts- und Kulturpolitik in einer Einwanderungsgesellschaft. In: Institut für Kulturpolitik der Kulturpolitischen Gesellschaft (Hrsg.): Beheimatung durch Kultur - Kulturorte als Lernsorte interkultureller Kompetenz. Essen: Klartext Verlag. 2007. Seite 30f.

180 Bundeskanzleramt Österreich: Regierungsprogramm 2007 bis 2010 - Regierungsprogramm für die XXIII. Gesetzgebungsperiode. 2006. Seite 5.

181 Ebd. Seite 138f.

182 Ebd. Seite 139.

rung zur Arbeitsaufnahme sollte eine bedarfs- und branchengerechten Anpassung an den österreichischen Arbeitsmarkt erfolgen, um notwendige temporäre Defizite am Arbeitsmarkt ausgleichen zu können."[183] „In Österreich wurde ein kombinierter Ansatz zur Förderung von Zweisprachigkeit entwickelt, d.h. Lernen der offiziellen Sprache (ausgerichtet auf die erste Migrantengeneration) und der Herkunftssprache (ausgerichtet auf die zweite und dritte Generation von Migranten)."[184] Des Weiteren ist „die Einhaltung der österreichischen Rechts- und Grundordnung [...] unabdingbare Voraussetzungen für eine erfolgreiche Integration."[185] Wesentlich ist, dass der Integrationsprozess möglichst früh einsetzen soll. Das betrifft vor allem folgende Bereiche:

„Bildung, Kinder, Jugend

- Integration beginnt im Kindergarten, daher: besondere Anreize zum Kindergartenbesuch für alle Kinder, die Einbeziehung der Eltern, damit Sprachförderung im Kindergarten funktioniert.
- Ausreichend Begleit- und Stützlehrer, um Integrationsmaßnahmen im Unterricht gewährleisten zu können
- Unterstützung beim Nachholen von Ausbildungsabschlüssen (Hauptschulabschluss, Fachschulabschluss, Reifeprüfung, etc.) für Zuwanderer

Spracherwerb und Niederlassungsbegleitung

- Flächendeckend leistbare und zielgruppenspezifische Alphabetisierungs-, Deutsch- und Orientierungskurse
- Maßnahmen zur Niederlassungsbegleitung, Erstinformationen für Neuzuwanderer und muttersprachliche Orientierungsgespräche
- Erarbeitung von Basisinformationen für Zuwanderer zu Rechtsmaterien Aufenthalt und Staatsbürgerschaft – auch muttersprachlich

---

183 Ebd.

184 ERICarts: Sharing Diversity: Kulturelle Vielfalt gemeinsam Leben – Nationale Konzepte zum „Interkulturellen Dialog" in Europa. Zusammenfassung der Ergebnisse der Studie „Sharing Diversity" des Europäischen Instituts für vergleichende Kulturforschung (ERICarts) für die EU-Kommision. Bonn und Helsinki. März 2008. Seite 8.

185 Bundeskanzleramt Österreich: Regierungsprogramm 2007 bis 2010 – Regierungsprogramm für die XXIII. Gesetzgebungsperiode. Seite 139.

- Besonderes Augenmerk auf frauenspezifische Maßnahmen in der Niederlassungs- und Integrationsbegleitung, mit Schwerpunkt Sprache, Gesundheit, etc.; Kinderbetreuung während der Orientierungs- und Qualifizierungsmaßnahmen sicherstellen
- Spezifische Unterstützung für junge und jugendliche Zuwanderer beim Spracherwerb, in Schule und Ausbildung
- Elternarbeit - "Deutschkurse für Eltern", Elterninfo-Veranstaltungen "Elternschule" und mehrsprachige Informationsmaterialien zu Bildungssystem, Schuldemokratie, Berufsorientierung etc.
- Stärkere Beteiligung von Eltern mit Migrationshintergrund in Elternvereinen und damit an der Schuldemokratie

Partizipation

- Verstärkte Einbindung von Zuwanderern ins gesellschaftliche Leben und in die Zivilgesellschaft, z.B. im Bereich des Sportes, der Kultur und der Freizeit, etc.
- Passives Wahlrecht in gesetzliche Interessenvertretungen für langjährig ansässige Zuwanderer"[186]

Zusammenfassend kann man sagen, dass die Bundesregierung im Regierungsprogramm 2007 bis 2010 in ihrer Integrationspolitik bestrebt war, Zuwanderern eine gleichberechtigte Teilhabe am gesellschaftlichen, wirtschaftlichen, politischen und vor allem kulturellen Leben zu ermöglichen. Im zwischenzeitlich gültigen Regierungsprogramm 2008 bis 2013 wird eine Kommission eingesetzt, um ein neues Modell der Zuwanderung - „Rot-Weiß-Rot-Card" - zu erarbeiten.

> „Als Zuwanderungsmodell wird die Entwicklung einer "Rot-Weiß-Rot-Card" genannt, die unter Berücksichtigung von Kriterien wie Sprachkenntnissen, Qualifikationen, Bedürfnisse des Arbeitsmarktes u. ä. und unter Einbindung der Sozialpartner und der Industriellenvereinigung die Zuwanderung nach Österreich neu regeln soll."[187]

186 Ebd. Seite 140f.

187 Digruber, Daniela: Migration News Nr. 24/08, Dezember 2008. Österreichisches Rotes Kreuz. http://www.roteskreuz.at/berichten/aktuelles/news/datum/2009/02/25/migration-news-nr-2408-dezember-2008/. Zugriff am 5. April 2009.

2.3 Kultur und Integration

Durch die Migration treffen Menschen verschiedenster Kulturkreise aufeinander. Für eine erfolgreiche Integration ist daher das gegenseitige Kennenlernen und Verstehen der eigenen und der jeweils anderen kulturellen Wurzeln notwendig. Deshalb ist die (inter)kulturelle Bildung ein Schlüsselfaktor, um eine interkulturelle Kompetenz zu erlangen und auch eine kulturelle Pluralität zu gewährleisten.

Dies anerkennt auch die Österreichische Bundesregierung und bekennt sich in Ihrem Regierungsprogramm 2007 bis 2010

> „zu einem offenen Dialog mit Kunst- und Kulturschaffenden und zu einem offenen kulturellen Klima, das eine kritische Auseinandersetzung sowohl mit der Geschichte Österreichs als auch mit aktuellen gesellschaftlichen Entwicklungen ermöglicht. Die Kreativität und das künstlerische Potenzial der Kulturschaffenden leisten einen wichtigen Beitrag zur Diskussion gesellschaftlicher Fragen und zur Zukunftsfähigkeit unserer Gesellschaft."[188]

Auch in Deutschland wurde ein umfangreicher Nationaler Integrationsplan ins Leben gerufen, der am 12. Juli 2007 von der deutschen Bundeskanzlerin beim zweiten Integrationsgipfel im Bundeskanzleramt vorgestellt wurde. Insgesamt leben derzeit in Deutschland 15 Millionen Personen mit Migrationshintergrund. Bei der Präsentation brachte die Integrationsbeauftragte der Bundesregierung in Deutschland, Maria Böhmer, die Situation der Migration und Integration in unserer Gesellschaft mit einen Satz auf den Punkt: „Wir reden nicht mehr über die Migranten, sondern mit ihnen."[189] Zur Veranschaulichung sollen hier die wesentlichen Aspekte des sechsten Themenfeldes des Nationalen Integrationsplans „Kultur und Integration" angeführt werden:

> „Kultur ist eine wesentliche Grundlage unseres Zusammenlebens und verbindet Menschen verschiedener Herkunft. Deutschland ist eine europäisch gewachsene und über Jahrhunderte auch durch Migration geprägte Kulturnation. Ohne jahrhundertlange kulturelle Wechselwirkungen über

---

188 Bundeskanzleramt Österreich: Regierungsprogramm 2007 bis 2010 – Regierungsprogramm für die XXIII. Gesetzgebungsperiode. Seite 155.

189 Vgl. Deutsche Bundesregierung: Nationaler Integrationsplan. http://www.bundesregierung.de/Webs/Breg/DE/Bundesregierung/BeauftragtefuerIntegration/NationalerIntegrationsplan/nationaler-intregrationsplan. html. Zugriff am 3. September 2008.

staatliche Grenzen hinweg, ohne die stete Aneignung von ursprünglich fremden kulturellen Einflüssen wäre Europa in seiner Vielfalt und seinen gemeinsamen Werten nicht denkbar.

Die deutsche Gesellschaft steht vor einer Integrationsaufgabe, die die Kultur umfasst. Die Realität der Zuwanderungsgesellschaft ist auch eine kulturelle Herausforderung - Dialog ermöglicht Verständigung. Deshalb ist der angemessene Umgang mit kultureller Vielfalt eine notwendige Kompetenz für alle Teile der Gesellschaft. Integration beinhaltet die Bejahung kultureller Vielfalt. Erfolgreiche Integration setzt eine Kultur der Toleranz und des Miteinanders voraus, auf deren Grundlage Deutsche und Zuwanderer auf dem Boden unserer Verfassungswerte aufeinander zu gehen.

Integration bedeutet die Einbindung in das gesellschaftliche, wirtschaftliche, geistig-kulturelle und rechtliche Gefüge des Aufnahmelandes ohne Aufgabe der eigenen kulturellen Identität. Bei der kulturellen Integration von Zuwanderern handelt es sich um einen wechselseitigen Prozess. Alle Teile der Gesellschaft sind gefordert, größere Bereitschaft zu kultureller Offenheit zu entwickeln. Voraussetzung dafür ist ein klares gesellschaftliches Leitbild, das die Bereitschaft zur Integration, Selbstvergewisserung über die eigene kulturelle Identität, aber auch Respekt vor kultureller Vielfalt verankert. Integration im freiheitlich-demokratischen Rechtsstaat setzt die Identifikation mit der Werteordnung des Grundgesetzes voraus.

Drei Themenschwerpunkte stehen im Mittelpunkt:

1. Die kulturelle Bildung innerhalb und außerhalb der staatlichen Bildungseinrichtungen trägt maßgeblich zur kulturellen Integration von Migrantinnen und Migranten bei.

2. Die Kultureinrichtungen erkennen zunehmend die Notwendigkeit, sich der neuen gesellschaftlichen Herausforderung zu stellen und ihren Beitrag zur kulturellen Integration zu leisten.

3. Die Politik muss auf allen Ebenen die kulturelle Integration als übergreifende Querschnittsaufgabe verstehen."[190]

Zur Förderung dieses kulturellen Austausches gibt es besonders in der freien Medienszene eine Vielzahl von Kultureinrichtungen die durch Einbeziehung junger Menschen - sowohl mit als auch ohne Migrationshintergrund - wesentliche Beiträge zur Integration leisten. Im Folgenden werden einige Einrichtungen in Österreich beschrieben:

---

190 Die Beauftragte der Bundesregierung für Migration, Flüchtlinge und Integration: Der Nationale Integrationsplan. Neue Wege - Neue Chancen. Baden Baden: Koelblin-Fortuna-Druch. 2007. Seite 127.

Die Organisation **„maiz"** ist ein Autonomes Zentrum von und für MigrantInnen. Sie „entstand aus dem Bewusstsein der notwendigen Veränderungen der Lebens- und Arbeitssituation von MigrantInnen in Österreich sowie im Sinne einer Stärkung von politischer und kultureller Partizipation"[191] heraus. Eines ihrer Prinzipien ist die Einforderung der gleichberechtigten Mitwirkung von MigrantInnen am politischen und kulturellen Leben und in Entscheidungsstrukturen. Die Realität sieht jedoch anders aus.

> „In der österreichischen Medienlandschaft haben MigrantInnen bis auf wenige Ausnahmen keine Möglichkeit der Partizipation als ProduzentenInnen. Auch als KosumentInnen werden wir hier nicht wahrgenommen. In den kommerziellen Medien wird die Anwesenheit von MigrantInnen auf die Rolle von Objekten im Rahmen von Berichterstattungen reduziert, wobei sie in der Regel entweder als TäterInnen oder als Opfer erscheinen."[192]

Dies bedeutet, dass MigrantInnen nur in den freien Medien als Subjekt tätig sein können, um so eine bestimmte Gruppe von potentiellen HörerInnen/LeserInnen anzusprechen, da sie bei anderen Programmerstellungen nicht berücksichtigt werden. Dort können MigrantInnen und Angehörige von ethnischen Minderheiten als ProtagonistInnen auftreten und für sich sprechen, ihre Anliegen thematisieren, Perspektiven und Positionen vermitteln und sich dabei zeigen - abseits von exotischen und folkloristischen Darstellungen. So versucht maiz - im Grenzraum zwischen Bildungs- und Kulturbereich - eine Möglichkeit für MigrantInnen zu schaffen, sich Fachkenntnisse anzueignen, die sie befähigen, sich im Medienbereich zu etablieren. Das große Manko der MigrantInnen ist meist ein mangelndes technisches Wissen und eine unzureichende Beherrschung der dominanten Sprachen (Deutsch, Englisch). Das Ziel der Einrichtung ist die Vermittlung von Medienkompetenz, der Abbau von Barrieren und die Erleichterung des Zuganges zu Informations- und Kommunikationstechnologien für MigrantInnen.[193]

Die interkulturelle Medienwerkstatt **PANGEA** in Linz wurde im Jahre 2002 als Projekt des Kulturvereins Medea ins Leben gerufen. Seit 2005 ist

---

191 Salgado, Rubia: MigrantInnen, Partizipation und Medien. In: Steinert, Fiona (Hrsg.) u.a.: Wer Spricht - Interkulturelle Arbeit und Mehrsprachigkeit im Kontext freier Medien. Klagenfurt/Celovec: Drava Verlag. 2006. Seite 12.

192 Ebd. Seite 13.

193 Vgl. Ebd.

die Werkstatt ein eigenständiger Verein mit dem Ziel, einen Ort zu schaffen, in welchem junge AsylwerberInnen, Flüchtlinge, MigrantInnen der ersten und zweiten Generation und auch ÖsterreicherInnen - jenseits von kulturellen und sprachlichen Barrieren - einander begegnen können.[194]

> „Die Besucher sind vor allem an dem Angebot des freien Internetzugangs interessiert. PANGEA bietet darüber hinaus die Möglichkeit, Erfahrung mit anderen Formen der Mediennutzung (wie Radio, Film, Fotografie, Grafik und Webdesign) zu sammeln. Außerdem wird den NutzerInnen die Möglichkeit geboten, sich an kulturpolitischen und künstlerischen Projekten des Vereins zu beteiligen und selbst die Initiative zu ergreifen, Projektideen einzubringen und zu verwirklichen."[195]

Die allgemeinen Aspekte der interkulturellen Medienwerkstatt liegen im Bereich der Stärkung der aktiven Integration, der sozialen Kompetenzen sowie der Förderungs- und Unterstützung der Selbstorganisation bzw. der Partizipation der NutzerInnen. Des Weiteren versucht PANGEA die NutzerInnen in beruflichen, rechtlichen und sozialen Fragen zu unterstützen und zu beraten. In Form von gemeinsamen inhaltlichen Projekten zu unterschiedlichsten Themen aus den Bereichen Jugendkultur, Sprache, kulturelle Vielfalt, etc. sollen sich Jugendliche und junge Erwachsene mit ihrer eigenen Identität und der „neuen Heimat" auseinandersetzen. Der Verein leistet dabei eine medienpädagogische Arbeit und hilft den Personen bei ihrer Selbstpositionierung und Selbstpräsentation.[196] „Die gemeinsame Arbeit am Produkt stellt hierbei einen integrativen Prozess dar, der zur interkulturellen Verständigung beiträgt. Die Möglichkeit zur aktiven, selbsterwählten Integration ist ebenso wichtig wie die gegenseitige Unterstützung bei Lernprozessen."[197]

PANGEA schafft somit speziell im Hinblick auf Integration und neue Medien ein kulturelles Angebot.

---

194 Vgl. Pangea: Allgemeine Konzeption. http://www.pangea.at/info/allgeme_INFO.htm. Zugriff am 3. September 2008.

195 Aichinger, Ralph u.a.: Pangea: Public Acces und Medienkompetenzvermittlung. In: Steinert, Fiona (Hrsg.) u.a.: Wer Spricht - Interkulturelle Arbeit und Mehrsprachigkeit im Kontext freier Medien. Klagenfurt/Celovec: Drava Verlag. 2006. Seite 37.

196 Vgl. Seite 37f.

197 Ebd. Seite 38.

„Die Nutzung neuer Medien in der Jugendarbeit schafft auch Spielräume für aktive Integrationsarbeit. Ein wesentliches Ziel des Projektes liegt darin, dass migrantische Jugendliche nicht nur in ihrem eigenen sozialen und kulturellen Umfeld verkehren, sondern lernen, sich in einer multiethnischen Gesellschaft zu bewegen. Sie werden sowohl mit der „hiesigen" Kultur wie auch mit der Kultur anderer Länder konfrontiert."[198]

Als letztes Beispiel für ein kulturelles Arbeitsfeld für Migration und Integration wird das **Wiener Vorstadttheater - Integratives Theater Österreichs** vorgestellt. Manfred Michalke, ein freischaffender Regisseur und Schauspieler, hat im Jahre 1992 das „Randgruppentheater" gegründet. Es ist ein Theater für „Menschen, die von der Konsumgesellschaft und vom Kulturbetrieb ausgeschlossen sind, ihre Probleme künstlerisch artikulieren können und somit von sich aus Integrationsarbeit leisten."[199] Diese sogenannten „Randgruppen" erarbeiten ihre Projekte selbst. Aufführungen wie z.B. die Flüchtlingstriologie „Warten auf Godot" - „Nachtasyl" - „Endspiel" erzielten internationale Anerkennung. Es werden aber nicht nur Produktionen mit den Themen über Asylwerber und Flüchtlinge aufgegriffen, sondern auch andere „Randgruppenthemen", wie z.B. die Produktion von „Die Liebesgeschichte des Jahrhunderts", in welcher ein aufreibendes Frauenleben an der Seite eines Alkoholikers beschrieben wird oder das Stück „Dialoge", in dem ein intensiver Briefwechsel und künstlerischer Austausch einer bedingungslosen Freundschaft zwischen Hans Werner Henze und Ingeborg Bachmann aufgegriffen werden.

Die Stücke des Wiener Vorstadttheaters werden in verschiedenen Spielstätten aufgeführt - so auch im Dschungel Wien. Dort fand die Uraufführung des Musiktheaterstücks in zwei Sprachen (deutsch und amharisch /Äthiopien) „Don Quijote - Ein Vorspiel" im September 2008 statt. Das Thema beschäftigt sich mit Gewalt an Kindern. In der Produktion spielen und musizieren Kinder und Jugendliche aus dem Integrationshaus Wien und der Musikschule Floridsdorf. Weitere ausführliche Beschreibungen des Stückes sowie eine Analyse in Bezug auf den interkulturellen Dialog werden im empirischen Teil dieser Arbeit behandelt und dargestellt.

---

198 Ebd. Seite 39.

199 Artworks: Manfred Michalke. http://www.equal-artworks.at/start.php?site=projekte&subsite=kuenstler_detail&id=59. Zugriff am 5. September 2008.

Als Motto des Wiener Vorstadttheaters - Integrativem Theater Österreichs gilt „Gute Kulturpolitik ist auch eine gute Sozialpolitik."[200] Auch in der Zukunft wird das Theaterhaus mit Produktionen von und mit Randgruppen erarbeiten.

---

200 Theaterspielplan: Wiener Vorstadttheater - Integratives Theater Österreichs. http://www.theaterspielplan.at/index.php?pagePos=42&id=23729. Zugriff am 5. September 2008.

3 Reflexionen über das Fremde

Die Auseinandersetzung mit dem Fremden und vor allem der Umgang damit erhält durch das Zusammenrücken der unterschiedlichen Kulturen und das Aneinandertreffen unbekannter Lebensarten im Zuge einer fortschreitender Globalisierung immer mehr an Bedeutung.

Nach der Vertiefung der Inhalte zu den Themen „Interkultureller Dialog" und „Migration und Integration" soll hier die Auseinandersetzung mit dem „Fremden" und dem „Eigenen" untersucht und kulturelle Unterschiede sichtbar gemacht werden. Dabei soll Aufschluss gegeben werden, was unter Fremdheit zu verstehen ist und was das Wort „fremd" bedeutet.

Dies dient als Grundlage für den empirischen Teil dieser Arbeit, wo der Frage nachgegangen wird, wie „Fremdheit" in den Stücken des Theaterhauses für junges Publikum - Dschungel Wien dargestellt wird.

3.1 Differenz und Fremdheit - Tür an Tür mit dem Eigenen und dem Fremden

Das Fremde kann zugleich positive als auch negative Assoziationen bei Menschen hervorrufen. „Die Angst vor Fremden beruht auf der Angst, etwas Eigenes zu verlieren - gerade auch dann, wenn man sich des Eigenen gar nicht so gewiss ist."[201] Einerseits kann Fremdheit faszinierend sein, weil man sich mit unbekannten und neuen Eindrücken auseinandersetzen muss. Die Begegnung mit dem Fremden - dem Unbekannten - erweckt die Neugier der Menschen und inspiriert zu Erschließung neue Horizonte. Außerdem wird das Verständnis der Andersartigkeit erweitert. Andererseits kann das Fremde auch abstoßen und Misstrauen erregen bzw. als Bedrohung empfunden werden. Durch Vorurteile kann ein Spannungsfeld und eine Kategorisierung in „Freund" und „Feind" entstehen.

> „Fremdsein ist keine Eigenschaft, sondern ein Verhältnis zwischen Menschen. Die Einschätzung, jemand sei ein Fremder, wird immer von einer Person oder einer Gruppe getroffen. Auch das subjektive Gefühl des

201 Nuscheler, Franz: Internationale Migration - Flucht und Asyl. 2. Auflage. Wiesbaden: VS Verlag für Sozialwissenschaften. 2004. Seite 42.

Fremdseins resultiert aus der Begegnung mit anderen Menschen, ist also eine Reaktion auf das Verhalten der Umwelt."[202]

Der in Wien lebende Serbe Goran Novaković meinte in einem Interview im Falter - Zeitschrift für Kultur und Politik: „Das Vorurteil ist ein menschlicher Mechanismus [...]. Unter Fremden fühlt man sich unsicher, weil man keine Erfahrung mit ihnen hat. Es hilft einem nur, sich darauf einzulassen."[203]

Aus etymologischer Betrachtung bedeutet:

> „"fremd" im Sinne von einerseits „fern von" und andererseits „vorwärts" und beinhaltet zum einen, dass etwas genau dann „fremd" ist, wenn entsprechende Erfahrungen nicht vorliegen. Das heißt: was ich nicht kenne, ist mir fremd. Verräterisch für unseren Umgang mit Fremdheit ist allerdings die zweite Bedeutung „vorwärts: Sie zeigt an, dass wir stets versucht sind, Fremdes zu erkunden, uns verständlich und es zu unserem „Eigenen" zu machen."[204]

Eine Begriffsdefinition des „Eigenen" ist im Gegensatz zum „Fremden" umgekehrt deklariert, „wenn es „nah" erscheint, wenn es auf Anhieb verständlich ist und nicht intensiveren Interpretationsbedarf hervorruft. Charakteristische Merkmale des „Eigenen" sind daher

- „Normalität" (im Sinne von Alltäglichkeit)
- Plausibilität
- Sinnhaftigkeit."[205]

Diese drei Merkmale „bilden wesentliche Voraussetzungen für Routinehandlungen, mit denen man auf der Verhaltensseite Gewohnheiten als Gewohnheiten herausbildet und damit das „Eigene" als solches bestätigt."[206]

---

202 Ebd. Seite 41.

203 Gepp, Joseph: Sparsam, tierlieb, kinderlos. Falter - Zeitschrift für Kultur und Politik. Falter Nummer: 25/08 (laufende Nummer: 2153/2008). Seite 78.

204 Bolten, Jürgen: Interkulturelle Kompetenz. Landeszentrale für politische Bildung Thüringen. Erfurt: Druckerei Sömmerda GmbH. 2007. S. 55.

205 Ebd. Seite 51.

206 Ebd.

Im Dialog „Die Fremden" des deutschen Komikerduos Karl Valentin (K.V.) und Liesl Karlstadt (L.K.) wird tiefgründig veranschaulicht, warum jemand ein Fremder ist und ab wann er keiner mehr ist. Zwar stammt dieser Dialog aus dem Jahre 1940, hat aber bis heute große Aktualität und Menschen beschäftigen sich noch immer mit der Frage: Was ist Fremdheit bzw. Fremdsein, wo beginnt Fremdheit, was ist das Eigene und wo hört es auf, wann wird man selbst zum Fremden:

„L. K.: […] Was ist ein Fremder?

[…]

K. V.: Ja, ein Fremder ist nicht immer ein Fremder.

L. K.: Wieso?

K. V.: Fremd ist der Fremde nur in der Fremde.

L. K.: Das ist nicht unrichtig. – Und warum fühlt sich ein Fremder nur in der Fremde fremd?

K.V.: Weil jeder Fremde, der sich fremd fühlt, ein Fremder ist, und zwar so lange, bis er sich nicht mehr fremd fühlt, dann ist er kein Fremder mehr.

L. K.: Sehr richtig! – Wenn aber ein Fremder schon lange in der Fremde ist, bleibt er dann immer ein Fremder?

K. V.: Nein. Das ist nur so lange ein Fremder, bis er alles kennt und gesehen hat, denn dann ist ihm nichts mehr fremd.

L. K.: Es kann aber auch einen Einheimischen etwas fremd sein!

K. V.: Gewiss, manchem Münchner zum Beispiel ist das Hofbräuhaus nicht fremd, während ihm in der gleichen Stadt das Deutsche Museum, die Glyptothek, die Pinakothek und so weiter fremd sind.

L. K.: Damit wollen Sie also sagen, dass der Einheimische in mancher Hinsicht in seiner eigenen Vaterstadt zugleich noch ein Fremder sein kann.

[…]

L. K.: […] Und was sind Einheimische?

K. V.: Dem Einheimischen sind eigentlich die fremdesten Fremden nicht fremd. Der Einheimische kennt zwar den Fremden nicht, kennt aber am ersten Blick, dass es sich um einen Fremden handelt.

[…]

L. K.: Das Gegenteil von fremd wäre also - unfremd?

K. V.: Wenn ein Fremder einen Bekannten hat, so kann ihm dieser Bekannte zuerst fremd gewesen sein, aber durch das gegenseitige Bekanntwerden sind sich die beiden nicht mehr fremd. Wenn aber die zwei mitsammen in eine fremde Stadt reisen, so sind diese beiden Bekannten jetzt in der fremden Stadt wieder Fremde geworden. Die beiden sind also - das ist zwar paradox - fremde Bekannte zueinander geworden."[207]

In diesem Wortspiel der philosophischen Sprachkomik tritt deutlich zu Tage, „wie die Konstruktion von Fremdheit in Abgrenzung zum Eigenen stattfindet und wie dies in jeweils verändertem situativen Zusammenhang aufs Neue geschieht."[208] Als Schlussfolgerung kann man ableiten, dass Fremdheit immer eine Frage der Perspektive und keine objektive Eigenschaft ist. Darüber hinaus kann festgestellt werden, dass man dem „Fremden" in den unterschiedlichsten Situationen begegnet, beispielsweise als TouristIn, als Asylsuchende/r, als GastarbeiterIn, als ForscherIn etc. Aber auch bei sich selbst macht man derartige Erfahrungen mit dem Fremden z.B. in der Nachbarschaft, am Arbeitsplatz bzw. im Alltag. Auch am eigenen Körper kann man das Fremde empfinden, wenn z.B. Krankheiten, psychische Störungen oder Schicksalsschläge auftreten, welche man vorher nie erlebt hat. Was das Fremde in Form einer Krankheit in einem Menschen auslösen kann, hat der Film-, Oper- und Theaterregisseur und Aktionskünstler Christoph Schlingensief in seiner Aufführung „Eine Kirche der Angst vor dem Fremden in mir"[209] auf der RuhrTriennale im September 2008 in Form eines Fluxus-Oratoriums (Gebetssaal) aufgezeigt. Schlingensief selbst ist an Krebs erkrankt und sein linker Lungenflügel musste entfernt werden. Diese Krankheit und der Umgang mit der Angst des Fremden in seinem Körper veranlassten ihn, das Oratorium zu produzieren. Schlingensief geht es in seinem Werk nicht darum, dass er mit seiner Krankheit provozieren möchte sondern darzustellen, „was passiert, wenn man in eine terroristische Zelle gerät. Die im Körper schon tätig wird, bevor man es überhaupt selbst weiß, und die sich vorbereitet, die Zündschnur zu ziehen. Der

---

207 Valentin, Karl: Mögen hätt ich schon wollen, aber dürfen hab ich mich nicht getraut! Das Beste aus seinem Werk. Original Ausgabe, 3. Auflage. München [u.a.]: Pieper. 1996. Seite 50f.

208 Silberzahn-Jandt, Gudrun: Transkulturelle Pflege - Oder: Die Falle mit „den Fremden". In: Kränzle, Susanne: Palliative Care - Handbuch für Pflege und Begleitung. Heidelberg: Springer Medizin Verlag. 2006. Seite 26.

209 Vgl. Schlingensief, Christoph: Eine Kirche der Angst vor dem Fremden in mir. http://www.kirche-der-angst.de/#. Zugriff am 7. Oktober 2008.

Krebs hat ein Gesicht, und mein Naturell war an einer Stelle nicht stark genug, um sich selber zu regulieren."[210]

Das Eigene und das Fremde erscheint im Hinblick auf die „Europäische Kultur [...] als Paradoxon. Einerseits ist sie eine vertraute Kultur mit vielen verschiedenen Ausprägungen, andererseits begegnet sie ständig dem „Anderen". Sie ist eine Verflechtung von Eigenem und Fremdem und vereinigt Anteile vieler Kulturen."[211] Dennoch sind auch viele Menschen in Europa verunsichert, wenn sie durch die unausweichliche Begegnung mit fremden Kulturen im Alltag in Berührung kommen. Das eigene Selbstverständnis wird durch die dauernde Erfahrung von Fremdheit in Frage gestellt. Darum ist es wichtig, dass jedes Individuum das kritische Hinterfragen des eigenen Verständnisses sensibilisiert. Dieses Verhalten der Infragestellung kann als Bedrohung erfahren werden und viele Menschen reagieren dementsprechend mit Abwehr. Das hat zur Folge, dass Menschen zu pauschalen Urteilen neigen, wenn sie das eigene Selbstverständnis und die eigene Lebensweise gefährdet sehen. In Europa entwickelt sicher daher eine Art Angst vor Überfremdung. Aber nicht nur in Europa, sondern auch in der islamischen Welt wird die westliche Lebensart häufig als Bedrohung der eigenen Werte und Traditionen empfunden. Das hat voraussichtlich zur Folge, dass Gewalt in Gang gesetzt wird und eine Spirale der Entdifferenzierung entspringt.[212]

3.2 Umgang mit dem Fremden

Bevor ein guter Umgang mit dem Fremden erfolgen kann, ist es wichtig, die Grundmerkmale der Verschiedenheit des Anderen, des Fremden zu erkennen. Michael Metzeltin, Professor der Romanistik an der Universität Wien, hat dazu 4 Merkmale zur Erkennung der Andersartigkeit entworfen:

- „eine andere Sprache;
- eine andere Religion;

210 Wolkinger, Thomas: Alter, stirb doch mal". Falter - Zeitschrift für Kultur und Politik. Falter Nummer: 40/08 (laufende Nummer: 2168/2008). Seite 60.

211 Neisser, Heinrich: Perspektiven und Probleme der politischen Integration in der Europäischen Union. In: Maleczek, Werner (Hrsg.): Fragen der politischen Integration im mittelalterlichen Europa. Ostfildern: Thorbecke. 2005. Seite 31.

212 Vgl. Hoffmann, Klaus: Theater heute und die Interkulturalität. politik & kultur. Beilage: kultur kompetenz bildung. Juli - August 2007, Ausgabe 11. Seite 2-3.

- eine andere Zivilisation;
- ein anderes Aussehen und eine andere Gesittung."[213]

Wenn man in Kontakt mit Fremden kommt, ist es wichtig, dass man zunächst das Eigene erkundet und dieses auch einmal in Frage stellt. Jeder Mensch und jede Gesellschaft hat unterschiedliche Wertvorstellungen und Verhaltensweisen entwickelt. Dies hat zur Folge, dass jedes Volk seine eigene Kultur besitzt. Der Umgang mit dem Fremden ist ein interaktiver Prozess bei dem es die Bereitschaft geben muss, sich auf das Fremde bzw. auf das Andersartige einzulassen und dieses auch an sich heranzulassen. Nur so kann die Fähigkeit eines Selbstmanagement des interkulturellen Lernprozesses mit dem Fremden und auch dem Eigenen und ein Funktionieren der Person im interkulturellen Umfeld genutzt werden. Offenheit, Neugierde, Interesse, Durchhaltevermögen, Veränderungsbereitschaft, Vorurteilsbereitschaft, Toleranz, Respekt, Zurückhaltung etc. sind nur einige Schlüsselrollen und Grundlagen beim Umgang mit dem Fremden.

> „Wenn ein Mensch vor einer fremden Kultur steht, hat er drei Möglichkeiten, eine Dekodierung vorzunehmen:
>
> 1. er überträgt die Ähnlichkeiten auf die ihn bekannten Stereotype, die er erkennt;
> 2. er übernimmt, was er über den Gegenstand/die Situation von anderen gehört hat und als wahr annimmt (Beglaubigungsformel);
> 3. er schafft seine eigene Kategorisierung, anhand von Erfahrungen und Informationen, die er zu hören bzw. lesen bekommt. Der „Andere" kann wahlweise als potentieller Feind oder als gleichartig eingestuft werden."[214]

Diese Möglichkeiten können einen mühevollen Prozess, vor allem bei der Unvermeidbarkeit von Stereotypen und Vorurteilen, darstellen. Dieser zwingt uns umzudenken und festgefahrene Standpunkte von Stereotypen in Frage zu stellen. „Wie sich Bilder (Images) bzw. Vorstellungen von etwas Fremden zu Stereotypen verfestigen, so fossilieren nach genau dem gleichen Mechanismus Einstellungen und Meinungen zu

213 Metzeltin, Michael: Der Andere und der Fremde. Eine Linguistisch-Kognitive Untersuchung. Cinderella Band 1. Wien: profildruck. Wien. 1997. Seite 123.

214 Valeruz, Serena: Reiz des Fremden. Die Bunte Zeitung – Medium für Würde, Gerechtigkeit und Demokratie. Nr. 2, 3/4 2008. Seite 16-17.

Vorurteilen."[215] Dazu spielt auch immer eine emotionale Komponente (teilweise auch eine intellektuelle) eine Rolle, die dabei nicht vergessen werden darf. Nichtsdestotrotz wird sich wohl

> „niemand davon freisprechen können, mit Stereotypen und Vorurteilen zu arbeiten. Sie sind sozusagen der erste Schritt „vorwärts" zum Fernen, Fremden. Gleichzeitig bilden sie aber auch nur ein Skelett, das angereichert werden will mit einer Fülle differenzierter Erfahrungen. Und wenn wir uns bewusst sind, dass Stereotype nur einen vorläufigen, zur Orientierung dienenden Behelf darstellen, sind sie auch nicht negativ, sondern als erster Schritt zum Positiven zu bewerten."[216]

Auch wenn dieser Umkehrschluss eventuell zum Positiven führt, stellt er dennoch eine Verunsicherung des Menschen dar, der sich die eigene Identität vor Augen führt und nach bisher Erlerntem beurteilt. „Wir dürfen nicht vergessen, dass Stand, Kultur, Erziehung, Abstammung und Umwelt des Individuums seine Interpretationen der Welt weiter prägen. Man kann ohnehin den „Fremden" in den Kontext eines normativen und kognitiven Diskurses einbetten."[217]

Zusammenfassend kann man sagen, dass Menschen immer wieder mit Neuartigem und „dem Fremden" in Kontakt treten werden. Auch wenn wir in unserer heutigen Zeit mit den Begriff „Fremd" zuerst negative Gedanken durch Zuwanderer und Ausländer assoziieren - besonders seit der Erweiterung der Europäischen Union - ist „das Fremde" ein Teil unseres täglichen Lebens. Von großer Wichtigkeit ist es demnach, das Fremde im Leben zu integrieren und eine gute Beziehung aufzubauen, sofern man dazu bereit ist. Alois Hahn, deutscher Soziologe, fasst es mit folgenden Worten zusammen: „Fremdheit ist keine Eigenschaft, auch kein objektives Verhältnis zweier Personen oder Gruppen, sondern die Definition einer Beziehung."[218]

---

215 Bolten, Jürgen: Interkulturelle Kompetenz. Landeszentrale für politische Bildung Thüringen. Erfurt: Druckerei Sömmerda GmbH, 2007. S. 55.

216 Ebd. Seite 56.

217 Valeruz, Serena: Reiz des Fremden. Die Bunte Zeitung - Medium für Würde, Gerechtigkeit und Demokratie. Nr. 2, 3/4 2008. Seite 17.

218 Hahn, Alois: „Partizipative" Identitäten. In: Münkler, Herfried (Hrsg.): Furcht und Faszination - Facetten der Fremdheit. Berlin: Akad.-Verl.,1997. Seite 134.

Der Umgang mit dem Fremden bzw. „was fremd ist, ist also eine situative Zuschreibung, die auch anders hätte ausfallen können."[219] Nach Hahns Aussage ist fremd alles was anders ist und was unvertraut, unbekannt oder neu ist. Er spricht von mindestens zwei Dimensionen der Fremdheit.[220] „Wichtig ist die Erkenntnis,

1. dass Fremdheit eine Frage der Perspektive, als eine veränderbare Größe ist, denn was vertraut ist, ist nicht mehr fremd.
2. dass Fremdheit als das wahrnehmbare Andere in der Welt (in uns selbst) eine Chance und Herausforderung ist, anders und neu zu sehen."[221]

Durch diese zwei Ausführungen wird eine gute Grundlage für einen erfolgreichen Umgang mit dem Fremden geschaffen. Der Mensch sollte das Fremde als eine Bereicherung des Lebens verstehen und versuchen - sofern die Bereitschaft dafür gegeben ist - möglichst in Kontakt zu anderen Kulturen zu treten. Damit kann das Spannungsfeld mit dem Unbekannten gelockert und evtl. gelöst werden. So kann das Fremde zum „Alltäglichen" werden.

---

219 Sting, Wolfgang: Differenz zeigen. Chancen interkultureller Theaterarbeit. In: Korrespondenz - Zeitschrift für Theaterpädagogik. 21. Jahrgang, Heft Nr. 46. Uckerland: Schibri-Verlag. März 2005. Seite 43.

220 Vgl. Ebd.

221 Ebd.

4 Interkulturelle Bildung in unserer Gesellschaft

Aus den vorherigen Kapiteln wurde deutlich, dass eine vermehrte Migration und Globalisierung unsere Welt prägt. Um ein Einfühlungsvermögen sowie ein Verständnis zum Fremden zu bekommen, muss durch eine interkulturelle Bildung die Kompetenz zum interkulturellen Dialog gestärkt werden: „Interkulturelle Bildung ist das Verhältnis des Menschen zu seiner Kultur und anderen Kulturen."[222]

Durch diese Bildung wird das Zusammenleben erleichtert - vor allem im späteren Berufsleben mit Menschen unterschiedlichster Herkunft und kultureller Prägung. In diesem Zusammenhang soll im vierten Kapitel der Arbeit die interkulturelle Bildung in unserer Gesellschaft anhand von sechs wichtigen Lebensbereichen für die Untersuchung bezüglich des interkulturellen Dialogs im Vordergrund stehen, und zwar die Familie, die frühkindliche Erziehung im Kindergarten und in der Vorschule, die Schule, der interreligiöse Dialog, die außerschulische kulturelle Kinder- und Jugendbildung sowie die Medien als interkulturelle Bildungsmittel.

4.1 Familie

> „Wenn die Familie in Ordnung ist, wird der Staat in Ordnung sein; wenn der Staat in Ordnung ist, wird die große Gemeinschaft der Menschen in Frieden leben."[223]

Dieser Satz stammt vom berühmten chinesischen Philosophen Konfuzius der schon vor ca. 2500 Jahren gesagt hat, dass eine Ordnung nur durch rechtes Verhalten die Harmonie in der Gesellschaft steuern kann. Er bezieht sich im Kontext seiner Aussage auf die Werte wie Treue gegen sich und andere, Aufrichtigkeit, Selbstlosigkeit, Menschlichkeit, Schicklichkeit und Weisheit.

---

222 EDUCULT - Denken und Handeln im Kulturbereich: Vielfalt und Kooperation. Kulturelle Bildung in Österreich - Strategien für die Zukunft. Bericht im Auftrag des Bundesministeriums für Unterricht, Kunst und Kultur. Wien, im Dezember 2007. Seite 37.

223 Konfuzius zitiert nach Weiss, Hilde: Institution ohne Ablaufdatum: Die Familie. Wiener Zeitung. 18. Dezember 1998. http://www.wienerzeitung.at/Desktopdefault.aspx?TabID=3946&Alias=WZO&lexikon=Kinder&letter=K&cob=7160. Zugriff am 5. November 2008.

„Familien- und gesellschaftliche Werte überschneiden sich, denn die Familie wird als Miniaturversion der Gesellschaft betrachtet, als Baustein der gesellschaftlichen Ordnung. Die Familie ist nicht nur die Grundlage der gegenwärtigen Sozialordnung, sie ist auch die Keimzelle der Künftigen."[224]

Nun kann man sich natürlich fragen, was dieser Satz von Konfuzius mit unserer Generation zu tun hat. Was vor 2500 Jahren einmal gesagt wurde, muss heute nicht mehr stimmen. Gerade dieser Spruch beinhaltet aber ein wichtiges Wort im Zusammenhang mit Familie, Staat und Gemeinschaft - nämlich Ordnung. Diese kann nur über Werte und Normen vermittelt werden. Eine entsprechende Erziehung hat zu aller erst die Familie zu tragen, weil sie als Keimzelle des Staates zu sehen ist. Das heißt die Familie muss jene Werte vermitteln, welche unseren Kindern und Mitmenschen für das gesellschaftliche Zusammenleben eine Orientierung geben.[225] Dieser Aspekt ist für diese Arbeit von höchster Wichtigkeit, da der interkulturelle Dialog auf *gemeinsamen Werten* basiert.[226]

4.1.1 Die (bikulturelle) Familie

Bevor wir uns mit der interkulturellen Bildung in der Familie auseinandersetzen, muss der Begriff der Familie in unserer heutigen Zeit neu beschrieben werden. „Die moderne Familie ist - im Unterschied zu früheren Zeiten - eine höchst individuelle Gemeinschaft mit einer jeweils einmaligen Beziehungskonstellation geworden."[227] Es gibt nicht nur das klassische Familienmodell aus Vater, Mutter und Kind(ern), sondern auch andere Haushalts- und Familienformen, wie etwa alleinerziehende Mütter/Väter, Patchworkfamilien (Stieffamilien), gleichgeschlechtliche Partnerschaften, usw.

---

224 Fiske, John: Wie ein Publikum entsteht. Kulturelle Praxis und Cultural Studies. In: Hörning Karl H. (Hrsg.) und Winter, Rainer: Widerspenstige Kulturen: Culture Studies als Herausforderung. Frankfurt am Main: Suhrkamp. 1999. Seite 248.

225 Vgl. Porsche, Susanne: Kinder wollen Werte. Ein Leitfaden für Eltern - für eine neue Ethik in der Erziehung. München: Südwest-Verlag. 2003. Seite 76.

226 Vgl. O.A.: Förderung des interkulturellen Dialogs: das Weißbuch des Europarats. Seite 2. http://www.coe.int/t/dg4/youth/Source/Resources/Forum21/Issue_No10/N10_CoE_WhitePaper_de.pdf. Zugriff am 5. November 2008.

227 Giesecke, Hermann: Wie lernt man Werte? Grundlagen der Sozialerziehung. Weinheim (u.a.): Juventa-Verlag. 2005. Seite 103.

Zusätzlich gibt es Familien bei denen besonders die Verschiedenheit im Hinblick auf Kultur und Nation besteht. Das sind „bikulturelle" bzw. „binationale" Familien, die umgangssprachlich aus „gemischten Ehen" oder „Mischehen" hervorgehen. Gemeint ist damit, „wenn von einer Ehe[228] zwischen einem „Inländer" bzw. einer „Inländerin" und einem Ausländer bzw. einer Ausländerin die Rede ist."[229] Der Sprachausdruck ist allerdings veraltet und die „gemischte Ehe" verstand sich aus verschiedenen Ethnien oder Konfessionen. Der Begriff „erinnert an die politisch, ethnischen, religiös und kulturell motivierte Verfolgung der Menschen, die aus verschiedensten ethnischen, religiösen Gruppen stammten und eine Verbindung eingegangen sind."[230]

> „Binationale Ehen oder Familien sind von ihrer Voraussetzung her sehr moderne Ehen und Familien. Die binationale Ehe verkörpert in besonders verdichteter Form das Charakteristische der freien Partnerwahl in der Moderne: Sie sind individualistisch und entsprechen in diesem Sinne eher auch dem Ideal der romantischen Liebe."[231]

---

228 Anmerkung: „Der Ausdruck „Ehe" schließt hier immer auch die nicht verheirateten Paare ein"

Varro, Gabrielle: Der Begriff der „gemischten Ehe". In: Varro, Gabrielle und Gebauer, Gunter (Hrsg.): Zwei Kulturen - eine Familie. Paare aus verschiedenen Kulturen und ihre Kinder am Beispiel Frankreichs und Deutschlands. Opladen: Leske und Budrich, 1997. Seite 27.

229 Varro, Gabrielle: Der Begriff der „gemischten Ehe". In: Zwei Kulturen - eine Familie. Paare aus verschiedenen Kulturen und ihre Kinder am Beispiel Frankreichs und Deutschlands. Varro, Gabrielle und Gebauer, Gunter (Hrsg.). Opladen: Leske und Budrich, 1997. Seite 27.

230 Ghassemi, Sonja Sevede: Lebens- und Bildungssituation bikulturelle Kinder und Jugendliche in Österreich. Eine empirische Analyse mittels Mikrozensus, PISA und persönlichen Interviews. Diplomarbeit. Universität Wien, Institut der Soziologie. 2007. Seite 40.

231 Vgl. Elschenbroich, Donata; Scheibler, Petra M. Zitiert nach Khounani, Pascal M.: Binationale Familien in Deutschland und die Erziehung der Kinder. Eine Vergleichsuntersuchung zur familiären Erziehungssituation in mono- und bikulturellen Familien im Hinblick auf multikulturelle Handlungsfähigkeit. Frankfurt am Main, Berlin, Bern, Bruxelles, New York, Wien: Peter Lang. 2000. Seite 78.

Vgl. auch Elschenbroich, Donata: Eine Familie - zwei Kulturen - Deutsch-ausländische Familien. Wie geht's der Familie? In: Deutsches Jugendinstitut (Hrsg.): Ein Handbuch zur Situation der Familien heute. München: Kösel Verlag. 1988.

Vgl. auch Scheibler, Petra M.: Binationale Ehen. Zur Lebenssituation europäischer Paare in Deutschland. Weinheim: Deutscher Studien Verlag. 1992.

Claudia Gómez Tutor, Geschäftsführerin des Zentrums für Lehrerbildung an der TU Kaiserslautern in Deutschland und langjährige wissenschaftliche Mitarbeiterin am Lehrstuhl für Berufs- und Erwachsenenpädagogik liefert eine für die Arbeit prägnante Definition für solche Ehen:

> „In bikulturellen Ehen ist jedoch das Zusammentreffen zweier deutlich differierender Kultursysteme und damit zweier unterschiedlicher Kommunikationssysteme für die Erarbeitung von Übereinkünften erheblich aufwendiger. Auch Faktoren, wie insbesondere die geschlechtsspezifische Sozialisation und das Moment der Macht in sozialen Beziehungen, die auch die monokulturelle eheliche Realität beeinflussen, erhalten in der bikulturellen Ehe eine besondere Bedeutung."[232]

Diese modernen Familienmodelle, die besonders durch die Migrationsbewegungen und durch die Stärkung der Globalisierung entstanden sind, müssen anstreben, ihren Kindern allzeit ein „glückliches Zuhause" und den ersten Ort im Verlauf des Lern- und Bildungsprozesses für die Vermittlung von (kulturellen) Werten und interkulturellen Kompetenzen zu bieten. Denn wer seinen Kindern ein solches Zuhause gibt, der kann ihnen auch die damit verbundenen Werte Sicherheit und Selbstwertgefühl im multikulturellen Zeitalter vermitteln.

> „Eine in der Familie vermittelte Offenheit für andere kulturelle Werte und Lebensweisen setzt den Grundstein für Toleranz, Respekt und die Fähigkeit, sich in den verschiedenen Kulturen zurecht zu finden. Die Vermittlung dieser Werte ist unabdingbar für das Zusammenleben in einer Gesellschaft."[233]

4.1.2 Interkultureller Wert: Familie

Der erste wichtige Wert, welcher einem Kind auf seinem weiteren Lebensweg mitgegeben wird, ist die Familie. „Die Familie ist der Ort der

232 Gómez, Tutor, Claudia: Bikulturelle Ehen in Deutschland. Pädagogische Perspektiven und Maßnahmen. Frankfurt am Main: Verlag für Interkulturelle Kommunikation. 1995. Seite 13.

233 Deutscher Kulturrat: Interkulturelle Bildung - eine Chance für unsere Gesellschaft. Seite 2. http://www.kulturrat.de/pdf/1057.pdf. Zugriff am 14. November 2008.

Geborgenheit, hier genießen unsere Kinder bedingungslosen Schutz und können mit uns gemeinsam das Leben trainieren."[234]

Ein neugeborenes Kind hat noch keine Ahnung was kulturelle Werte, Normen und Interkulturalität sind. Diese Richtlinien werden es erst im Laufe seiner Entwicklung, im Rahmen der sozialen Gemeinschaft und besonders in der Familie, erfahren und kennen lernen. Im Idealfall wird sich die Familie um das Kind, materiell und auch im seelischen Bereich, liebevoll, zugewandt und geduldig kümmern.[235] Dabei sollten Eltern immer frei von Ungewissheiten, Zweifel und Unsicherheiten sein. „Anleitungen und Belehrungen müssen zum Entwicklungsstand des Kindes passen. Nur so haben sie Erfolg."[236] Des Weiteren ist es wichtig, dass die Familie Kenntnis über ihre eigene Kultur besitzt. Nur so kann den Kindern eine interkulturelle Bildung und zugleich der Zugang zu anderen kulturellen Welten ermöglicht werden.

4.1.3 Welchen interkulturellen Weg und welche kulturellen Werte soll die Familie den Kindern vermitteln?

Über die Wichtigkeit eines interkulturellen Weges soll nun reflektiert werden. Es gibt unterschiedliche Meinungen was kulturelle Werte sind. Die einen verstehen darunter die guten alten Tugenden wie Pflichtbewusstsein, Pünktlichkeit und Fleiß, andere halten bei der Werteerziehung der Kinder Durchsetzungsfähigkeit, Flexibilität und dergleichen für erstrebenswert. Allerdings sind Werte

> „mehr als nur individuelle Leitgrößen, die beispielsweise persönliche Lebensziele und Lebensweisen bestimmen. Werte sind grundlegende Orientierungsmaßstäbe, sie definieren gesellschaftlich Wünschenswertes, sind Pfeiler einer Regelkultur; sie sollen Sicherheit geben – wie Verkehrsschilder."[237]

---

234 Porsche, Susanne: Kinder wollen Werte. Ein Leitfaden für Eltern – für eine neue Ethik in der Erziehung. München: Südwest-Verlag. 2003. Seite 76.

235 Vgl. Giesecke, Hermann: Wie lernt man Werte? Grundlagen der Sozialerziehung. Weinheim (u.a.): Juventa-Verlag. 2005. Seite 100f.

236 Pighin, Gerda: Kindern Werte geben – aber wie? München, Basel: Ernst Reinhardt Verlag. 2005. Seite 12.

237 Sandmeyer, Petra: Neue Sehnsucht nach Werten. Teil I. In: Stern (Extrabeilage) Nr. 46 vom 10. November 2005. Seite 2.

Für Eltern, Paare oder einzelne Familienmitglieder wäre es sinnvoll, sich vor der Geburt eines Kindes folgende Fragen zu stellen: Welche kulturelle Werte sind für mich wichtig und welche sollen dem Kind gemeinsam vermittelt werden - soll mein Kind ehrlich und freundlich sein, Karriere machen, respektvoll leben, den Sinn des Lebens kennen, für andere ein Vorbild sein, etc.[238] Nur durch eine klare Vorstellung und Richtung lässt sich beim Kind eine bewusste und konsequente Werteerziehung erzielen.[239]

Besonders bikulturelle oder binationale Paare haben es schwer, die Vermittlung ihrer verschiedenen kulturellen Werte, die sie dem Kind mit auf dem Weg geben wollen, mit den „gängigen Erziehungsformen" in Einklang zu bringen. Eine Unzahl von Fragen stellen sich, wie z.B. der Vorname des Kindes, an welche Herkunft soll es erinnert werden, wo soll der Lebensmittelpunkt des Kindes sein, in welcher Heimat soll es aufwachsen, wo wird es geschützt leben wenn es um Rechtsstatus, Arbeitsmarkt und Alterssicherung geht, in welcher Sprache soll kommuniziert werden bzw. welche sollten erlernt werden, welche Religionszugehörigkeit soll das Kind haben, welchen Bildungsweg soll das Kind beschreiten und welche Art von Schule (Ganztagsschule, Integrationsklassen, bilinguale Schule, usw.) soll es besuchen, etc. Das sind wichtige Fragen, die es durch bikulturelle Elternteile vorab zu klären gilt.[240]

In diesem Zusammenhang gibt es ein vom Psychologen Wen-Shing Tseng entworfenes Konzept über ein interkulturelles Partnerschaftsarrangement. Dieses möchte ich für meine Arbeit als Beispiel für eine kulturelle Anpassung innerhalb bikulturellen Ehen vorstellen. In einer solchen Partnerschaft mit unterschiedlichem kulturellen Hintergrund und Wertssystem bewegen, müssen sie Strategien entwickeln, um manchmal abweichende kulturelle Situationen zu regeln:[241]

---

238 Vgl. Schnurbein von, Barbara: Werte vermitteln in Familie und Schule. In: Werte sind Zukunft. Jörg W. Knoblauch/Horst Marquardt (Hrsg.). Holzgerlingen: Hänssler Verlag. 2005. Seite 281.

239 Vgl. Faix, Wilhelm: Werteerziehung in der Erziehung. http://www.lza.de/downloads/material/index.php?title=Wertevermittlung_in_der_Erziehung. Zugriff am 14. November 2008.

240 Vgl. Beck-Gernsheim, Elisabeth: Was kommt nach der Familie? Einblicke in neue Lebensformen. München: Verlag C.H. Beck. 2000. Seite166f.

241 Vgl. Tseng, Wen-Shing zitiert nach Scheibler, Petra M.: Binationale Ehen. Zur Lebenssituation europäischer Paare in Deutschland. Weinheim: Deutscher Studien Verlag. 1992. Seite 45f.

- Im **einseitigen Arrangement** gibt ein Partner seine kulturellen Gewohnheiten und Wertesysteme zugunsten des anderen Partners auf. Dafür übernimmt er die Sprache, die Religion und die sozialen Aktivitäten des anderen - man spricht hier auch von einer „asymmetrischen Lösung".
- Beim **alternativen Arrangement** existiert das Zusammenleben beider Kulturen. In dieser Koexistenz gibt jeder Partner zugunsten des anderen Partners einige seiner kulturellen Elemente auf, sodass ein Gleichgewicht zwischen beiden Partnern entsteht. Es können aber auch beide kulturellen Muster abwechselnd praktiziert werden bzw. kann es zu einer Vermischung der Verhaltens- und Wertevermittlung kommen.
- Das **kreative Arrangement** beinhaltet eine neutrale Lösung durch beide Partner, indem entschieden wird, dass weder das eine noch das andere Muster praktikabel ist. In dieser Einigung werden neue Formen der kulturellen Anpassung innerhalb der Partnerschaft ausgehandelt.

Für ein Leben und Überleben in einer multikulturellen Welt ist für Kinder die Erziehung zu einem interkulturellen Verständnis wichtig, damit sie die eigenen kulturellen Werte verstehen und ein Verständnis für die kulturellen Werte anderer erhalten. Das Kind eignet sich in den ersten zehn Lebensjahren Werte größtenteils durch Beobachtungen und Nachahmung an und filtern dann heraus, auf welche Art und Weise Eltern über andere Menschen und Gruppen aus anderen Kulturen sprechen bzw. ob die eigene Kultur dem Kind vorgelebt wird. So entwickelt das Kind seine eigene kulturelle Identität und vermittelt eine eigene Meinung für eine positive oder negative (interkulturelle) Einstellung. In einem bikulturellem Umfeld aufzuwachsen bringt für ein Kind viele Vorteile, wie z. B. Eltern aus verschiedener Nationalität zu haben, als Kind im Ausland leben, ausländisches Schulen besuchen, ausländische Freunde haben, verschiedene Sprachen hören und sprechen, mit den Eltern Auslandsreisen durchführen, Interesse am „Fremden" finden, etc.[242]

Vgl. Tseng, Wen-Shin: Adjustment in Intercultural Marriage. In: Tseng, Wen Shin et. al. (Eds.): Adjustment in Interculture Marriage. Honolulu. 1977. Seite 93–103.

242 Vgl. Hofstede, Geert: Lokales Denken, globales Handeln - Interkulturelle Zusammenarbeit und globales Management. München: Deutscher Taschenbuch Verlag. 2006. Seite 506f.

4.2 Frühkindliche Erziehung - Kindergarten/Vorschule

Die erste Stufe einer gemeinschaftlichen Erziehung ist der Kindergarten bzw. die Vorschule. Als wesentliches Bildungsziel werden dort vor allem Werte vermittelt.

> „Der Kindergarten ist ein Ort, an dem Kinder und Erwachsene täglich miteinander umgehen, gemeinsame Erfahrungen machen, miteinander sprechen, aufeinander hören, gemeinsam ins Spiel vertieft sind, Konflikte miteinander regeln, staunen, Aufgaben meistern, sich auf andere einlassen, Wünsche äußern, Bedürfnisse wahrnehmen und viele Dinge gemeinsam gestalten. Insofern stellt der Kindergarten eine Institution dar, in der es Tausende von Möglichkeiten gibt, Werte kennenzulernen und gleichzeitig zu erfahren."[243]

Im Elementarbereich werden Lernprozesse unterstützt und Entwicklungsprozesse ermöglicht. Dort wird u.a. die Basis für einen erfolgreichen Anfang im Bereich der interkulturellen Erziehung gelegt. Um ein Verständnis zu bekommen, was interkulturelle Erziehung überhaupt bedeutet, beziehe ich mich in meiner Arbeit und vor allem für das nächste Kapitel Schule auf weitläufigere Definitionen, um diesen vielseitig interpretierbaren Begriff umfassender darzustellen.

Nach Krüger-Potratz soll die interkulturelle Erziehung den Lernenden helfen, „sich in einer Gesellschaft zu orientieren, in der der Alltag von ethnischer, sprachlicher, religiöser sowie sozialer Heterogenität bestimmt ist und zunehmend bestimmt sein wird, mit dieser Vielfalt umgehen zu lernen und ihren eigenen Platz in ihr zu finden."[244]

Laut Nieke wird interkulturelle Erziehung

> „als die notwendige Antwort auf die entstandene und dauerhaft bestehenbleibende Gesellschaft mit Zuwanderern aus anderen Kulturen sowie mit daraus entstehenden oder schon vorher existierenden ethnischen Mi-

---

243 Krenz, Armin: Wie Kinder Werte erfahren. Wertevermittlung und Umgangskultur in der Elementarpädagogik. Freiburg in Breisgau, Wien (u.a.): Herder. 1999. Seite 120.

244 Krüger-Potratz, Marianne: Interkulturelle Pädagogik. Studienbrief der Fernuniversität Hagen. 1994. Seite 3.

> noritäten, d.h. als Antwort auf eine als dauerhaft zu akzeptierende multiethnische oder multikulturelle Gesellschaft"[245]

verstanden.

Die folgende abschließende detaillierte Erörterung stammt aus dem Brockhaus der Psychologie, die auch für Österreich Gültigkeit hat:

> „Interkulturelle Erziehung, multikulturelle Erziehung, Ausländerpädagogik: die gemeinsame Erziehung von Kindern und Jugendlichen aus deutschen und ausländischen Familien. Ziel ist es heute dabei nicht mehr eine einseitige Angleichung der ausländischen Schüler an das deutsche Leben, sondern neben der Interaktion auch eine Förderung ihrer Identitätsentwicklung, die die jeweilige Herkunftskultur mit einbezieht. Kindergarten und Schule haben dabei eine besondere Aufgabe, die wechselseitige Toleranz und Verständigungsbereitschaft voraussetzt. Zusätzliche Qualifikationen der Erzieher und Lehrer durch Ausbildung sowie Fort- und Weiterbildung sind dabei unerlässlich.
>
> Sprachliche Probleme sind häufig eine große Erschwernis der interkulturellen Erziehung, zumal dann, wenn Klassen mit zahlreichen unterschiedlichen Nationalitäten unterrichtet werden müssen. Der Erwerb und die Beherrschung der deutschen Sprache ist für Kinder und Jugendliche ausländischer Herkunftsfamilien, deren Lebensmittelpunkt in Deutschland liegt, unbedingt für die Teilhabe am Arbeits- und Gesellschaftsleben sowie für die Wahrnehmung politischer Rechte und Pflichten erforderlich. Mehrsprachigkeit und der Umgang mit unterschiedlichen Kulturen können im Zeitalter der Globalisierung und des Zusammenwachsens Europas zudem die Lebenschancen sowohl deutscher als auch ausländischer Kinder verbessern."[246]

Wo die interkulturelle Erziehung ist, da kann die interkulturelle Pädagogik nicht weit sein. In diesem Bezug beschreibt der Pädagoge Georg Auernheimer die Leitmotive interkultureller Pädagogik in vier wesentlichen Punkten zusammen:

- „das Eintreten für die Gleichheit aller, ungeachtet der Herkunft,
- die Haltung des Respekts für Andersheit,

---

245 Nieke, Wolfgang: Interkulturelle Erziehung und Bildung. Wertorientierung im Alltag. 2. überarb. u. erg. Aufl. Opladen: Leske und Budrich. 2000. Seite 35.

246 Der Brockhaus: Psychologie. Fühlen Denken und Verhalten verstehen. Hrsg. v. Lexikonredaktion des Verlags. Mannheim, Leipzig: F.A. Brockhaus. 2001. Seite 275.

- die Befähigung zum interkulturellen Verstehen,
- die Befähigung zum interkulturellen Dialog."[247]

Natürlich sollte auch noch folgendes beachtet werden:

> "Interkulturelle Pädagogik, Interkulturelle Erziehung und interkulturelles Lernen würden in verschiedenen Regionen zum Teil ganz unterschiedlich interpretiert, je nachdem, ob diese Begrifflichkeiten aus soziologischer, psychologischer, ökonomischer, historischer, pädagogischer, religiöser, politischer, ethnologischer oder linguistischer Perspektive etc. betrachtetet werden."[248]

In der Regel besuchen die meisten Kinder ab dem dritten Lebensjahr den Kindergarten oder eine Vorschule. In diesem Alter haben sie bereits viele Werte durch die Familie (kennen) gelernt und aufgenommen. Im Kreis Gleichaltriger wächst ihr Wissen erstaunlich schnell, wobei die Wertevorstellungen der jüngeren Vorschulkinder noch stark auf sich selbst bezogen sind und die älteren sich schon an den Erwachsenen orientieren und wie ihre Vorbilder sein wollen.[249]

> „In Kindertagesstätten kann kulturelle Vielfalt lebendig vermittelt werden. Die Kinder lernen frühzeitig mit unterschiedlichen Werten und Lebensweisen umzugehen. Sie erfahren, dass ihre Kultur und ihre Traditionen anerkannt und wertgeschätzt werden. So sind Kindergärten und Kindertagesstätten die ersten Orte des institutionellen, wenn auch noch nonformalen interkulturellen Lernens."[250]

Wie bereits angemerkt ist die Aufnahmefähigkeit von Kindern in der frühkindlichen Bildung besonders groß und daher soll dort das Werteempfinden und das interkulturelle Lernen familienergänzend unterstützt und erweitert werden. Das betrifft vor allem die Bereiche Sprache,

---

247 Auernheimer, Georg: Einführung in die Interkulturelle Pädagogik. 5. Auflage. Darmstadt: Wissenschaftliche Buchgesellschaft. 2007. Seite 21.

248 EDUCULT - Institut für die Vermittlung von Kunst und Wissenschaft: Kunst, Kultur und interkultureller Dialog. Bericht im Auftrag des Bundesministeriums für Unterricht, Kunst und Kultur. Wien. 2008. Seite 40.

249 Vgl. Pighin, Gerda: Kindern Werte geben - aber wie? München, Basel: Ernst Reinhardt Verlag. 2005. Seite 16.

250 Deutscher Kulturrat: Interkulturelle Bildung - eine Chance für unsere Gesellschaft. Seite 2. http://www.kulturrat.de/pdf/1057.pdf. Zugriff am 15. November 2008.

Kommunikation, Spiel, Werken, Wohnen, Speisen, etc.[251] Darüber hinaus erfolgt die Vermittlung von:

- Stabilität und Kontinuität durch festes Personal, feste Regeln, feste Gruppen als Orientierungspunkte.
- Kultur und Rituale durch einen festen Tagesablauf. Das kulturelle Leben erstreckt sich dabei auf das miteinander leben, essen, arbeiten, entspannen, spielen sowie erlernen von Kinderspielen, Gebeten, Gedichten, Volksliedern, Abzählreimen, Märchen, Theater spielen, Tanzen, Malen, usw.
- Wertschätzung, Annahme, Emotionalität durch Erkennen individueller Stärken sowie Persönlichkeit und Würde der Kinder.
- Freiheit und Eigenentfaltung durch Freiräume und freie Spiele. Kinder müssen Erfahrungen auch ohne moralische Beurteilung durch Erwachsene machen und kindliche Energie abbauen können. So wird Teamfähigkeit und eigenverantwortliches Handeln erlernt.[252]

In diesen Bereich ist die Zusammenarbeit mit den Eltern - unabhängig ob ein Migrationshintergrund besteht oder nicht - eine wesentliche Notwendigkeit. Durch intensive (interkulturelle) Elternarbeit (Gespräche, Elternabende, Gestaltung von gemeinsamen Festen usw.) werden Informationen über Kultur, Werte, Rituale, Lebens- und Essgewohnheiten, Glaubensbekenntnisse, etc. an die pädagogischen Fachkräfte der Kindertagesstätten weitergegeben und fließen in die pädagogische Arbeit ein.

Die Sprache ist im Kindergarten ein weiterer bedeutender Bereich der frühkindlichen Bildung. „Dazu gehört sowohl der Erwerb der deutschen Sprache für Migrantenkinder als auch das Kennenlernen einer anderen Sprache […]. Gerade im Bereich der vorschulischen Bildung besteht eine große Offenheit gegenüber der Sprache“[253], welche optimal auszunützen wäre. Problematisch dabei ist, dass die Bezugspersonen in den Migrantenfamilien oft über ungenügende Deutschkenntnisse verfügen, und da-

---

251 Vgl. Krenz, Armin: Wie Kinder Werte erfahren. Wertevermittlung und Umgangskultur in der Elementarpädagogik. Freiburg in Breisgau, Wien (u.a.): Herder. 1999. Seite 121ff.

252 Vgl. Lidner, Helga: Schulfrei für unsere Kindergartenkinder! Ein Plädoyer für den familienergänzenden, nicht den vorschulischen Kindergarten. http://www.kindergartenpaedagogik.de/1242.html. Zugriff am 15. November 2008.

253 Deutscher Kulturrat: Interkulturelle Bildung - eine Chance für unsere Gesellschaft. Seite 2. http://www.kulturrat.de/pdf/1057.pdf. Zugriff am 15. November 2008.

durch die Kinder außerhalb des Kindergartens die deutsche Sprache nicht ausreichend erlernen können. Dieses Phänomen wurde in einer Studie über „Sprachstandsfeststellung im Kindergarten" der BIFIE – Bundesinstitut für Bildungsforschung, Innovation und Entwicklung des österreichischen Schulwesens –aufgezeigt. Im Frühjahr 2008 wurde eine Erhebung über die Deutschkenntnisse bei 25.000 Vier- bis Fünfjährigen untersucht, wobei das Ergebnis besonders für Kinder mit Migrationshintergrund leider erschreckend ausgefallen ist – insgesamt haben 77 Prozent der Migrantenkinder Sprachprobleme.[254]

In Österreich beispielsweise bedeutet für die MigrantInnenkinder – aber auch für deren Eltern – der Eintritt in den Kindergarten eine Auseinandersetzung mit einer neuen sozialen Welt und dem österreichischen Erziehungs- und Bildungssystem. Diese Ersterfahrung im außerfamiliären Bereich legt einen wesentlichen Grundstein für den weiteren schulischen Verlauf.[255]

Wie wir sehen ist es bedeutend, dass die Institution Kindergarten bzw. Vorschule familienergänzend tätig ist, um eine weitere und erfolgreiche Vermittlung von interkulturellen Aspekten den Kindern mit auf den Weg zu geben. Besonders in Gruppen mit verschiedenen Kulturen und Werten ist es die Aufgabe der PädagogInnen, diese mit einfließen zu lassen und zwischen den Kulturen zu vermitteln. Kinder sollen das Fremde bzw. die Andersartigkeit nicht als negativ und bedrohlich empfinden, sondern bewusst mit kindlicher Neugierde positiv wahrnehmen. Die

> „Interkulturelle Erziehung setzt sich zum Ziel, Kinder nicht-deutscher und deutscher Muttersprache auf ein gleichberechtigtes Zusammenleben vorzubreiten. Sie geht von der Gleichwertigkeit aller Kulturen aus und begreift Verschiedenheit als Bereicherung. In diesem Sinn ist interkulturelle Erziehung keine „ausländerInnenspezifische" Sondermaßnahme, sondern richtet sich an alle Kinder gleichermaßen."[256]

---

254 Vgl. Bifie – Bildungsforschung, Innovation und Entwicklung des österreichischen Schulwesens: Frühkindliche Sprachstandsfeststellung. Konzept und Ergebnisse der systematischen Beobachtung im Kindergarten. Simone Breit (Hrsg.). Graz: Leykam. 2009.

255 Vgl. Zwicklhuber, Maria: Kindergarten. In: Interkulturelles Zusammenleben und Integration als kommunalpolitische Herausforderung. Handbuch für die interkulturelle Gemeindearbeit. Maria Zwicklhuber (Hrsg.), Interkulturelles Zentrum. Wien: Rabas Druck. 2003. Seite 40.

256 Ebd. Seite 41.

Ebenso wie die Eltern sind auch ErzieherInnen Vorbilder und müssen ebenfalls dazu beitragen, dass Kinder interkulturelles Lernen erfahren, erleben und begreifen.

> „Interkulturelles Lernen orientiert sich an der Alltagskultur. Kinder sollten die Gelegenheit erhalten, ihre vertraute Welt in den Kindergarten einzubringen. Collagen mit Bildern von Zuhause, mit symbolischen Gegenständen, Musikkassetten, etc. können ein Gefühl von Vertrautheit und Heimat vermitteln. Darüber hinaus lässt sich immer wieder spielerisch Bezug zu unterschiedlichen Erfahrungswelten der Kinder herstellen. Verschiedene Anlässe und Feste können wahrgenommen werden um verbindende Elemente zwischen den verschiedenen Kulturen und Religionen herzustellen und wahrzunehmen."[257]

In Modellversuchen werden im Kindergarten Themen über Interkulturalität in die Praxis umgesetzt. KindergärtnerInnen fehlt es oft an interkultureller Kompetenz und der Wahrnehmung der Vielfältigkeit in Bezug auf Sprache, religiöse Traditionen und kulturelle Identitäten in multikulturellen Gruppen. Durch dieses Defizit kann Misstrauen zwischen KindergärtnerInnen und Eltern sowie zwischen Eltern österreichischer Abstammung und solchen mit Migrationshintergrund entstehen.[258]

> „Es zeigt sich aber auch, dass in Kindergärten mit Know-how in der interkulturellen Pädagogik (interkulturell geschultes Personal, interkulturelle MitarbeiterInnen, entsprechende Didaktik, Betonung der Mehrsprachigkeit der Kinder, gelungene interkulturelle Elternarbeit, etc.) viele positive Entwicklungen und Erfahrungen zu verzeichnen sind. Dabei werden die Mehrsprachigkeit der Kinder, die unterschiedlichen kulturellen Lebenshintergründe und die Vielfalt an Traditionen, religiösen Festen und Ritualen als Bereicherung erlebt."[259]

Eine Vorreiterrolle in Österreich im Bereich der interkulturellen Pädagogik im Kindergarten hat das Bundesland Steiermark. In Graz gibt es seit 1992 den „Interkulturellen Mehrsprachigen Kindergarten" (IKG) mit Kindern aus 21 Nationen, wobei das Verhältnis zwischen Buben und Mädchen 50:50 ist und es darüber hinaus 50 Prozent der Kinder mit deutscher und 50 Prozent mit nicht deutscher Muttersprache gibt. In der Alltagsarbeit legt der Kindergarten besonderen Wert auf

---

257 Ebd.

258 Vgl. Ebd. Seite 40.

259 Ebd.

- „Sprache zu erleben und zu erlernen und die Sprachenvielfalt zu hören, zu sehen und zu verstehen
- die Orientierung an den Wachstums- und Entwicklungsbedürfnissen der Kinder und ihrer Familien,
- die Einbeziehung der Eltern in den interkulturellen, vorurteilsbewussten und pädagogischen Dialog,
- die Auseinandersetzung mit und Sichtbarmachung der Diversitäten im Kindergarten,
- die Achtung der Familienkultur der Kinder und deren Sichtbarmachung im Kindergarten,
- die Unterstützung von kritischem Denken
- sowie unsere Werte zu zeigen, Position zu beziehen und konkrete Aktionen für Gerechtigkeit zu setzen."[260]

4.3 Schule

Besonders herausragend - da über einen längeren Zeitraum - übernimmt die Schule einen wesentlichen Teil der Erziehung, welche für den weiteren Lebenslauf unentbehrlich und bestimmend ist.[261] „Die Schule ist neben dem Elternhaus ein wichtiger Sozialisationsort. Sie kann einen wichtigen Beitrag zur Identitätsbildung leisten."[262]

Ebenso muss auch hier im Bereich der interkulturellen Bildung eine vertrauensvolle und enge Zusammenarbeit zwischen Schule und Eltern erfolgen. Besonders wo kulturelle Diversität tagtäglich zusammen kommt muss eine Verstärkung des interkulturellen Lernens im Vordergrund stehen, wobei die Erziehung zur Mehrsprachigkeit ein wesentlicher Bereich des interkulturellen Lernens ist.

---

260 Interkultureller Mehrsprachiger Kindergarten (IKG): Unsere Philosophie. http://www.ikg.or.at/index.php?option=content&task=blogcategory&id=20&Itemid=143. Zugriff am 16. November 2008.

261 Vgl. Hentig, Hartmut von: Ach, die Werte: ein öffentliches Bewusstsein von zwiespältigen Aufgaben über eine Erziehung für das 21. Jahrhundert. München, Wien: Hanser. 1999. Seite 58.

262 Kalayci, Hüseyin: Schule. In: Interkulturelles Zusammenleben und Integration als kommunalpolitische Herausforderung. Handbuch für die interkulturelle

Eine Statistik für Österreich - „Schülerinnen und Schüler mit nichtdeutscher Umgangssprache im Schuljahr 2007/2008" - zeigt, dass es in allen Schultypen durchschnittlich 16 Prozent Schülerinnen und Schüler gibt, welche deutsch nicht als Muttersprache haben. In Wien sind diese Werte weit über diesem Durchschnitt - in Volksschulen und Sonderschulen knapp 50%, in Hauptschulen ca. 60 % und in Allgemein bildenden höheren Schulen ca. 26 %. Zur Veranschaulichung präsentiere ich den Ausschnitt einer Statistik aus dem Schuljahr 2007/2008:[263]

Schülerinnen und Schüler mit nicht-deutscher Umgangssprache im Schuljahr 2007/08

Schultyp	Österreich	Burgenland	Kärnten	Niederösterreich	Oberösterreich	Salzburg	Steiermark	Tirol	Vorarlberg	Wien
	Anteil der Schülerinnen und Schüler mit nicht-deutscher Umgangssprache in %									
Schultypen zusammen 2)	16,2	10,6	8,4	10,0	12,4	13,9	8,3	9,8	16,6	39,5
Volksschulen	21,3	12,5	10,7	12,9	17,7	19,0	12,1	14,6	23,3	49,3
Hauptschulen	19,6	12,7	9,7	12,3	16,5	18,2	9,6	12,2	22,0	59,1
Sonderschulen	27,2	9,2	10,3	18,5	23,3	23,3	11,1	20,6	34,8	49,0
Allgemein bildende höhere Schulen	12,5	9,8	7,8	5,4	7,2	8,3	7,4	5,7	7,0	26,4

Q: STATISTIK AUSTRIA, Schulstatistik. Erstellt am: 17.11.2008.
2) Ohne Schulen und Akademien im Gesundheitswesen.

Abb. 24[264]

Zusätzlich zu diesem Ergebnis kann man für das Bundesland Wien anmerken, dass bereits im Schuljahr 2006/2007 der Migrantenanteil an vielen Wiener Schulen bis zu 90 Prozent betragen hat.[265] Besonders in

---

Gemeindearbeit. Maria Zwicklhuber (Hrsg.), Interkulturelles Zentrum. Wien: Rabas Druck. 2003. Seite 44.

263 Vgl. Statistik: Schülerinnen und Schüler mit nicht-deutscher Umgangssprache im Schuljahr 2007/08. http://www.statistik.at/web_de/static/schuelerinnen_und_schueler_mit_nicht-deutscher_umgangssprache_im_schuljahr_029650.pdf. Zugriff am 24. November 2008.

264 **Abb. 24:** Statistik: Schülerinnen und Schüler mit nicht-deutscher Umgangssprache im Schuljahr 2007/08. http://www.statistik.at/web_de/static/schuelerinnen_und_schueler_mit_nicht-deutscher_umgangssprache_im_schuljahr_029650.pdf. Zugriff am 24. November 2008.

265 In einer Sonderauswertung wurde der Anteil der ausländischen SchülerInnen und SchülerInnen nichtdeutscher Muttersprache an Österreichs Schulen für das Schuljahr 2006/2007 untersucht. Das Ergebnis wurde im April 2008 auf 200 Seiten auf Anfrage des Österreichischen Nationalrates durch das Bundesministerium für Unterricht, Kunst und Kultur vorgelegt und enthält detaillierte Angaben über SchülerInnen mit nicht deutscher Muttersprache bzw. mit ausländischer Staatsangehörigkeit etc. aus ganz Österreich.

Klassen mit solch hohem Ausländeranteil bedarf es einer besonderen Unterstützung, um interkulturelles Lernen, insbesondere bei der Sprachausbildung, sicherzustellen.

4.3.1 Interkulturelles Lernen in der Schule

Nachdem bereits im vorherigen Kapitel eine Arbeitsdefinition zum Thema interkulturelles Lernen verfasst wurde, möchte ich weiterführend für den Bereich des Unterrichtsprinzips eine Definition vorstellen.

Alexander Thomas meint aus kulturpsychologischer Sicht, dass interkulturelles Lernen dann stattfindet,

> „wenn eine Person bestrebt ist, im Umgang mit Menschen einer anderen Kultur, deren spezifisches Orientierungssystem der Wahrnehmung, des Denkens, Wertens und Handelns zu verstehen, in das eigenkulturelle Orientierungssystem zu integrieren und auf ihr Denken und Handelns im fremdkulturellen Handlungsfeld anzuwenden. Interkulturelles Lernen bedingt neben dem Verstehen fremdkultureller Orientierungssysteme eine Reflexion des eigenkulturellen Orientierungssystems. Interkulturelles Lernen ist dann erfolgreich, wenn eine handlungswirksame Synthese zwischen kulturdivergenten Orientierungssystemen (Kulturstandards) erreicht ist, die erfolgreiches Handeln in der eigenen und in der fremden Kultur erlaubt."[266]

In dieser Aussage sind wichtige Punkte des Diskurses zum interkulturellen Lernen enthalten, nämlich die Auseinandersetzung der eigenen und fremden Kultur, das gemeinsame Lernen, die Wahrnehmung des Anderen, das Denken, die Werte, das Handeln sowie ein „Gewinn" an interkultureller Kompetenz.

Im Unterrichtsprinzip ist das interkulturelle Lernen seit 1991 in den Schulen verankert und als eines der zwölf Unterrichtsprinzipien im

---

Vgl. Österreichisches Parlament: Anteil der ausländischen Schüler und Schüler nichtdeutscher Muttersprache an Österreichs Schulen 3515/J (XXIII.GP) - Anfrage bzw. 3491/AB (XXIII. GP) - Anfragebeantwortung. http://www.parlament.gv.at/PG/DE/XXIII/AB/AB_03491/imfname_105296.pdf. Zugriff am 26. November 2008.

266 Thomas, Alexander: Psychologie interkulturellen Lernens und Handelns. In: Thomas, Alexander (Hrsg.), Kulturvergleichende Psychologie. Göttingen: Hogrefe-Verlag. 2003. Seite 438.

Lehrplan für Schulen in Österreich zu finden. Dieses Prinzip entspricht der AusländerInnenpädagogik aus den 1980er Jahren. Damit waren damals ausschließlich „ausländische" Kinder und Jugendliche gemeint, mit dem Ziel, diese in den Regelschulbetrieb zu integrieren bzw. zu assimilieren. Zahlreiche Förderprogramme wie beispielsweise Hausaufgabenhilfe, Vorbereitungsklassen, Förderung der Muttersprache[267] oder Sprachförderprogramme für Deutsch waren damit verbunden. Die Förderung der mangelnden deutschen Sprache sah man damals bereits als Hintergrund für eine positive Integration.[268]

In den geltenden Lehrplänen an Österreichs Schulen gilt interkulturelles Lernen als Unterrichtsprinzip und für alle Schultypen als allgemeines Bildungsziel:

> „Interkulturelles Lernen beschränkt sich nicht bloß darauf, andere Kulturen kennen zu lernen. Vielmehr geht es um das gemeinsame Lernen und das Begreifen, Erleben und Mitgestalten kultureller Werte. Aber es geht auch darum, Interesse und Neugier an kulturellen Unterschieden zu wecken, um nicht nur kulturelle Einheit, sondern auch Vielfalt als wertvoll erfahrbar zu machen.
>
> Interkulturelles Lernen soll in diesem Zusammenhang einen Beitrag zum besseren Verständnis bzw. zur besseren gegenseitigen Wertschätzung, zum Erkennen von Gemeinsamkeiten und zum Abbau von Vorurteilen leisten. Querverbindungen zum didaktischen Grundsatz des sozialen Lernens und zum Unterrichtsprinzip Politische Bildung einschließlich Friedenserziehung sind sicher zu stellen.

---

267 „Die Muttersprache wurde hauptsächlich deswegen gefördert, weil es in der Gesellschaft die Auffassung gab, dass die GastarbeiterInnen nach einer bestimmten Zeit wieder in ihre Herkunftsländer zurückkehren. Dieses „Gastarbeitermodell", das vor allem in den deutschsprachigen Ländern als vorherrschendes Migrationsparadigma galt, war auch Basis für diverse pädagogische Ansätze."

Steindl, Mari: Interkulturelles Lernen - ein Beitrag zur Integration? In: Interkultureller Dialog. Interkulturelles Lernen. Zentrum polis - Politik Lernen in der Schule (Hrsg.) Broschüre ist ein Beitrag zum Europäischen Jahr des interkulturellen Dialogs sowie zu den Aktionstagen Politische Bildung 2008. Wien. März 2008. Seite 9.

268 Vgl. Steindl, Mari: Interkulturelles Lernen - ein Beitrag zur Integration? In: Interkultureller Dialog. Interkulturelles Lernen. Zentrum polis - Politik Lernen in der Schule (Hrsg.) Broschüre ist ein Beitrag zum Europäischen Jahr des interkulturellen Dialogs sowie zu den Aktionstagen Politische Bildung 2008. Wien. März 2008. Seite 8.

Im Rahmen der Auseinandersetzung mit dem jeweiligen anderen Kulturgut sind insbesondere Aspekte wie Lebensgewohnheiten, Sprache, Brauchtum, Texte (z.B. Erzählungen, Märchen, Sagen), Tradition, Liedgut usw. aufzugreifen."[269]

Diese theoretischen Bestimmungen für das interkulturelle Lernen müssen aber, um eine gute Vermittlung interkultureller Kompetenz an Kinder und Jugendliche zu gewährleisten, in die Praxis umgesetzt werden. „Kulturelle Unterschiede, Fremdheitssituationen und interkulturelle Aushandlungsprozesse müssen selbst erfahren werden, um damit produktiv umgehen zu können."[270] Welche Möglichkeiten es dazu gibt wird im nächsten Kapitel erläutert.

4.3.2 Schule als kulturelles Zentrum

Anknüpfend an das vorherige Kapitel möchte ich die Schule als kulturell praxisorientiertes Zentrum sehen und anhand von Unterrichtsbeispielen und Projekten zum interkulturellen Lernen in der Schule im Rahmen der Wiener Schulprojekte 2008 darstellen.

Kulturelles Lernen erfolgt in der Schule in vielen musischen Fächern, wie z.B. Kunst, Darstellendes Spiel, Musik sowie in Projektbereichen Film, Literatur, Tanz, Theater, etc. Dabei unterstützt die Schule als kulturelles Zentrum

> „Nachdenken, Entdeckergeist und Eigenständigkeit. Sie fördert ein Nachfragen und kultiviert, über einen abgesicherten Wissenserwerb hinaus, ein untersuchendes, forschendes Interesse und Vorgehen. In diesem Entwicklungsraum kann Lehren und Lernen sich in seiner Vielfalt entfalten, sodass junge Menschen mit sich und der Welt, mit ihrer Verfasstheit, den Bedingtheiten und Bezüglichkeiten, den Grenzen und Potentialen auf vielfältige und anschauliche Weise bekannt und vertraut werden.
>
> Offene Lernformen und gemeinsame Gestaltungsprozesse eröffnen einen neuen Raum für Begegnung und konstruktive Verhandlung von Diffe-

---

269 Bundesministerium für Unterricht, Kunst und Kultur: Interkulturelles Lernen. Lehrplanbestimmungen. http://www.bmukk.gv.at/schulen/unterricht/prinz/interkult_lernen_lp.xml. Zugriff am 25. November 2008.

270 Bolten, Jürgen: Interkulturelle Kompetenz. Landeszentrale für politische Bildung Thüringen. Erfurt: Druckerei Sömmerda GmbH. 2007. S. 110.

renz. Dieser Raum hat physische, intellektuelle, sinnliche, emotionale und soziale Dimensionen."[271]

Eines dieser Projekte sind die bekannten und traditionell internationalen Schulpartnerschaften. So hat beispielweise das BG/BRG 21 - Schulschiff „Bertha v. Suttner" in Wien 21 das Projekt „International project - „Learning to live together"" ins Leben gerufen.

> „An diesem internationalen Projekt nehmen Pilotschulen aus der Russischen Förderation, Finnland und Wien teil. Die beteiligten Schüler/innen sollen Verständnis für „das Andere" entwickeln und Wege für den Zusammenhalt in einer multikulturellen Gesellschaft aufzeigen. Dabei werden in der Umsetzungsphase künstlerische Zugänge (Tanz, Theater, Fotografie, etc.) eine besondere Rolle spielen."[272]

Weitere interkulturelle Schulprojekte aus den Wiener Schulen sollen in der Folge anschaulich dargestellt werden.

Die „Kulturtage am Rainergymnasium" im 5. Bezirk wurden im Jahr 2008 an zwei Tagen durchgeführt, wobei knapp 650 Schüler in 68 Workshops an Kulturprojekten im Zusammenhang mit Interkulturalität arbeiteten. In diesen Workshops wurde zum Thema Konfliktkultur unter anderem mit dem „Interkulturellen Zentrum" zusammengearbeitet. Darüber hinaus präsentierten sich verschiedene Länder (Thailand, Türkei, Indonesien, etc.) mit Musik, mit szenischen Darstellungen, Literatur, Filmausschnitten, etc. Auch wurden diese Kulturen mit ihren Sitten, Traditionen, Essen, usw. sichtbar gemacht.[273]

Die Volksschule Global Education Primary School in der Karl-Löwe-Gasse im 21. Bezirk gestaltete ein gemeinsames Kochbuch. Das Projekt trug den Namen „So kocht Europa" Unser „Multi - Kulti - Klassenkochbuch"". Aus verschiedenen europäischen Ländern kochten SchülerIn-

---

[271] Putz-Plecko, Barbara und Wimmer, Michael: Schule als kulturelles Zentrum. Aus dem 2. Zwischenbericht der ExpertInnen-Kommission für eine neue Mittelschule des Bundesministeriums für Unterricht, Kunst und Kultur. Wien, im Jänner 2008. Seite 2.

[272] Wiener Schulprojekte 2008. Publikation anlässlich des Europäischen Jahres des interkulturellen Dialogs 2008. Wien: Druckerei des Bundesministeriums für Unterricht, Kunst und Kultur. 2008. Seite 6.

[273] Vgl. Ebd. Seite 33.

nen, LehrerInnen und Eltern unterschiedlichste Rezepte und stellten diese zu einem Buch zusammen.[274]

Die Volksschule Kaisermühlen im 22. Bezirk setzte sich im Schuljahr 2007/2008 jeweils Dienstags im Projekt „Kaisermühlner Kulturmix – Interkulturelle, globale Begegnung" mit unterschiedlichen Kulturen auseinander und ermöglichte so den Schülern einen Austausch und Dialog. An diesen Projekttagen wurden „die traditionellen Klassenverbände aufgelöst und so klassenübergreifende Dialogmöglichkeiten geschaffen:

- Jahreszeitliche und religiöse Feste im Vergleich
- Kulturvermittlung durch Eltern der Schulgemeinschaft (Lebenseinstellungen, -weisen…)
- Grußformen in unterschiedlichen Kulturkreisen
- Nationalgerichte kochen und gemeinsam speisen (Tischgepflogenheiten)
- Schriften und Symbolgesten in verschiedenen Kulturen
- Einbeziehung der gesamten Schulgemeinschaft

Projektziele:

- Aufbau eines grundlegenden Verständnisses für unterschiedliche Kulturen
- Abbau von Ängsten bzw. Fremdenscheu
- Festigen der eigenen Identität
- Toleranzsteigerung"[275]

Diese speziellen Themen und Projekte im Rahmen des Unterrichts ermöglichen für die SchülerInnen eine Erweiterung des Lernangebots sowie des interkulturellen Dialogs und die Zusammenarbeit innerhalb der Schule.

274 Vgl. Ebd. Seite 43.

275 Ebd. Seite 12.

4.3.3 Lehrer als ein wichtiges Element des interkulturellen Lernens

Im 21. Jahrhundert ist eine interkulturelle Handlungskompetenz für den Beruf des Lehrers eine wichtige Voraussetzung. Resultierend aus den bisherigen Kapiteln dieser Arbeit kann man sagen, dass die Welt durch die Globalisierung auch multikultureller wird. Daher muss in den Schulen eine vermehrte multikulturelle Lehr- und Lernsituation geschaffen werden, wobei Methoden entwickelt werden müssen, um eine erfolgreiche interkulturelle Bildung durchzuführen. Das erfolgt „auf der Ebene des Unterrichts, der Normen der Institution und der Schulkultur."[276]

Im Bereich der Methodenentwicklung für interkulturelles Lernen können sich LehrerInnen einer gewissen pädagogischen Freiheit bedienen, müssen dabei jedoch, wie es im Kapitel „Schule als kulturelles Zentrum" aufgezeigt wurde, im Rahmen des pädagogischen Vertretbaren bleiben. Der Lehrplan des interkulturellen Lernens spielt dabei als Unterrichtsprinzip immer eine entscheidende Rolle. „Das wichtigste Curriculum des Lehrers ist seine Person."[277] Mit anderen Worten muss ein Lehrer davon überzeugt sein, was er interkulturell vermitteln möchte, sei es im Rahmen des Inhalts eines Unterrichtsplanes oder im Sinne von selbst gestalterisch-kulturellem Anspruch. „Die didaktische Umsetzung ist in allen Unterrichtsfächern möglich, setzt aber neue kreative Ideen und grundsätzliches Interesse der Lehrpersonen voraus. Im Schulbereich kann interkulturelles Lernen sinnvoll stattfinden, wenn dafür Konzepte entwickelt und umgesetzt werden."[278] Auch spielt die Persönlichkeit und der Erziehungsstil des Lehrers dabei eine entscheidende Rolle.

In der Fachliteratur lassen sich vier entscheidende und wichtige Persönlichkeitsmerkmale und Verhaltensgrundsätze eines guten Lehrers und Erziehers bestimmen:

---

276 Giesecke, Hermann: Wie lernt man Werte? Grundlagen der Sozialerziehung. Weinheim (u.a.): Juventa-Verlag. 2005. Seite 131f.

277 Hentig, Hartmut von: Vom Verkäufer zum Darsteller. Absagen an die Lehrerbildung. In: Der Lehrer und seine Bildung. Beiträge zur Überwindung einer Resignation. Hellmut Becker & Hartmut von Hentig (Hrsg.). Frankfurt/Main: Ullstein. 1984. Seite 112.

278 Kalayci, Hüseyin: Schule. In: Interkulturelles Zusammenleben und Integration als kommunalpolitische Herausforderung. Handbuch für die interkulturelle Gemeindearbeit. Maria Zwicklhuber (Hrsg.), Interkulturelles Zentrum. Wien: Rabas Druck. 2003. Seite 46.

- Die Verbindung und Zuneigung und Festigkeit.
- Das Eintreten für den Standpunkt, den man für richtig hält.
- Das Bemühen, ein gutes Beispiel zu geben.
- Das Übertragen von Aufgaben und die Ermutigung zum Handeln.[279]

Eine interessante Form des Zusammenarbeitens in Schulklassen ist möglich, wenn sich deutschsprachige LehrerInnen mit LehrerInnen mit nichtdeutscher Muttersprache im Unterricht ergänzen. Sie

> „können in der interkulturellen Bildung an den Schulen eine sehr integrative Rolle spielen. In Zusammenarbeit mit dem LehrerInnenteam sind sie in der Lage, eine Brücke zwischen Schule und Familien zu bilden. LehrerInnen mit Migrationshintergrund sollten über die Erteilung muttersprachlichen Unterrichts hinaus auch in anderen Fächern eingesetzt werden. Eine gelungene Zusammenarbeit zwischen KlassenlehrerInnen und muttersprachlichen LehrerInnen im Teamteaching hat auch SchülerInnen eine Vorbildwirkung. Dabei können auch die betroffenen LehrerInnen durch den Austausch von Lehrmethoden und Lehrinhalten voneinander viel lernen. Die kulturelle Vielfalt der Gesellschaft sollte sich in der Zusammensetzung der Lehrkräfte widerspiegeln."[280]

Der Wert der interkulturellen Bildung liegt auch an der Schule selbst. Für Eltern gilt es herauszufinden, welche Schule für ihr Kind die geeignete sein könnte. Dabei spielen unter anderem die „Philosophie der Schule", eine „Grundstruktur bestimmter Wertorientierung, Einstellungen und Verhaltensmuster, die für die Schule insgesamt charakteristisch"[281] sind, eine große Rolle.

> „In Österreich sind Schulen (Lehrpersonal, InspektorenInnen) noch zu wenig auf diese interkulturelle Erziehungsaufgabe vorbereitet. Es wird notwendig sein, für die verantwortlichen Personen in diesem Bereich gestärkt Fort- und Weiterbildungen in vielfältiger Form anzubieten. Dabei

---

279 Vgl. z.B. Barsig, Walter (Hrsg.): Die Lehrerpersönlichkeit in Erziehung und Unterricht. Donauwärth: Auer. 1980.

280 Kalayci, Hüseyin: Schule. In: Interkulturelles Zusammenleben und Integration als kommunalpolitische Herausforderung. Handbuch für die interkulturelle Gemeindearbeit. Maria Zwicklhuber (Hrsg.), Interkulturelles Zentrum. Wien: Rabas Druck. 2003. Seite 46.

281 Rutter, Michael (Mitverf.): Fünfzehntausend Stunden. Schulen und ihre Wirkung auf die Kinder. Aus dem Englischen übersetzt von Karl Rudolf Höhn. Weinheim (u.a.): Beltz. 1980. Seite 211.

geht es um Trainings bezüglich Haltung und Einstellung, Methodik und Didaktik und um eine Verbesserung von strukturellen und organisatorischen Gestaltungsmöglichkeiten des interkulturellen Schulalltages. Die multiethnische Struktur der Gesellschaft sollte in den Schulen reflektiert und durch Lehrprogramme thematisiert werden."[282]

Abschließend sei zu diesem Kapitel gesagt:

> „Eine mindestens genauso wichtige Rolle dürfte die Veränderung der Legitimationsgrundlagen und allgemeinen Zielformulierungen des Unterrichts spielen: Es geht künftig nicht mehr nur darum, Kinder und Jugendliche aus Lebens- und Berufswirklichkeiten im multikulturellem Umfeld „ihrer" Ethnie vorzubereiten, sondern darum, sie für das erfolgreiche Bewältigen von zunehmend interkulturellen Lebenszusammenhängen auch außerhalb ihrer eigenen Ethnie auszubilden."[283]

4.4 Außerschulische kulturelle Kinder- und Jugendbildung

Verschiedene Einrichtungen, wie z.B. Kunst- und Musikschulen, theaterpädagogische oder soziokulturelle Zentren, öffentliche Bibliotheken, etc., bieten neben Familie und Schule eine weitere Möglichkeit, um mit unterschiedlichen Kulturen in Kontakt zu treten. Als besonderes Beispiel für eine außerschulische kulturelle Kinder- und Jugendbildung möchte ich die Jugendarbeit vorstellen. Diese wird in Form von Jugendtreffs, Street-Work-Arbeit oder in Jugendzentren veranstaltet. Ihr kommt bei „der Durchmischung von Kindern und Jugendlichen mit unterschiedlichem kulturellen und ethnischen Hintergrund"[284] immer mehr die Bedeutung zu. Deshalb haben sich Petra Sallaba und Richard Krisch vom Verein Wiener Jugendzentren intensiv für ein Konzept der Diversität im Bereich der Wiener Jugendarbeit ausgesprochen.

---

282 Kalayci, Hüseyin: Schule. In: Interkulturelles Zusammenleben und Integration als kommunalpolitische Herausforderung. Handbuch für die interkulturelle Gemeindearbeit. Maria Zwicklhuber (Hrsg.), Interkulturelles Zentrum. Wien: Rabas Druck. 2003. Seite 46.

283 Bolten, Jürgen: Interkulturelle Kompetenz. Landeszentrale für politische Bildung Thüringen. Erfurt: Druckerei Sömmerda GmbH. 2007. Seite 112.

284 Gojo, Josef: Jugendarbeit und Freizeit. In: Interkulturelles Zusammenleben und Integration als kommunalpolitische Herausforderung. Handbuch für die interkulturelle Gemeindearbeit. Maria Zwicklhuber (Hrsg.), Interkulturelles Zentrum. Wien: Rabas Druck. 2003. Seite 49.

In der „offenen Jugendarbeit“ gilt es, den „Jugendlichen mit ihren heterogenen Ausprägungen - als Jugend(en) in ihren unterschiedlichen Fähigkeiten, Kompetenzen und Identitäten - wahrzunehmen und entsprechende Angebote zu machen.“[285] Im Mittelpunkt stehen für Sallaba und Krisch dabei „nicht mehr die Annahme einer kulturellen Homogenitätsvorstellung, sondern die Verschiedenheit und die kulturelle Dynamik in der alltäglichen Lebensgestaltung treten ins Zentrum der Perspektive.“[286]

In ihrem Ansatz der „offenen Jugendarbeit“ gehen sie nicht

> „von ethnischen Unterschieden aus, sondern thematisieren die sozialen Kontakte, in denen die jungen Menschen unterschiedlich miteinander leben und dabei zusammen oder in Konflikten ihren Alltag und somit die Wiener Jugendkultur gestalten. Entscheidend ist dann die Frage, welchen sozialen und kulturellen Unterschiede, warum und wann überhaupt thematisiert werden.“[287]

Für die Arbeit mit Kindern und Jugendlichen bedarf es qualifizierter Mitarbeiter. Notwendig sind in einem interkulturellen Team „auch „muttersprachliche“ JugendleiterInnen. Einerseits um die Verständigung zwischen den ethnischen Gruppen zu verbessern und die Akzeptanz der Freizeitangebote zu erhören, andererseits um sprachliche und mentale Barrieren abzubauen.“[288] Das Team muss vor allem in der Lage sein, den heranwachsenden Kindern und Jugendlichen die Möglichkeit verschaffen, in einer vielfältigen und kreativen Auseinandersetzung die kulturellen Gemeinsamkeiten sowie auch Unterschiedlichkeiten zu thematisieren.[289]

---

285 Sallaba, Petra und Krisch, Richard: Impulsreferat - Diversität und Jugendarbeit. Partizipation von MigrantInnen am öffentlichen Kulturleben. In: Österreichische Beamtenversicherung (ÖBV) (Hg.): Migration verändert die Arbeitswelt - Wiener Kultur- und Bildungseinrichtungen im Dialog. Wien. 2007. Seite 92.

286 Ebd.

287 Ebd.

288 Gojo, Josef: Jugendarbeit und Freizeit. In: Interkulturelles Zusammenleben und Integration als kommunalpolitische Herausforderung. Handbuch für die interkulturelle Gemeindearbeit. Maria Zwicklhuber (Hrsg.), Interkulturelles Zentrum. Wien: Rabas Druck. 2003. Seite 50.

289 Vgl. Ebd. Seite 49.

Resultierend aus diesem Beispiel bieten Einrichtungen außerschulischer kultureller Kinder- und Jugendbildung den jungen Menschen die Möglichkeit,

> „sich außerhalb der Schule aktiv und freiwillig mit Kunst und Kultur entsprechend ihrer (interkulturellen) Lebenswelt und -situation auseinander zu setzen (z.B. HipHop Akademie, Jugendtheater, kreatives Schreiben etc.). Diese Einrichtungen erreichen jedoch nur einen begrenzten Teil der Jugendlichen. Ziel muss daher eine intensive Verzahnung schulischer und außerschulischer Angebote sein, um auf diese Weise auch und gerade in sozial benachteiligten Stadtteilen ein breites Spektrum an kulturellen und interkulturellen Bildungsmöglichkeiten zu gewährleisten."[290]

4.5 Interreligiöser Dialog

4.5.1 Die Bedeutung der Religion

„Die Religion fungiert als stabilisierendes Element der Gesellschaft - vergleichbar mit der Rolle der Familie, des Staates, der Wirtschaft, etc. -, da sie die Beziehungen zwischen den ihr angehörenden Gruppen oder Gemeinschaften fördert."[291] Diese Förderung ist vor allem im Rahmen der interkulturellen Bildung und zu interreligiösen Fragen anzutreffen. Es kann daher gesagt werden: „Bildungsarbeit zu interreligiösen Fragen richtet sich genauso wie interkulturelle Bildung zunächst auf die gesellschaftlichen Bedingungen der Einwanderungsgesellschaft und im Kontext von Globalisierung auf postkoloniale Verhältnisse."[292]

Gerade in Zeiten der Globalisierung leben wir

> „im Umbruch von der Industrie- zur Wissens- und Kommunikationsgesellschaft. Mit diesem Umbruch gehen grundlegende kulturelle Veränderung einher wie beispielsweise der Verlust von Gottesglauben und Religi-

---

290 Billenetz - Bildung und Lernen: Diskussionsvorlage zum Fachgespräch Interkultureller Bildung am 27. Mai 2008 im Kulturpalast Billstedt. Seite 7.

291 Kurier Edition Wissen: Die Weltreligionen - Teil 10. Wien: Kurier Zeitungsverlag und Druckerei. Wien. 2007. Seite 5.

292 Messerschmidt, Astrid: Gesellschaftliche Bedingungen interkultureller und interreligiöser Bildung. In: Forum EB - Beiträge und Berichte aus der evangelischen Erwachsenenbildung: Differenzen und Dominanzen - Reflexionen interkultureller Bildungsarbeit. Ausgabe 4/2003. Frankfurt am Main: Uwe Grube Druckservice. 2003. Seite 8.

on sowie die Infragestellung unseres orientierenden Wertesystems hin zu einer gewissen Beliebigkeit."[293]

Um diesen Wandel zu umgehen ist es wichtig, dass Kindern Religion näher gebracht wird. Die europäische Kultur ist durch die christliche Religion geprägt und ohne sie auch nicht verständlich.[294] Besonders für Kleinkinder ist Religion sehr wichtig, um angstfrei zu leben und Vertrauen in die Mitmenschen und Eltern zu haben.[295]

„Religionswissenschaftler, Pädagogen und Therapeuten sind sich einig, dass Religion, die mit einer liebevollen Erziehung einhergeht und ein liebevolles Gottesbild transportiert, stärkt und Halt gibt."[296] Es ist natürlich auch schwierig zu wissen, wie man Religion weise an den Kindern anwendet.[297] Auch ist unbestritten, dass Religion den Kindern Räume öffnen kann und ein anderes Erleben unserer Gesellschaft - neben Fernsehen, Computer und sonstigen Medien - ermöglicht.

Für Rosemarie Lipp, Therapeutin und Dipl. Sozial-Pädagogin, ist die Authentizität bei der Vermittlung von Religion ein wichtiges Kriterium. Sie meint, „dass Religion etwas sehr Heilsames sein kann, weil Religion hilft, auf lebensnotwendige Fragen Antworten zu finden."[298] Zwar sind diese Antworten oft nicht aus einem bestimmten Glaubensbekenntnis herauszulesen, sondern in jedem Erdenbürger selbst anzutreffen. Für sie ist Religion eine Rückverbindung - sei es zu Gott, zum Sein, zur Existenz oder zu den Ursprüngen des Lebens.

---

293 Then, Werner: Menschenwürde, christliche Werte und die soziale Marktwirtschaft. In: Werte haben Zukunft. Knoblauch, Jörg und Marquardt, Horst (Hrsg.). Gießen, Basel: Brunnen Verlag. 2003. Seite 207.

294 Vgl. Hentig, Hartmut von: Ach, die Werte: ein öffentliches Bewußtsein von zwiespältigen Aufgaben über eine Erziehung für das 21. Jahrhundert. München, Wien: Hanser. 1999. Seite 134f.

295 Vgl. Porsche, Susanne: Kinder wollen Werte. Ein Leitfaden für Eltern - für eine neue Ethik in der Erziehung. München: Südwest-Verlag. 2003. Seite 62.

296 Bakker, Marija: Wertevermittlung: Kinder und Religion. www.wdr.de/tv/service/fa milie/inhalt/20041215/. Zugriff am 13. Dezember 2008.

297 Vgl. Dreikurs, Rudolf: Kinder fordern uns heraus. Wie erziehen wie sie zeitgemäß? Aus dem englischen Übersetzt von Erik A. Blumenthal. Stuttgart: Klett-cotta. 2000. Seite 311f.

298 Bakker, Marija: Wertevermittlung: Kinder und Religion. www.wdr.de/tv/ser vice/familie/inhalt/20041215/. Zugriff am 13. Dezember. 2008.

4.5.2 Fremde Religionen am Beispiel des Islam

Fremde Religionen, wie beispielsweise der Islam, werden in unserer Gesellschaft häufig als „das Fremde“ negativ angesehen und oft als Angstthema diskutiert. Menschen fürchten vor allem den terroristischen Missbrauch des Islam durch mediale Inszenierungen mit Bildern von tief verschleierten Frauen, Zwangsverheiratungen, Ehrenmorden, terroristische Gruppen wie Al Kaida oder Berichten, die vor einer Islamisierung Europas warnen.[299]

Um solche Befürchtungen und Ängste zu vermeiden, bedarf es religionspädagogischer Ansätze, die in Form von interreligiösem Lernen in einem interreligiösen/interkulturellen Dialog gestaltet werden müssen.

> „Von besonderer Bedeutung ist die Rolle der Religionen in der interkulturellen Arbeit, die zu unterschätzen ein Leichtes, sie in der Praxis einzubeziehen vielleicht das Schwierigste ist. Es ist zu kurz gedacht, dem „Dialog mit dem Islam“ einen Vorrang einzuräumen, auch wenn ein großes Defizit in der Vergangenheit damit aufzuholen begonnen wird. Die Religionen als Träger von Kultur müssen insgesamt als Teil des interkulturellen Dialogs gesehen werden. Sie auszublenden kann die interkulturelle Kulturarbeit zum Scheitern verurteilen.“[300]

Über die Bedeutung des Islam wurde in den letzten Jahrzehnten viel gesprochen - zu Recht. Wie bereits im Kapitel 2.2.3 ausführlich dargestellt, gab es bei der Volkszählung in Österreich im Jahre 2001 rund 339.000 Personen - 4,2 % der Gesamtbevölkerung - die den Islam als Glaubensbekenntnis angegeben haben. Diese Zahl steigt stetig an und daher bedarf es einer gesellschaftspolitischen und inhaltlichen Auseinandersetzung.

Viele Europäer wissen wenig über die Lehre des Islam und auch über die Lebensgewohnheiten von Muslimen. Deshalb herrscht wenig Verständnis für die Geflogenheiten der Angehörigen dieser Glaubensgruppe. Oft werden z.B. Bekleidungsvorschriften oder die Unterdrückung

---

299 Vgl. Gierden-Jülich, Marion: Von Kindesbeinen an: Von der Notwendigkeit, den Umgang mit Pluralität zu erlernen. In: Mein Gott - Dein Gott. Interkulturelle und interreligiöse Bildung in Kindertagesstätten. Schweitzer, Friedrich u.a. Weinheim und Basel: Beltz Verlag. 2008. Seite 142.

300 Nooke, Günter: Wir und die anderen. Migration - Religion - Integration: Anmerkungen zu Grundlagen der interkulturellen Kulturarbeit. In: Jahrbuch für Kulturpolitik 2002/03. Band 3. Thema: Interkultur: Institut für Kulturpolitik der Kulturpolitischen Gesellschaft (Hrsg.) Essen: Klartext Verlag. 2003. Seite 340.

(besonders der Frau) diskutiert. Dadurch erfolgt eine unsachliche Verallgemeinerung der Werte dieser Religion[301] und daher ist auch hier eine verstärkte interreligiöse und interkulturelle Diskussion nötig. In diesem Zusammenhang werde ich im empirischen Teil das Theaterstück „Vermutungen über Aischa oder Inländer sind auch arme Schweine" analysieren, wo Unwissenheit und Vorurteile gegenüber einer Muslima dargestellt werden. Hier findet Theater als Weg zum interkulturellen Dialog statt.

4.5.3 Religionsvermittlung durch interreligiöses Lernen

Bereits im frühen Kindesalter und später im Schulalter ist es beim interreligiösen Lernen wichtig, mit einem gegenwärtigen Konzept der weltanschaulichen Neutralität den Weltreligionen[302] gegenüberzutreten.

Auf die Frage, was interreligiöses Lernen - vor allem in der Schule - bedeutet, beziehe ich mich in dieser Arbeit auf den Präsidenten der „Intereuropäischen Kommission für Kirche und Schule" (ICCS) Peter Schreiner. Dieser ist zudem auch wissenschaftlicher Mitarbeiter am Comenius-Institut in Münster und Projektbetreuer in den Bereichen der Evangelischen Bildungsverantwortung in Europa, der vergleichenden Religionspädagogik und des interkulturellen, interreligiösen und ökumenischen Lernens.

Für ihn bedeutet interreligiöses Lernen:

> „Es soll Orientierung ermöglichen und Verständigung anbahnen. Schüler/innen sollen mit der Hausforderung einer bestehenden kulturellen und religiösen Pluralität umgehen können. „Inter" bedeutet ein „In-Bezug-Setzen" verschiedener religiöser und weltanschaulicher Symbolsysteme. Konkret geht es darum
>
> - Gespräch und Austausch zu initiieren
> - die Fähigkeit zu Perspektivenwechsel und Empathie zu stärken

---

301 Vgl. Spiewak, Martin: Meinungsstark, aber ahnungslos. Die Zeit. 19. April 2007. Ausgabe Nr. 17. http://www.zeit.de/2007/17/B-Islam?page=all. Zugriff am 12. Dezember 2008.

302 In Zusammenhang mit dem Begriff Weltreligionen gibt es keine eindeutige Definition. Allgemein versteht man aber darunter solche Religionen welche eine lange Tradition haben bzw. eine große Anzahl von Anhängern besitzen. Die wichtigsten Religionen sind: Das Judentum, das Christentum, der Islam, der Hinduismus und der Buddhismus.

- und konstruktive Begegnungen (Konvivenz) zu gestalten: gemeinsam zu lernen, zu leben und zu feiern."[303]

Das Kennenlernen und Verstehen von Religion/en sowie eine Kritikfähigkeit dazu zu entwickeln stehen hierbei im Vordergrund. Bei der Kenntnis über andere Glaubensgemeinschaften stehen folgende Gedanken im Mittelpunkt:

> „Aus eigener Erfahrung wissen wir, dass es „das Christentum" nicht gibt - sondern Menschen, die auf individuelle Art innerhalb der verschiedenen Konfessionen und Gruppierungen unterschiedliche Ausprägungen des christlichen Glaubens leben. Das gilt natürlich auch für die anderen Religionen.
>
> Deshalb sollten Religionen in der Schule nicht so sehr als abstrakte Gebilde oder Lehren betrachtet werden, sondern als dynamische Lebensorientierung von Menschen und ihren Gemeinschaften. Statt von Grundwissen würde ich lieber von Zugängen und Anknüpfungen zu und mit anderen Religionen sprechen, die wir entdecken wollen.
>
> Es hat sich zum einen bewährt, hier exemplarisch vorzugehen. Juden, Christen und Muslime haben, trotz aller Unterschiede, ein weithin ähnliches Grundverständnis von Gott, vom Menschen, von der Welt und der Weltgeschichte, das viele Anknüpfungspunkte beinhaltet. In der Grundschule können z.B. über Feste und Feiertage Türen zwischen den Religionen geöffnet werden: Christliche Jungen und Mädchen erzählen von Weihnachten, muslimische Kinder vom Fasten und vom Zuckerfest, seker bayrami. Man kostet Plätzchen und Baklava. Eltern können einbezogen werden und Fragen beantworten.
>
> Damit ist bereits ein zweiter wichtiger Punkt angesprochen: Religionen erschließen sich nur begrenzt über Wissen, vielmehr über persönliche Erfahrungen. Begegnungen mit „authentischen Vertreter/innen, Besuche in Moscheen oder Synagogen ermöglichen lebendige Erfahrungen. Die Gefahr der Verallgemeinerung („der Islam") sollten wir dabei im Auge behalten. Aber grundsätzlich gilt: Brücken bauen durch Begegnung!"[304]

---

303 Born, Julia: Wie geht interreligiöses Lernen? Interview mit Peter Schreiner (Comenius-Institut). Die Religionspädagogische Plattform im Internet. © rpi-virtuell, Bereich Methoden, Februar/März 2005. Seite 1. http://www.rpi-virtuell.net/workspace/users/3566/int/schrein/Interview_Schreiner.pdf. Zugriff am 13. Dezember 2008.

304 Born, Julia: Wie geht interreligiöses Lernen? Interview mit Peter Schreiner (Comenius-Institut). Die Religionspädagogische Plattform im Internet. © rpi-virtuell, Bereich Methoden, Februar/März 2005. Seite 2. http://www.rpi-virtuell.net/

Diese Brücke der Begegnungen sehe ich heutzutage als Dimension des interreligiösen Lernens an. Durch die Aussagen von Schreiner kommt deutlich zutage, dass der Dialog nicht ein Kompromiss primärer Meinungen, sondern viel mehr die Haltung, Offenheit und ein gegenseitiger Respekt ist. Teilweise besteht die Angst, dass man, indem man Angehörigen anderer Konfession die Hand reicht, von diesen vereinnahmt wird. Das ist aber nicht der Fall, denn je mehr Menschen unterschiedlichen Glaubens einander kennen lernen und vor allem für eine Zusammenarbeit bereit sind, desto besser kann ein interreligiöser Dialog stattfinden/ entstehen.

4.6 Medien als interkultureller Bildungsfaktor

> „Die Medien (Printmedien, Fernsehen, Radio, Internet) haben großen Einfluss. Sie spielen eine wichtige Rolle für die Meinungsbildung im politischen Raum, aber auch in weiten Teilen der Vermittlung von gesellschaftlichen Werten und Normen. Besonders die öffentlich-rechtlichen Rundfunkanstalten haben die Aufgabe, Kultur und Bildung zu vermitteln und damit zu einem Verständnis kultureller Werte beizutragen. Damit kommt ihnen eine besondere Verantwortung auch für den Bereich der interkulturellen Bildung zu."[305]

Es wird deutlich, dass die Medien eine wichtige Rolle als Mittler, Vermittler bis hin zu einem Verstärker bei der Integration durch eine verständliche Darstellung von Welt- und Menschenbildern im Globalisierungsprozess einnehmen. Darüber hinaus können sie als Träger von Bildungsprozessen genutzt und als Sprachrohr für politische und kulturelle Meinungsbildung - so auch für den interkulturellen Dialog - zugänglich gemacht werden. Beispielsweise eignen sich Medien positiv als Hilfsmittel für Menschen mit ausländischer Herkunft in Bezug auf das Näherbringen von Kultur und Sprache ihrer neuen Heimat. Sie können insbesonders Kindern und Jugendlichen eine Vorstellung von der Welt vermitteln und sie auch zur interkulturellen Kommunikation ermutigen.[306]

---

workspace/users/3566/int/schrein/Interview_Schreiner.pdf. Zugriff am 13. Dezember 2008.

305 Deutscher Kulturrat: Interkulturelle Bildung - eine Chance für unsere Gesellschaft. Seite 5. http://www.kulturrat.de/pdf/1057.pdf. Zugriff am 8. Dezember 2008.

306 Vgl. Haldenwang, Vera: Medien und interkulturelle Bildung. Staatsinstitut für Schulqualität und Bildungsforschung München (Hrsg.). München. 11/2007. Seite 3.

4.6.1 Leit- und Hauptmedium Nummer Eins: Das Fernsehen

Das Fernsehen soll hier wegen seiner besonderen Rolle beim interkulturellen Dialog als Beispiel ausführlicher und näher erläutert werden, da es gemäß verschiedenster Studien sowohl bei den unterschiedlichen Zielgruppen von Erwachsenen, als auch bei den Kindern und Jugendlichen in Europa das Hauptmedium und zugleich „Freizeitbeschäftigung Nummer Eins“ darstellt.

Ebenso soll hier die Präsenz von Personen mit Migrationshintergrund im Fernsehen näher gebracht und am Beispiel der öffentlich rechtlichen Sendeanstalten in Deutschland und Österreich aufgezeigt werden.

Wenn man der Studie „Mediascope Europe 2008“ Glauben schenken darf, wird das Fernsehen in den nächsten Jahren seinen Platz als Leitmedium bei der Zielgruppe zwischen 25 und 34 Jahren an das Internet verlieren und nur noch als Begleitmedium genutzt werden. Zurzeit hält in Europa das Fernsehen noch den ersten Platz bei einer Nutzungsfrequenz von 14,7 Stunden pro Woche und durchschnittlich 6,0 Tagen pro Woche gegenüber dem Internet (14,4 Internetstunden pro Woche und durchschnittlich 5,6 Tagen pro Woche).[307]

Nach der im Auftrag des Medienpädagogischen Forschungsverbund Südwest in Deutschland durchgeführten Studien „KIM-Studie 2006“ (Kinder und Medien) und der „JIM-Studie 2008“ (Jugend, Information, (Multi-) Media) schnitt bei Kindern und Jugendlichen das Fernsehen mit folgenden Ergebnissen ab:

Fernsehen wurde in der „KIM-Studie 2006“ bei den 6- bis 13-Jährigen als die liebste Freizeitbeschäftigung ermittelt. Kinder empfinden dabei die größte emotionale Bindung. Fast jeder zweite Befragte dieser Zielgruppe

[307] Vgl. z. B. European Interactive Advertising Association (EIAA): Mediascope Europe 2003-2008. Ergebnisse der Studie mit Fokus auf Deutschland. November 2008.

Für die Studie wurden in einer Gesamt-Stichprobe 9000 Befragungen (Computergestützte Telefoninterviews nach Zufallsauswahl) in 10 europäische Ländern durchgeführt. Davon jeweils 1000 Befragungen in den Ländern: Norwegen, Schweden, Dänemark, Großbritannien, Frankreich, Italien, Spanien und Deutschland. 500 Befragungen in den Ländern Belgien und der Niederlande. In Österreich fanden keine Befragungen statt. Für jedes Land wurden zwecks einer Repräsentativität Quotierungen festgelegt: Alter, Geschlecht, Bildung und regionale Aufteilung innerhalb der Länder.

hat ein Fernsehgerät in seinem Zimmer und kann darauf zu Gunsten anderer Medien am wenigsten verzichten.[308]

Bei den Jugendlichen zwischen 12 und 19 Jahren nimmt in der „JIM-Studie 2008" zwar die Bindung zum Fernsehgerät mit zunehmendem Alter ab, besitzt aber immer noch eine große Wichtigkeit. Im Vergleich zum Internet hält das Medium Fernsehen in den Bereichen: Besitz, Nutzung, Glaubwürdigkeit von Berichterstattungen, etc. noch immer die höheren Plätze.[309]

Diese Ergebnisse sind nun nicht verwunderlich, da das Fernsehen trotz eines vermehrten Zuganges der Befragten zum Medium Internet nach wie vor ein wesentlicher Bestandteil des Alltags für Eltern und Kinder/ Jugendlichen ist.

> „In der Familie, als Ort der alltäglichen, persönlichen und privaten Lebenswelt der Familienmitglieder, lernt das Kind im primären Sozialisationsprozeß nicht nur die grundlegenden menschlich-individuellen Fertigkeiten und Fähigkeiten, sondern vollzieht seine ersten, die anderen primären Prozesse intervenierenden Fernseherfahrungen; hier findet die mediale Sozialisation statt, entwickeln sich die medienbezogenen Umgangsstile, die Decodierungsfähigkeiten und die spezifischen Formen familialer Kommunikation. Kein anderes Medium ist so eng mit dem Familienalltag verbunden wie das Fernsehen."[310]

Das Fernsehen kann die Persönlichkeitsentwicklung und die Wertbildung des Kindes beeinflussen, indem es eine Welt von unterschiedlichsten sozialen, kulturellen, politischen und wirtschaftlichen Lebensbereichen präsentiert und erschließt.[311]

Im Hinblick auf interkulturelle Bildung ist das Fernsehen durch die Akzeptanz der Öffentlichkeit bestens dazu geeignet, interkulturelle Aspekte

---

308 Vgl. Medienpädagogischer Forschungsverbund Südwest (LFK, LMK): KIM-Studie 2006 - Kinder + Medien, Computer + Internet. Basisuntersuchung zum Medienumgang 6- bis 13-Jähriger in Deutschland. Stuttgart, im Februar 2007.

309 Vgl. Medienpädagogischer Forschungsverbund Südwest (LFK, LMK): JIM-Studie 2008 - Jugend, Information, (Multi-) Media + Medien, Computer + Internet. Basisuntersuchung zum Medienumgang 12- bis 19-Jähriger in Deutschland. Stuttgart, im November 2008.

310 Jaklin, Peter: Wertewandel und Medien - Eine vergleichende Untersuchung über die Bedeutung graphisch animierter Fernsehsendungen im Prozeß der Wertvermittlung bei Grundschulkindern. Baden-Baden: Battert Verlag. 1998. Seite 136.

311 Vgl. Bachmair, Ben u.a.: Bestandsaufnahme zum Kinderfernsehen. Ein pädagogischer Blick auf das Fernsehangebot und die Nutzung durch dir Kinder. In: Medien praktisch (25/2001/12). Frankfurt/Main. Seite 23f.

und unterschiedliche Verhaltensmuster von MigrantenInnen darzustellen. So kann es ideologisch regulativ wirken und durch die verschiedensten Sendungen können Kinder ihr eigenes interkulturelles Verständnis ausformen bzw. kräftigen. Dazu bedarf es der Erklärung und der Hilfe von Eltern und anderen Bezugspersonen, wie beispielsweise KindergartenhelferInnen, LehrerInnen usw. „Kinder wollen das, was sie nicht verstehen, durchschauen und erklärt haben."[312]

Wenn es um die Vermittlung von stereotypen Bildern geht, besitzt das Fernsehen eine maßgebliche und verantwortungsvolle Rolle. Dabei können mittels immer wiederkehrender Bilder über Zuwanderer in typischen Situationen (verschleierte bzw. mit Kopftuch bedeckte Frauen, bewaffnete Männer, etc.) ein bestimmtes Zerrbild vermittelt werden. Ausländer kommen „oft nicht als selbstverständlicher Teil der Gesellschaft, sondern als exotischer Sonderfall"[313] vor.

Unter diesem Blickpunkt wirkt sich vor allem der Migrationsdiskurs in den Medien negativ aus. Es kommt oft vor, dass Migranten oder Migration abwertend dargestellt werden. Einiger dieser Beispiele sollen exemplarisch vorgestellt werden:

> „Aktualität: Über Migration und Migranten wird fast nur berichtet, wenn konkrete Ereignisse vorliegen, wodurch Hintergrundinformation fehlt und die Berücksichtigung von Migranten in alltäglichen Kontexten wie beispielsweise im Vereinsleben eher selten ist
>
> Negativität: Die Ereignisse, über die Medien berichten, sind meistens negative: Migranten sind dann Täter oder Opfer
>
> Kriminalberichterstattung: Migranten sind überrepräsentiert
>
> Unerwünschte Gruppen dominieren die Berichterstattung: z.B. Flüchtlinge
>
> Fremdheit, Unvertrautheit wird betont: Gemeinsamkeiten spielen kaum eine Rolle. Das ‚Fremde' wird oft gar nicht näher beschrieben

---

312 Geretschlaeger, Ingrid: Anregung zum Ich. Vorgaben für die Wertorientierung des „Confetti-TV" - Publikums. In: Medien Impulse. Dezember 1997. Seite 41.

313 Vgl. Hamann, Sybille: Wenn die Tschuschenpower fehlt. Falter - Zeitschrift für Kultur und Politik. Falter Nummer: 50/08 (laufende Nummer: 2178/2008). Seite 23.

Gefahrensemantik ist häufig: Naturkatastrophen wie Flut oder Welle in Zusammensetzungen wie Einwanderungsswelle oder Asylantenflut."[314]

Eine positive Tendenz zeigt die Präsenz von MigrantenInnen im Fernsehen. Gute Beispiele sind die öffentlich rechtlichen Sendeanstalten ARD und ZDF in Deutschland. Dort treten Personen mit Migrationshintergrund als SprecherIn in Nachrichtensendungen und in verschiedenen Serien (Lindenstraße, Marienhof, etc.) auf und vermitteln damit eine Toleranz gegenüber anderen Herkünften.[315] In der Serie „Marienhof" zum Beispiel finden sich Figuren und Charaktere aus unterschiedlichen Nationen (Korea, Nigeria, Türkei, Italien, Griechenland, etc.) wieder und zeigen durchaus positive Leistungen im Sinne der gesellschaftlichen Einbindung von MigrantInnen.[316]

Integration im TV bewirkt auch eine Sendung mit dem Titel „Türkisch für Anfänger", die im frühabendlichen Programm vom deutschen Sender ARD ausgestrahlt wird. Hier wird ein Versuch gestartet, multikulturelles Zusammenleben ironisch, überspitzt und unterhaltsam darzustellen.[317] Die zuständige Redakteurin der Serie, Bettina Reitz, wollte das Bild von Personen mit Migrationshintergrund, welche im deutschen Fernsehen meist nur als Ausländer oder in typischen Berufen (z.B. Kebabstand-Besitzer) dargestellt werden, korrigieren. Sie meint: „Es

---

314 Vgl. Ruhrmann, Georg zitiert nach Luchtenberg, Sigrid: Interkulturelle Medienkompetenz als Antwort auf die Rolle der Medien im interkulturellen Zusammenleben. In: Bildungsforschung, Jahrgang 5, Ausgabe 1. 2008. http://bildungs forschung.org/bildungsforschung/Archiv/2008-01/medien kompetenz. Zugriff am 17. 12. 2008.

Vgl. Ruhrmann, Georg. Ruhrmann, Georg und Songül Demren: Wie Medien über Migranten berichten. In: Schatz, Heribert/Holtz-Bacha, Christina & Jörg-Uwe Nieland (Hrsg.): Migranten und Medien. Neue Herausforderungen an die Integrationsfunktion von Presse und Rundfunk. Wiesbaden: Westdt. Verlag. 2000. Seite 69ff.

315 Vgl. Bleicher, Joan Kristin: Die Lindenstraße im Kontext deutscher Familienserien. In: Jurga, Martin (Hrsg.): Lindenstraße. Opladen: Westdeutscher Verlag. 1995. Seite 41-53.

316 Vgl. Streit, Antje: Fremd in der Serienfamilie? In: TELEVIZION – Internationals Zentralinstitut für das Jugend- und Bildungsfernsehen (IZI): Medien und Migration. Ausgabe: 21/2008/1. Seite 50f.

317 Vgl. Gasteiger, Anna: Der ewige Kebabstand-Besitzer. Kurier. Ausgabe: 320. 18. November 2008. Seite 34.

herrscht ein Mangel an positiven Repräsentanten von Minderheiten. Dieser Mangel muss ausgeglichen werden."[318]

Die Verantwortung der öffentlich-rechtlichen Rundfunkanstalten im Bereich der interkulturellen Bildung hängt sehr von der Programmgestaltung und der Einstellung der Fernsehanstalten ab. Besonders beim Österreichischen Rundfunk (ORF) werden interkulturelle Aspekte im Programm kaum gezeigt. So sandte die Katholische Jungschar Österreich - die größte Kinderorganisation Österreichs - Mitte Juni 2008 dem ORF in einem offenen Brief einen Vorschlag für die Neugestaltung des ORF-Kinderprogramms, mit Wünschen und Anregungen zum Thema „Interkulturelles Bildungsfernsehen":

> „Durch Sendungen, in welchen Mädchen und Buben aus unterschiedlichen Kulturen vorkommen, wird interkulturelles Zusammenleben ein Stück vertrauter. Andere Sprachen und Kulturen sollen sowohl im Bildungsfernsehen, als auch als selbstverständlicher Teil aller Sendungen unbedingt Platz im Kinderfernsehen finden."[319]

Ein positives Beispiel, Wissen über andere Kulturen und Länder zu erfahren, gestaltete der deutsche Fernsehsender ZDF im Jahre 2007. Anlässlich des 30. Geburtstags der Kinderwissenssendung „1,2 oder 3" lud dieser nach dem Motto „30 Jahre - 30 Länder" Kinder aus der ganzen Welt zum Mitzuspielen und Mitzufeiern ein. Kandidaten aus unterschiedlichsten Ländern spielten mit österreichischen und deutschen Schülern und testeten ihr Wissen bei kniffligen Fragen. Ein Jahr lang wurde jede Woche eine Sendung ausgestrahlt und Kinder konnten sich im Rahmen der internationalen Rateteams untereinander kennenlernen. Freundschaften wurden begründet und viel Wissenswertes über andere Länder und Kulturen erfahren.[320]

Bei den Fernsehsendungen des ORF wird das multikulturelle Österreich dagegen viel zu wenig abgebildet,[321] obwohl es in Österreich einen

---

318 Ebd.

319 Leitner, Stefan C. und Klaban, Julia: Offener Brief an den ORF - Neugestaltung des ORF-Kinderprogramms. Katholische Jungschar. 10.6.2008. http://www.jungschar.at/index.php?id=496. Zugriff am 16. Dezember 2008.

320 Vgl. ZDF tivi: 1,2 oder 3. http://www.tivi.de/fernsehen/12oder3/rubrik/16807/index.html. Zugriff am 17. Dezember 2008.

321 Vgl. Corn Heribert: Raus aus der Tschuschenecke! Falter - Zeitschrift für Kultur und Politik. Falter Nummer: 36/08 (laufende Nummer: 2164/2008). Seite 21.

17prozentigen Anteil von Personen mit Migrationshintergrund gibt. Eine Ausnahme macht die seit 1989 ausgestrahlte Sendung für Menschen mit Migrationshintergrund „Heimat, fremde Heimat", die zunächst als Gastarbeitersendung konzipiert war und sich mittlerweile zur interkulturellen Sendung für Lehrer, Sozialarbeiter und Schüler etabliert hat. Diese Sendung ist für alle Zuseher sehr lehrreich, weil dort viele interessante interkulturelle Themen angesprochen werden.[322]

Die Serie „tschuschen:power"[323], deren Ausstrahlung eigentlich im November 2008 im ORF geplant war, startete wegen angeblicher finanzieller und terminlicher Schwierigkeiten erst im Frühjahr 2009. Sie handelt von einer Migrantenclique, die ihr Alltagsleben und die täglichen Probleme in Wien darstellt. Für den Regisseur Jakob Erwa ist es vor allem wichtig, „den Jugendlichen verschiedener Nationalitäten eine Stimme und einen Sendeplatz zu geben."[324]

Laut einem Bericht der Tageszeitung „Kurier" von November 2008 möchte sich der ORF-Programmdirektor Wolfgang Lorenz in der Krimінalreihe „Tatort" des Themas Integration annehmen. Auch sieht er die Familienserie „Oben ohne" als „Positivbeispiel für die Abbildung von multikultureller Gesellschaft im Fernsehen."[325] In dieser Serie spielt Haydar Zorlus einen Kebabstand-Besitzer!

In der ORF Unterhaltungsshow „Starmania" treten zwar immer wieder Personen mit Migrationshintergrund auf, haben aber offensichtlich keine Chance zu gewinnen. Das meint auch einer der Casting Show-Juroren Roman Gregory. In einem Interview der transkulturellen Wiener Stadtzeitung „biber" wurde er gefragt, wo die „Tschuschen" in Starmania blieben und ob Österreich nicht mehr als diese „Bauernbuabn" zu bieten hätte. Er meint dazu:

---

322 Vgl. Hamann, Sybille: Wenn die Tschuschenpower fehlt. Falter - Zeitschrift für Kultur und Politik. Falter Nummer: 50/08 (laufende Nummer: 2178/2008). Seite 23f.

323 Das Wort „tschuschen" wird im Österreichischen Wörterbuch als eine umgangssprachliche und verächtliche Bezeichnung für einen Angehörigen eines südosteuropäischen oder orientalischen Volkes bezeichnet.

324 Cvitic, Ana Marija: Sie müssten lauter gehört werden. Der Standard. 16. Oktober 2007.

325 Gasteiger, Anna: Der ewige Kebabstand-Besitzer. Kurier. Ausgabe: 320. 18. November 2008. Seite 34.

„Das Umfeld der Kandidaten mit Migrationshintergrund schaut einfach keinen ORF. Bei den Bauernbuabn schaut da die ganze Ortschaft zu und wählt auch fleißig. Es wird sich in Zukunft wenig ändern, wenn Jugos und Türken in der Programmauswahl weiterhin nicht berücksichtigt werden."[326]

In dieser Show ist die einzige „Gewinnerin" mit Migrationshintergrund Arabella Kiesbauer - die auch die einzige „prominente" Moderatorin Österreichs mit dunkler Hautfarbe ist.

Am Beispiel der öffentlich rechtlichen Sendeanstalten in Deutschland und Österreich lässt sich gut erkennen, dass sich Deutschland - im Gegensatz zu Österreich - dem Thema der interkulturellen Bildung, der Integration und Migration - was auch Teil des Programmsauftrags der öffentlich rechtlichen Anbieter in Deutschland ist - intensiv annimmt. Vor allem kommt dies in der Selbstverpflichtungserklärung des Zweiten Deutschen Fernsehens (ZDF) in Bezug auf die Programmperspektiven für das Jahr 2009 und 2010 deutlich zutage:

„Historische und kulturelle Themen sind auf die vorderen Plätze der politischen Agenda gerückt. Debatten um Migration und Integration, um Glaube und Religion - stärker als früher bestimmen historisch bedingte und kulturelle Themen unseren Alltag und das gesellschaftliche Zusammenleben: wie werden wir in Zukunft leben und die Gesellschaft organisieren? Die ZDF-Programme greifen die Anlässe und Themen dieser Debatten auf und geben Anstöße zur Selbstvergewisserung und Orientierung der Zuschauer."[327]

Abgeleitet von dieser Erklärung begreift man die Wichtigkeit des Themas Integration als Teil des Fernsehprogramms für die Menschen in unserer gegenwärtigen Gesellschaft und vor allem auch wegen der steigenden Zahlen von Personen mit Migrationshintergrund. Da auch weiterhin ein Migrationsdiskurs stattfinden wird, benötigt man vor allem in Österreich positive interkulturelle Rahmenstrukturen im Bereich Medienrechtliche Bedingungen.

„Rechtliche Verpflichtungen für Medien, zum Gelingen von Integration beizutragen bzw. Migranten und deren Interesse zu berücksichtigen gibt es nicht. Man könnte solche Regeln nur für den ORF aus dem Programm-

326 Rajković, Amar und Nikahetiya, Raki: Ich bin schon vorgebibert. biber - Stadtmagazin für Wien, Viyana und Beč. Dezember 2008. Seite 3.

327 Zweites Deutsches Fernsehen: Selbstverpflichtungserklärung des ZDF 2009-2010. Seite 8.

richtlinien des ORF Gesetzes („Bundesgesetz über den Österreichischen Rundfunk") durch Analogie ableiten. Im Paragraph 4 heißt es in Absatz (1): „Der ORF hat durch seine Programme zu sorgen für lit. 3: die Förderung der österreichischen Identität im Blinkwinkel der europäischen Integration. lit. 2: für die angemessene Berücksichtigung der Bedeutung der gesetzlich anerkannten Kirchen und Religionsgemeinschaften. Laut Absatz (2) hat sich das Angebot „an der Vielfalt der Interessen aller Hörer und Seher zu orientieren und sie ausgewogen zu berücksichtigen." Paragraph 5 bezieht sich auf Besondere Aufträge: In Absatz (2) sind die „Interessen der Volksgruppen" genannt. Damit sind aber ausdrücklich nur die dem Volksgruppenbeirat angehörenden als „autochthon" definierten Volksgruppen gemeint und nicht Gruppen von Migranten."[328]

Glaubt man den Aussagen des Generaldirektors Alexander Wrabetz wird der Bereich Migration und Integration im Fernsehen zukünftig auch beim ORF vermehrt thematisiert:

> „Künftig will der Rundfunk bei der Personalrekrutierung mehr Augenmerk auf Menschen mit Migrationshintergrund legen. [...] Eine formale Regelung für mehr Zuwanderer am Moderatorenpult werde es zwar nicht geben. [...] Aber man müsse im Hinblick auf den öffentlich-rechtlichen Auftrag stärker Menschen aus anderen Kulturkreisen ansprechen."[329]

Als mögliche Form des partizipativen Fernsehens verschafft der alternative Fernsehsender Okto den ethnischen Minderheiten in Österreich die Möglichkeit zu einer adäquaten Beteiligung an der öffentlichen Kommunikation und medialen Integration.[330]

4.6.2 Ein kleines Fenster in fremde Welten – interkulturelle Medienbildung durch Internet, Printmedien, Radio und Film

Ergänzend zum vorherigen Kapitel möchte ich weitere Medien vorstellen, die in der interkulturellen Bildung genützt werden können. Exemplarisch werden zu jedem Medium Beispiele angeführt, die zur Veranschaulichung dienen sollen.

---

328 Sandrisser, Wilhelm und Winkler, Hans: Die Stärke der kulturellen Vielfalt. In: Bundesministerium für Inneres: gemeinsam kommen wir zusammen – Expertenbeiträge zur Integration. Wien. O.A. Seite 197.

329 Falter – Zeitschrift für Kultur und Politik: Medien – Mediensplitter. Falter Nummer: 18/08 (laufende Nummer: 2146/2008). Seite 20.

330 Vgl. Rettenegger, Florian: Mediale Integration ethnischer Minderheiten am Beispiel des alternativen Fernsehsenders Okto. Diplomarbeit. Universität Wien, Institut für Theater-, Film- und Medienwissenschaft. 2008.

Das **Internet** erfreut sich immer größerer Beliebtheit und wird in den nächsten Jahren die Führung als das Hauptmedium übernehmen. „Das Net ist von Haus aus multikulturell, hat bessere finanzielle Bedingungen als Print und Elektronische Medien und ist leichter zielorientiert einzusetzen."[331] Es ist daher nicht verwunderlich, dass das Internet eine der wichtigsten Kommunikationsfunktionen in der Globalisierung und neuen Internationalisierung der Gesellschaft geworden ist.

Das Internetmagazin „Top-Videonews.de" präsentiert Filme rund um das Thema Migration unter dem Titel „Heimat in die Fremde". Hier werden Filmempfehlungen für unterschiedliche Altergruppen abgegeben, Arbeitsmaterialien einzelner Migrationsfilme vorgestellt sowie Internet- und Veranstaltungstipps publiziert. Kinder bekommen Antworten unter anderem auf die Frage: Warum Menschen ihre Heimat verlassen mussten.[332]

Ein anderes Angebot für interkulturelle Bildung ist die bundesweite und kostenfreie internetbasierte Lern- und Arbeitsplattform „Exil-Club – Zu Hause in der Welt". Diese ist für den handlungs- und projektorientierten Unterricht ausgerichtet und unterstützt Lehrkräfte, die interkulturelle Themen in den Unterricht mit einfließen lassen wollen.

> „Im Exil-Club erfahrt ihr etwas über die Hintergründe von Migration von der Antike bis heute. Durch das Kennenlernen von Einzelschicksalen werdet ihr dazu angeregt, euch mit den demokratischen Werten Freiheit, Recht und Toleranz auseinander zu setzen und über eure eigene kulturelle Identität und Einstellung zum Fremden nachzudenken.
>
> In den unterschiedlichen Themenbereichen könnt ihr euch selbstständig und je nach Interesse informieren, Lesetipps durchforsten oder euch mit Biografien berühmter Persönlichkeiten – von Marlene Dietrich bis Muhammad Ali - auseinander setzen. In jeder Exil-Club-Station gibt es inter-

---

331 Sandrisser, Wilhelm und Winkler, Hans: Die Stärke der kulturellen Vielfalt. In: Bundesministerium für Inneres: gemeinsam kommen wir zusammen – Expertenbeiträge zur Integration. Wien. O.A. Seite 201.

332 Vgl. Migration: Heimat in der Fremde – Filme zum Thema „Migration. http://www.top-videonews.de/themen/migration/default.htm. Zugriff am 17. Dezember 2008.

essante Informationen, historische Quellen, Rätsel und Tipps für eine vertiefende Recherche."[333]

In der freien Medienszene in Österreich haben die Freien Radios einen besonderen Stellenwert für interkulturelle Bildung. „Die Freien Radios fördern die Meinungs- und Medienvielfalt, sie bieten die Möglichkeit der aktiven Meinungsförderung und sind Lernorte für die Vermittlung medialer, gesellschaftlicher und (trans-) kultureller Kompetenzen."[334] Einer dieser Freien Radios ist **Orange 94.0**. Dieser Sender - der größte Hörfunk im deutschsprachigen Raum - strahlt in Zusammenarbeit mit dem Verband der Freien Radios in Österreich (VFRÖ) die Sendereihe „Radiodialoge - Stimmen der Vielfalt" aus. Ziele dieser Sendungen sind unter anderem:

> „Kontinuierliche Zusammenarbeit von Menschen aus verschiedenen kulturellen Kontexten.
>
> Die Fähigkeit (junger Menschen) stärken, sich in einem komplexen kulturellen Umfeld erfolgreich zu bewegen.
>
> Motivierung zur aktiven Bürgerschaft, zum zivilgesellschaftlichen Engagement vor allem von Jugendlichen und Frauen mit migrantischem Hintergrund bzw. aus Minderheitengruppen.
>
> Aufbau und Verknüpfung lokaler/nationaler/internationaler bereichsübergreifender Netzwerke zu den Themen interkultureller Dialog/Migration/Integration (real und virtuell).
>
> Intensive Öffentlichkeits- (Feste) und Medienpräsenz (Radio/Internet) dieser Themen, betrachtet aus verschiedenen authentischen Blickwinkeln.
>
> Kulturelle und sprachliche Vielfalt als Bereicherung erlebbar machen.
>
> Schaffung von Synergien zu weiteren bedeutenden europäischen und weltweiten Initiativen, etwa zum UN-Jahr der Sprachen 2008 oder zum geplanten EU-Jahr der Kreativität und Innovation 2009."[335]

---

333 Exil-Club - Zu Hause in der Welt: Mehr erfahren über Exil, Fremdsein und Migration. http://tinyurl.com/yrffeu. Zugriff am 17. Dezember 2008.

334 EDUCULT - Denken und Handeln im Kulturbereich: Vielfalt und Kooperation. Kulturelle Bildung in Österreich - Strategien für die Zukunft. Bericht im Auftrag des Bundesministeriums für Unterricht, Kunst und Kultur. Wien, im Dezember 2007. Seite 113.

335 Orange 94.0: Radiodialoge - Stimmen der Vielfalt. http://o94.at/projects/Radiodialoge. Zugriff am 17. Dezember 2008.

Orange 94.0 ist zudem ein Radioprogramm, welches sich politischen, kulturellen und sozialen Themen von und mit Menschen aus allen Bevölkerungsgruppen widmet. Gruppen und Themen (z.B. ethnische, sprachliche und soziale Minderheiten, Kinder, Jugendliche, Frauen, Lesben, usw.), die bisher in den elektronischen Medien unterrepräsentiert waren, werden dabei besonders gefördert.

Ein Printmedium der etwas anderen Art ist in der österreichischen Medienlandschaft die gratis **Stadtzeitschrift biber**, welche Anfang 2008 erstmalig aufgelegt wurde und in Zukunft sechsmal pro Jahr erscheinen soll. „biber" bezeichnet sich als transkulturelles Magazin und berichtet direkt aus den multiethnischen Communities Wiens. Das Blatt nennt als Zielgruppe primär WienerInnen der zweiten und dritten Generation mit Migrationshintergrund und „reflektiert das Lebensgefühl einer neuen Generation, schwingt aber nicht die moralische Integrationskeule. [...] „biber" ist das Magazin für all jene in Wien, die die kulturelle Vielseitigkeit einer einzigartigen Stadt schätzen."[336]

Mit dem Medium Theater als Vermittler des Themas interkultureller Dialog im Kinder- und Jugendtheater befasse ich mich eingehend im Kapitel fünf dieser Arbeit.

---

336 biber: Wien ist anders – jetzt stimmts. http://www.dasbiber.at/node/27. Zugriff am 17. Dezember 2008.

5 Theater als Weg zum interkulturellen Dialog

> „Theater hat die Kraft, sich existentielle Erfahrungen gegenseitig mitzuteilen, Ideen und Visionen lebendig werden zu lassen und sie in Spielformen, Ritualen und Symbolen gesellschaftlich, öffentlich zu vermitteln. Alles Voraussetzungen für einen interkulturellen Dialog."[337]

Doch muss man sich die Frage stellen, ob sich das Theater auch den Veränderungen der Gesellschaft anpasst und somit die Voraussetzungen für einen interkulturellen Dialog ermöglicht. In den vorangegangenen Kapiteln habe ich erarbeitet, dass in den letzten Jahrzehnten durch Migration große gesellschaftliche Veränderungen stattgefunden haben. Die Politik muss diese Entwicklung akzeptieren und umfassende Bemühungen zur Integration vorantreiben. Der Wandel der Gesellschaft ist auch eine Aufgabe des Theaters in der Zukunft. Durch die Aufführung von Stücken mit interkulturellem Inhalt wird diese Thematik öffentlich gemacht und so ein Beitrag zum interkulturellen Dialog geleistet.

Das Theatermagazin „die deutsche bühne" hat in der Ausgabe vom Mai 2007 seinen Schwerpunkt unter dem Motto „Stadttheater interkulturell" präsentiert. Der Schauspielredakteur des Magazins, Knut Lennartz, verweist in der Einleitung auf die Frage in wie weit sich das Theater um das Interkulturelle als Thema kümmern sollte bzw. wie der zukünftige Theaterbesucher aussieht:

> „Unsere Gesellschaft hat sich durch jahrzehntelange Immigration stark verändert. In den Großstädten gibt es ganze Stadtteile, deren Bewohner überwiegend einen „Migrationshintergrund" haben, wie das heute heißt. Spiegelt sich das auch in den Spielplänen wider? Reagieren die Theater auf die veränderten Gesellschaftsstrukturen? Die Spielpläne haben sich in ihrem Kernbereich über Jahrzehnte kaum verändert: Shakespeare, Lessing, Schiller, Kleist, Brecht im Schauspiel: Mozart, Verdi, Wagner im Musiktheater. Wer regelmäßig Stadttheatervorstellungen besucht, kann feststellen, dass sich das Publikum überwiegend aus der deutschen Mittelschicht zusammensetzt - nur in den Vorstellungen für Kinder und Jugendliche trifft man auf die bunte, andere Welt. Wer sich dieses junge Publikum ansieht, weiß, was auf die Theater in zehn, zwanzig Jahren zukommen wird:

337 Hoffmann, Klaus: Theater heute und die Interkulturalität. In: Kultur - Kompetenz - Bildung. Konzeption kulturelle Bildung. Regelmäßige Beilage zu Politik & Kultur. Ausgabe 11, Juli-August 2007. Seite 2.

ein Publikum, das überwiegend nicht mehr in einem Elternhaus mit den deutschen Klassikern aufgewachsen ist, das ganz andere kulturelle Voraussetzungen mitbringt - was für das Theater nicht von Schaden sein muss."[338]

Man kann es auch mit den Worten des Theaterwissenschaftlers Christopher Balme ausdrücken: „Interkulturalität wirkt in der deutschen Theaterlandschaft wie ein Fremdwort."[339]

Während es im Bereich der öffentlichen Theater erst zaghafte Versuche des Einbringens interkultureller Themen gibt, gehören diese in der freien Theaterszene längst zum Spielplan. Die Sprachvielfalt, die verschiedenen kulturellen Hintergründe und all ihre Konflikte in der jetzigen Gesellschaft müssen sich auch auf der Bühne widerspiegeln. Dies kann unter anderen durch Schauspieler mit Migrationshintergrund und fremdartigen Akzent geschehen.

In diesem Kapitel geht es auch darum, wo und wie Theater heute in einer multireligiösen und interkulturellen Gesellschaft zu finden ist bzw. auf welchen Theaterbühnen eine Auseinandersetzung mit interkulturellen Fragen und Formen gesehen werden kann. In diesem Zusammenhang soll die Situation des interkulturellen Theaters am Beispiel der Stadt Wien erörtert werden. Außerdem sollen Beispiele von interkulturellen Themen in der Theatergeschichte, bei denen es meist nur um ein Einfließen des „Exotischen" in die Theaterstücke ging und die noch keinen Dialog beinhalteten, dargestellt werden.

Des Weiteren gibt es eine Veranschaulichung über die Formen von Interkulturellem im Theater und die Frage, warum die Zukunft des interkulturellen Theaters gerade in der Freien Szene liegt, beantwortet werden.

5.1 Interkulturelle Einflüsse im Theater in vergangener Zeit

Die Geschichte des Theaters wurde schon immer durch interkulturelle Aspekte und Einflüsse geprägt.[340]

---

338 Lennartz, Knut: Editorial. In: Die deutsche Bühne - Stadttheater interkulturell. Ausgabe: Mai 2007, 78. Jahrgang. Seite 3.

339 Balme, Christopher: Deutsches Welttheater. In: Die deutsche Bühne - Stadttheater interkulturell. Ausgabe: Mai 2007, 78. Jahrgang. Seite 20.

340 Vgl. Gromes, Hartwin: Interkulturelle Aspekte in der Theaterarbeit Peter Brooks. In: Kurzenberger, Hajo und Matzke, Frank (Hrsg.): Interkulturelles Theater und

„Es ist davon auszugehen, dass Theater im Verlauf seiner Geschichte schon immer entscheidende Impulse durch den Austausch mit fremden Kulturen erhalten hat. Diese mögen zunächst hauptsächlich durch die Übersetzung und Rezeption fremdsprachiger dramatischer Literatur erfolgt sein, bzw. im frühneuzeitlichen europäischen Theater durch das Aufeinandertreffen von Wandertruppen aus verschiedenen Ländern [...]. Im Zuge verbesserter Reisemöglichkeiten und intensivierter Handelsbezeichnungen zwischen den Völkern und Kontinenten war zudem seit dem 19 Jh. die Möglichkeit gegeben, das jeweils fremde Theater in all seinen Schattierungen gründlich kennenzulernen und zu studieren."[341]

Dieser Meinung ist auch Christine Regus - Theaterwissenschaftlerin und Pressesprecherin des Goethe Instituts in Berlin - die in Ihrem Buch „Interkulturelles Theater zu Beginn des 21. Jahrhunderts" in der Einleitung die Aussage tätigt, dass die Römer in der Antike das griechische Theater rezipierten.[342] Aber auch weitere interessante Beispiele, den interkulturellen Austausch in der Theatergeschichte betreffend, führt sie an:

„[...] im 8. Jahrhundert entstand der japanische Hoftanz *bugaku* durch Tänze, die Einwanderer aus Korea mitbrachten, in Mexiko fanden ab dem 16. Jahrhundert *Auto Sacramentales* statt, die die katholischen Zeremonien der spanischen Kolonialherren mit indianischen Ritualen vermischten, Molière hat in seinen Komödien die französische Tradition der Farce mit der Comedia dell'arte aus Italien verbunden."[343]

Aus diesen Erläuterungen kann man ableiten, dass ganz streng betrachtet interkulturelle Kommunikation der kommunikative Normalfall im Theater ist.[344] D.h. es

„wäre schließlich jedes Theater interkulturell. Ich orientiere mich daher an der Konvention, nach der die Bezeichnung ‚interkulturelles Theater' meist dann ohne weiteren Erklärungsbedarf verstanden wird, wenn es sich um

---

Theaterpädagogik. Dokumentation der Tagung und des Festivals an der Universität Hildesheim und in der Kulturfabrik Löseke, November 1993. Hildesheim: Universität Hildesheim. 1994. Seite 31.

341 Fischer Lichte, Erika (Hrsg.), Kolesch, Doris und Warstat, Matthias: Metzler Lexikon Theatertheorie. Stichwort: Interkulturalität. Stuttgart, Weimar: Verlag J. B. Metzlar. 2005. Seite 157.

342 Vgl. Regus, Christine: Interkulturelles Theater zu Beginn des 21. Jahrhunderts – Ästhetik, Politik, Postkolonialismus. Bielefeld: transcript Verlag. 2009. Seite 9.

343 Ebd.

344 Vgl. Ebd. Seite 38.

> verschiedene ethnische Kulturen handelt und unterschiedliche Einzelsprachen gesprochen werden."[345]

Anders ausgedrückt kann man sagen: „Es gibt nach wie vor Theater, das man ‚interkulturell' nennen kann, wenn man darunter zunächst einmal ganz pragmatisch Theaterformen fasst, die aus der Zusammenführung von Elementen unterschiedlicher kultureller Provenienz entstehen."[346] Deshalb gibt es auch die Meinung, „‚interkulturelles Theater' heuristisch als Theater zu verstehen, das sich durch eine bewusste Vermischung von Elementen verschiedener kultureller Herkunft charakterisieren lässt und diverse Ästhetiken entwickeln kann."[347]

Somit wäre dargelegt, dass ein interkultureller Austausch im Mittelpunkt vieler Theaterstücke steht, wobei immer wieder „signifikant neue Formen entwickelt" und „stark selbstreflexive und theoretisch informierte Inszenierungen"[348] gezeigt werden.

Speziell auf die oben genannte Aussage, wonach die Römer die griechische Theaterkultur übernahmen, soll nun näher eingegangen werden. In der Tat kann ein interkultureller Austausch im Theater sowohl bei den Römern als auch bei den Griechen nachgewiesen werden. Bevor die Römer die griechische Theaterkultur in den Zeiten der drei Punischen Kriege übernahmen und damit entscheidende Impulse für das europäische Theater lieferten, bestimmten unterschiedliche Mythen, auch mit interkulturellen Inhalten, das antike griechische Theater.

Besonders Themen wie „Fremdheit" und „das Fremde" wurden in Basistexten und Bühnenwerken, z.B. Aischylos: Die Perser; Euripides: Medea, etc. behandelt und dargestellt.[349]

> „In Aischylos' Tragödien wird das Thema ‚Fremde' auf erstaunlich vielfältige Weise dargestellt. Zum einen sind einzelne Personen oder ganze Gruppen aus bestimmten Gründen anderen Personen der Tragödien fremd, insofern sie anders sind. Zum anderen spielt die Fremde als eine

345 Ebd. Seite 43.

346 Ebd. Seite 10.

347 Ebd. Seite 12.

348 Ebd. Seite 10f.

349 Vgl. Balme, Christopher: Das Theater der Anderen - Alterität und Theater zwischen Antike und Gegenwart. Tübingen und Basel: Francke Verlag. 2001. Seite 13f.

räumliche oder auch mentale Erfahrung eine Rolle, die als Movens für den Verlauf eines einzelnen Dramas von Bedeutung sein kann.

Die Auseinandersetzung mit dem Fremden und Anderen ist, natürlich, konstitutiv für das 472 v. Chr. aufgeführte Drama „Die Perser", in dem Aischylos den Sieg der Griechen über die Perser bei Salamis, der 480 die griechisch-persischen Auseinandersetzungen beendete, aus der Sicht der Besiegten darstellt. Der Eindruck, den der griechische Sieg über die zahlenmäßig weit überlegenen Perser auf die Griechen selbst gemacht hat, muss überwältigend gewesen sein,[350] und bereits vier Jahre vor Aischylos' Inszenierung hatte Phrynichos dasselbe Thema in einer Tragödie mit dem Titel „Phoenissen", von der wir nur dürftige Kenntnisse haben, auf die Bühne gebracht. Aber nicht nur in den „Persern" ist das Motiv der Andersheit Thema, sondern es durchzieht auch die anderen Tragödien unter verschiedenen Perspektiven."[351]

Ein anderes Beispiel eines interkulturellen Konflikts in einer „binationalen" bzw. „bikulturellen" Ehe aus der griechischen Antike - welcher auch in der heutigen Zeit mehr an Bedeutung und Aktualität im Bezug auf Fremdheit und Interkulturalität zukommt - ist der Medea-Stoff[352],

---

350 „Dies kann man nicht zuletzt daraus ersehen, dass diese Zeit des ersten Viertels des 5. Jhdts. Später, im 4. Jhdt. v. Chr., von manchen athenischen Politikern als Norm und Vorbild für eine erneut nötig gewordene Einigung der Griechen betrachtet wurde (vgl. etwa Isokrates' Panathenaikos)."

Föllinger, Sabine: ‚Fremde' auf der Bühne Aischylos. In: Balme, Christopher: Das Theater der Anderen - Alterität und Theater zwischen Antike und Gegenwart. Tübingen und Basel: Francke Verlag. 2001. Seite 37.

351 Ebd.

352 „Im Argonautenmythos in der Überlieferung des Apollonios Rhodios (3. Jh. v. u. Z.), aus der der Medea Stoff entnommen wurde, wird erzählt, wie Jason, der Sohn des Äson, von seinem Onkel Pelias, der seinen Bruder vom Thron verdrängte, für die Rückgabe der Herrschaft an ihn die Aufgabe gestellt bekommt, das Goldene Vließ des Phrixos, das sich in Kolchis am Schwarzen Meer befand, zurückzuholen. Mit dem Schiff Argo macht sich Jason mit anderen griechischen „Helden" auf den Weg. Der Herrscher von Kolchis, Äetes, verweigert die Herausgabe des Vließes. Da sich aber seine Tochter Medea in Jason verliebt - die Frau verliebt sich in den Widersacher - und ihm hilft, alle Prüfungen zu bestehen, kann er, nachdem sie ihren Halbbruder Absyrtos zerstückelte und die Stücke ins Meer geworfen hatte, um den Vater von der Verfolgung abzuhalten, mit dem Goldenen Vließ nach Jolkos zurückkehren. Dort werden ihm trotz erfüllten Auftrags die Herrscherrechte verweigert. Pelias wird unter Medeas Anleitung von seinen eigenen Töchtern getötet. Jason und Medea müssen aus Furcht vor Rache fliehen und suchen in Korinth unter König Kreon um Asyl an, das ihnen auch gewährt wird. Jason bemüht sich um die Königstochter Kreusa/Glauke, zu deren Gunsten er Medea verlassen will. Als Medea unter Zurücklassung ihres

auf den hier kurz eingegangen wird. Im dritten Teil der Tragödien-Trilogie „Das goldene Vließ" durchleben Medea und Jason eine Kontroverse aufgrund ihrer unterschiedlichen Kulturen – vor allem in Bezug auf die jeweiligen Werte und auf die Anpassungsfähigkeit Medeas in Griechenland. Diese Beziehung von Partnern mit unterschiedlicher ethnischer und kultureller Herkunft beschreibt der Theaterwissenschaftler Heinz Pusitz folgendermaßen:

> „Die interkulturelle Ehe der Medea aus Kolchis [...] mit dem Griechen Jason ist ein sehr frühes Beispiel für die Problematik einer Partnerschaft, in der kulturelle Selbstverständlichkeiten im intimen Zusammenleben nicht gegeben sind. Darüber hinaus sind beide mit den gesellschaftlichen Haltungen einer solchen Verbindung gegenüber konfrontiert und in einen sozialen Prozeß eingebunden. Sie äußern sich in den Distinktionen Wildnis/Zivilisation, Eigenes/Fremdes."[353]

Diese Tragik des Zusammentreffens zweier unterschiedlicher Welten, Ansichten und Personen macht sich auch bei der Anpassung von Medea in ihrer neuen Heimat – dem Lebensraum Jasons und der griechischen Kultur – bemerkbar. So versucht sie durch „das Anlegen griechischer Kleidung, das Erlernen des Leierspiels und das Vergraben ihrer Zauberutensilien und somit das Ablegen ihrer Zauberkräfte"[354] zu einer ebenbürtigen Griechin zu werden. Trotz ihrer Bemühungen scheitert Medea in Hinblick auf die das griechische Frauenideal verkörpernde Königstochter Kreusa, welche eine Beziehung zu Jason eingeht:

> „Medea erscheint neben ihr als grundlegend verschieden, was u.a. die Konkurrenz und den Konflikt um Jason verstärkt und gleichzeitig Medea ein Ideal an die Seite stellt, das sie erreichen müsste, um in Griechenland

---

Mannes und der Kinder gehen soll, tötet sie Kreusa. Die Kinder werden von den Korinthern getötet."

Pusitz, Hein: M und kein Ende... Repräsentationen asiatischer Frauen in interkulturellen Partnerschaften im Westen. In: Pusitz, Hein und Reif, Elisabeth: Interkulturelle Partnerschaften – Begegnungen der Lebensformen und Geschlechter Frankfurt am Main: IKO-Verlag für Interkulturelle Kommunikation. 1996. Seite 117f.

353 Pusitz, Hein: M und kein Ende... Repräsentationen asiatischer Frauen in interkulturellen Partnerschaften im Westen. In: Pusitz, Hein und Reif, Elisabeth: Interkulturelle Partnerschaften – Begegnungen der Lebensformen und Geschlechter Frankfurt am Main: IKO-Verlag für Interkulturelle Kommunikation. 1996. Seite 116f.

354 Schweiger, Anna Thandeka: Medea im Zeitalter der Globalisierung – eine rekonstruktive Studie zu Ethnisierungsphänomen in Paarbeziehungen. Diplomarbeit. Universität Wien. Fakultät für Psychologie. 2008. Seite 494.

leben zu können. Medeas Ringen um die Anpassung an die griechische Kultur und eine nur dadurch mögliche Akzeptanz in der griechischen Gesellschaft, scheitern schließlich auch deshalb, weil sie nicht dem dortigen Idealbild der Frau entspricht und mit ihren Zauberkräften keinen Platz an Jasons Seite bzw. in der Gesellschaft haben kann."[355]

Zudem fehlt auch Jason

> „die wichtigste Voraussetzung einer interkulturellen Partnerschaft: die Gleichwertigkeit der Kulturen oder zumindest das Verständnis für die andere Kultur seiner Frau. Während er für die griechische Kultur in Anspruch nimmt, daß sie nach Regeln abläuft, unterstellt er der Kultur Medeas das Faustrecht, das Recht des Stärkeren und rubriziert sie damit unter „Wildnis"."[356]

Jason trägt somit sehr viel „zum Verständnis der Tragödie bei. Er hat als politischer Flüchtling in seiner kulturellen Sphäre Schutz gefunden, in der er Medea hinderlich findet, um zu Ansehen und Reichtum zu kommen."[357] Mit Kreusa beschließt er die Ehe, zum einen zu seiner eigenen Sicherheit und zum anderen zur Verbesserung der Lebensbedingungen seiner Kinder. Eine einvernehmliche Trennung von Medea - vor allem auch mit Klärung bezüglich des Sorgerechtes für die Kinder - findet nicht statt.

> „In interkulturellen Partnerschaften sind eben auch die Kinder ein weiteres mögliches Konfliktfeld. Dies äußert sich in der Kindererziehung, über die Jason und Medea verständlicherweise zu diesem Zeitpunkt nicht mehr diskutieren, und bei der Trennung in der Frage, - wie auch bei anderen Ehen - wem die Kinder zugesprochen werden, bzw. wer sie sich nimmt. Die Entscheidung für einen Elternteil kann in einer interkulturellen Partnerschaft gleichzeitig die Entscheidung für eine bestimmte Kultur, d.h. für eine bestimmte Sprache, eine bestimmte Religion usw. bedeuten."[358]

---

355 Ebd. Seite 163.

356 Pusitz, Hein: M und kein Ende... Repräsentationen asiatischer Frauen in interkulturellen Partnerschaften im Westen. In: Pusitz, Hein und Reif, Elisabeth: Interkulturelle Partnerschaften - Begegnungen der Lebensformen und Geschlechter Frankfurt am Main: IKO-Verlag für Interkulturelle Kommunikation. 1996. Seite 121.

357 Ebd.

358 Ebd. Seite 122.

Da die Kinder Medea nicht zugesprochen werden, tötet sie in ihrer Ausweglosigkeit Kreusa und ihre Kinder.

Nach Darstellung dieses interkulturellen Ehedramas im antiken griechischen Theater, sollen weiterführend grundlegende Erklärungen über die „Interkulturalität“ im römischen Theater ausfindig gemacht werden:

> „In Rom ist Theater in allen Spielarten des Sinnes immer „Theater der Anderen“, der „Fremden“ gewesen, und insbesondere das literarische Drama blieb immer in distanziertem Verhältnis und sicherem Abstand zur römischen Welt; es erwuchs nicht aus einheimischer Sagen- oder Festtraditionen, und es wurde nie wie in Athen von einer Polis, einer Bürgergemeinde, getragen und auf sie bezogen. Aber aus dieser Distanz konnten doch auch Inhalte mit philosophisch-aufklärerischer Absicht vorgetragen werden, die einer genuin römischen Literaturgattung verwehrt waren. Aus Etrurien sollen die frühesten Formen szenischen Spiels, bestehend aus Musik und Tanz, im 4. Jahrhundert v. Chr. als Sühneritual nach Rom importiert worden sein. Aus dem oskischen und griechischen Gebiet Mittel- und Süditaliens drangen außerdem Formen burlesken Improvisationstheaters ein, die sogar von der römischen Jugend aufgenommen wurden.
>
> Aber nicht lange blieb es bei dieser römischer Aneignung eines Theaters der Fremden. Denn sobald das literarische Drama griechischer Herkunft seit dem Jahr 240 v. Chr. zum Bestandteil der römischen Götterfeste wurde und nunmehr erfahrene Komödien- und Tragödiendichter, Komponisten, Regisseure und berufsmäßige Schauspieler gebraucht wurden, ging das gesamte Theaterwesen in die Hände von Nichtrömern und Nichtbürgern über, und selbst die Götter, zu deren Ehren die Dramen aufgeführt wurden, waren zu vier Fünfteln griechischer Herkunft. Die Dichter des frühen literarischen Dramas stammten aus allen Gegenden Italiens und sogar aus Übersee, aber nicht aus Latium, geschweige denn aus Rom: Livius Andronicus war ein in Rom versklavter Grieche aus Tarent, Naevius und Ennius stammten aus den oskisch-griechischen Mischgebieten Süditaliens, Plautus aus Umbrien, Caecilis Statius aus Oberitalien; Terenz, ein Berber aus Karthago, ist bekanntlich der erste afrikanische Dichter der Literaturgeschichte – cum grano salis gesagt, denn wie alle lateinischen Dramatiker adaptierte auch er griechische Stücke für die römische Bühne. Als Ausländer ohne römisches Bürgerrecht, die sie allesamt waren, Dichter wie Schauspieler, Komponisten und Musiker, konnten sie, wenn dem Senat das Theaterwesen gefährlich zu werden schien, kurzerhand aus Italien verbannt werden. Römisches Theater war also von Anfang an Theater der Fremden, und es dauerte fast zwei Jahrhunderte, bis der erste Stadtrömer

> eine Tragödie schrieb: Es war Caesar, der den *Oedipus* des Sophokles übersetzte."[359]

Somit wird deutlich, dass das römische Theater immer wieder im Zeichen „fremdländischen" Einflusses stand und eine Verschiebung der Grenze zwischen „fremd" und „eigen" - vor allem durch die laufenden Eroberungen und Kolonialisierungen des römischen Reiches - stattfand.

Nach diesen Erläuterung und Beispielen für die interkulturelle Auseinandersetzung im Theater in früheren Jahrhunderten möchte ich zum Abschluss auf das gegenwärtige interkulturelle Theater in Europa im 20. Jahrhundert eingehen. Dieses beschäftigt sich vor allem mit außereuropäischen Theatertraditionen, die an dieser Stelle kurz aufgezeigt werden sollen.

> „Die Entwicklung des europäischen Theaters im 20 Jh., vor allem die Neuerungsversuche der Theateravantgarde [...] erhielten ihre wesentlichen Impulse in der Auseinandersetzung mit asiatischer Theaterkultur. Die Vorstellungen von Theater ebenso wie die Arbeiten der bedeutendsten Theaterleute dieser Zeit - Max Reinhardt, Bertolt Brecht, Antonin Artaud, Edward Gordon Craig, später Ariane Mnouckine, Peter Brook, Jerzy Grotowski, Eugenio Barba, Robert Wilson, Roberto Ciulli - sind ohne deren intensive und langjährige Beschäftigung vor allem mit Formen asiatischen Theaters nicht verstehbar. Ebenso erhielt die Entwicklung des asiatischen und afrikanischen Theaters - nicht zuletzt aus politischen Gründen [...] - entscheidende Anstöße durch die Begegnung mit europäischer Theaterkultur."[360]

Diese Einflüsse haben sich in den einzelnen Epochen des 20. Jahrhunderts verschieden dargestellt. Zu Beginn des Jahrhunderts wurden in erster Linie „exotische Produktionen" an die europäischen Bühnen geholt:

> „Um 1900 wurden fernöstliche, in erster Linie japanische Theaterformen von der Theateravantgarde begeistert aufgenommen. Die Extremstilisierung der klassischen Theatergenres wie Nô, Kabuki, Peking-Oper oder

---

359 Blänsdorf, Jürgen: Der Fremde als Störenfried in der antiken Komödie. In: Balme, Christopher: Das Theater der Anderen - Alterität und Theater zwischen Antike und Gegenwart. Tübingen und Basel: Francke Verlag. 2001. Seite 25f.

360 Fischer Lichte, Erika (Hrsg.), Kolesch, Doris und Warstat, Matthias: Metzler Lexikon Theatertheorie. Stichwort: Interkulturalität. Stuttgart, Weimar: Verlag J. B. Metzlar. 2005. Seite 157.

Kathakali begeisterte Theaterreformer wie Max Reinhardt, Adolphe Appia, Jacques Copeau, Bertolt Brecht, Antonin Artaud, um nur die bekanntesten zu nennen. Die damit gewonnenen Impulse beeinflussten Dramatik, Regie, Szenographie und Schauspielkunst. Generell kann man sagen, dass die für den europäischen Zuschauer kaum verständlichen Konventionen und Symbolsprachen solcher Theaterformen mit einer westlichen Suche nach Abstraktion und semantischer Dissonanz übereinstimmten. Auf jeden Fall wurde ein Gegenmodel zum realistischen Theater gefunden, das darüber hinaus noch ein spirituelles Theaterverständnis, eine Dimension, die dem westlichen Theater abhanden gekommen war, aufwies."[361]

In den 80er Jahren des 20. Jahrhunderts war das außereuropäische Theater vor allem mit der Produktion von groß angelegten Inszenierungen mit interkulturellen Themen geprägt. Diese Zeit

> „ist vor allem mit den Namen Peter Brook und Ariane Mnouchkine verbunden. Seit 1970 arbeitet der englische Regisseur in Paris mit einer internationalen Truppe zusammen, um die Möglichkeiten einer theatralen Universalsprache' zu erkunden. […] Diese zweite Phase kulminierte 1985 in der legendären Bearbeitung des indischen Mahabharata-Epos mit internationaler Besetzung. Bei aller berechtigten Kritik an dieser durchaus kontrovers aufgenommen Inszenierung (der Vorwurf des Imperialismus und Exotismus wurde bald erhoben), dokumentierte sie doch eine lang andauernde Auseinandersetzung mit außereuropäischen Denk- und Aufführungstraditionen. Anfang der 80er Jahre begann Ariane Mnouchkine ihre bis heute andauernde Beschäftigung mit außereuropäischen Theatertraditionen. Seit dem Shakesspear-Zyklus (1981-1984) kommt kaum eine Inszenierung von Mnouchkine formal wie inhaltlich ohne ‚fremdkulturelle' Einflüsse aus. Sie setzte sich mit indischer und kambodschanischer Geschichte auseinander (Indiade, Sihanouk), dramatisierte in Trommeln auf dem Deich eines chinesischen Märchen mit den Mitteln des Bunraku und griff in dem mehrstündigen Epos „Le dernier caravansérail" (2002) das Thema der Asylbewerber und Flüchtlinge auf."[362]

Bis zu den 1990er Jahren standen interkulturelle Aspekte im Mittelpunkt vieler Theaterstücke. Es gab eine richtige Hochkonjunktur von Theaterexperimenten, in denen vor allem antreibende epische und performative Spielformen und Theaterkonzepte entwickelt wurden. Eine Vielzahl von Publikationen widmete sich dem Interkulturellen. Die Theaterkritik und

---

361 Balme, Christopher: Deutsches Welttheater. In: Die deutsche Bühne - Stadttheater interkulturell. Ausgabe: Mai 2007, 78. Jahrgang. Seite 21.

362 Ebd.

vor allem die Theaterwissenschaft feierte „interkulturelles Theater" als die aufstrebende Form des aktuellen Theaters.[363]

5.2 Interkulturalität auf der Bühne - ein Neuanfang?

Anfang der 1990er Jahren erlebte sowohl die wissenschaftliche Auseinandersetzung mit Interkulturalität im gesellschaftspolitischen Kontext zunehmend an Bedeutung, nahm allerdings in der Folgezeit immer mehr ab. Gerade im deutschsprachigen Raum wurde kaum mehr Relevantes zu diesem Thema veröffentlicht. Auch in der Gegenwart finden interkulturelle Fragen und Formen - zumindest im öffentlichen Theater - trotz DarstellerInnen mit Migrationshintergrund nur zögerlich Beachtung.

> „Das erstaunt angesichts der Tatsache, dass Fragen der Kommunikation mit dem kulturell Andersartigen durch Globalisierung und Migration zu Beginn des 21. Jahrhunderts eher wichtiger und mittlerweile sogar zu einem zentralen gesellschaftlichen und politischen Problem geworden sind. Sie beschäftigen nicht mehr bloß Diplomaten, vermeintliche „Gutmenschen" und Organisationen des Kulturaustauschs. Dass Menschen in interkulturelle Kontaktsituationen kommen, bestimmt den Alltag von uns allen und damit auch die Rahmenbedingungen, in denen aktuelle Kunst, darunter das Theater, entsteht. Man könnte einen Grund für die mangelnde Beschäftigung mit interkulturellem Theater darin sehen, dass es angesichts der „Normalität" interkultureller Begegnungen und der faktischen Hybridität unserer Kulturen, die zumindest im akademischen Diskurs weitgehend akzeptiert ist, nicht mehr sinnvoll erscheint, interkulturelles Theater als Spezialfall des Theaters zu behandeln - schließlich findet jede noch so lokal verortbare Theaterform vor der Folie des kulturell Andersartigen statt. Aber das leuchtet nicht ein: Es ist schließlich eine Alltagserfahrung, dass sich Verunsicherung breit macht und die Gegenwart Fremder im eigenen Umfeld Angst erzeugt - genauso wie die Gewissheit der Interdependenz der wirtschaftlichen, politischen und ökonomischen Geschicke aller Regionen der Erde."[364]

Als Ausnahme und gutes Beispiel für ein vorzeigbares interkulturelles Theaterstück - mit Basis für eine dialogische Annäherung - in einem öffentlichen Theater gilt „Schwarze Jungfrauen" vom türkisch-deutschen

363 Vgl. Regus, Christine: Interkulturelles Theater zu Beginn des 21. Jahrhunderts - Ästhetik, Politik, Postkolonialismus. Bielefeld: transcript Verlag. 2009. Seite 9f.

364 Regus, Christine: Interkulturelles Theater zu Beginn des 21. Jahrhunderts - Ästhetik, Politik, Postkolonialismus. Bielefeld: transcript Verlag. 2009. Seite 10.

Autor Feridun Zaimoglu. Dieses Stück behandelt die Gedanken von jungen Muslimas in Form von Interviews.

> „Es belegt, welches brisantes kreativen Potentiale in Einwanderungsgeschichten, den Differenzen der Kulturen, der Migration und in Autoren aus diesem Kontext stecken können. Es zeigt, dass so ein semi-dokumentarisches Stück sich mit der gewandelten gesellschaftlichen Realität auseinandersetzen kann und ein breites Publikum findet, ohne zum befürchteten platten „Ausländerproblemtheater" zu werden."[365]

Ein wirklicher Ausnahmefall, denn es fehlen Autoren und Autorinnen mit Migrationshintergrund im Theaterbereich, die sich der Themen Migration, Integration sowie Interkulturalität annehmen. Ebenso vermisst man Führungskräfte in den Direktionen der öffentlichen Theater, die sich offensiv der Gesellschaft öffnen und interkulturelle bzw. religiöse Themen, Zeichen und Fragestellungen auf den Bühnen inszenieren.

5.3 Interkulturelle Theaterarbeit in der Freien Szene

Im Bereich der freien Theaterszene und vor allem im Kinder- und Jugendtheater ist die Situation ganz unterschiedlich, denn dort widmet man sich schon seit geraumer Zeit Inszenierungen, die sich mit den Themen Interkulturalität, Migration, Integration, Religion, etc. beschäftigen.

Die freien Theatergruppen bedienen sich dabei einer „gesunden" Standardisierung der gesellschaftlichen Integrationsprozesse. Sie sind der Schlüssel, sich in einer offen und selbstverständlichen Art und Weise den aktuellen Themen der Zeit zu nähern. Durch das freie Theater werden vor allem den Kindern und Jugendlichen erste Schritte für ein besseres interkulturelles Verständnis und die unvermeidliche Begegnung zum Fremden ermöglicht. Es schafft den Raum für die verschiedenen Arten, Zugänge und Themen zu unterschiedlichen Kulturen und macht eine frühzeitige Verbindung zum interkulturellen Leben selbstverständlich. Im Gegensatz zu öffentlichen Theatern agiert die freie Theaterszene im Bereich interkultureller Theaterarbeit offener und vorbildlicher.

---

365 Hoffmann, Klaus: Theater heute und die Interkulturalität. In: Kultur – Kompetenz – Bildung. Konzeption kulturelle Bildung. Regelmäßige Beilage zu Politik & Kultur. Ausgabe 11, Juli-August 2007. Seite 2.

„Interkulturelle Theaterarbeit eignet sich hervorragend, um sich grundsätzlich zu artikulieren, sprachliche Barrieren durch alternative Ausdrucksmittel zu überwinden, Unbewusstes herauszuarbeiten, soziale Realitäten zu hinterfragen und auch „Probe zu handeln". Die gemeinsame Erarbeitung von Orientierungswissen und die Erfahrungen im Rahmen der Theaterarbeit ermöglichen eine gute Basis für eine vorsichtige Annäherung zu den anderen TeilnehmerInnen - auch für eine interkulturelle Teamkultur, in der die Verständigungsebene kollektiv neu entwickelt und definiert, sowie eine Vertrauensbasis geschaffen werden muss. Gleichzeitig bringen die PartizipantenInnen ihre soziale Kompetenz, ihre soziokulturelle Prägung und ihre spezifischen Ausdrucksmittel mit ein und entwickeln aus der kulturellen Vielfalt eine gemeinsame Performance, ohne dass dabei ethnische Spezifika einer Vereinheitlichung geopfert werden."[366]

In der freien Theaterszene wird der interkulturelle Dialog und der Dialog an sich sehr groß geschrieben. Der Dialog ist eine Kulturtechnik, die vor allem im Theater ihre höchste Kunst entfaltet und besonders in der Freien Szene erlebbar gemacht wird. Viele freie Theatergruppen/freie Theaterhäuser in Wien beschäftigen sich daher schon seit Jahren mit Themen der interkulturellen Vielfalt und wollen zu einem produktiven Dialog der Kulturen anregen.

Um zu verdeutlichen, in welchen Bereichen der freien Theaterszene eine Auseinandersetzung interkultureller Arbeit gegeben ist, sollen einige Beispiele, Projekte und Theaterhäuser - speziell aus dem Bundesland Wien, welches für die Dissertation als Beispiel dient - aufgezählt werden.

Das Lalish-Theaterlabor - Forschungszentrum für Theater und Performance-Kultur - ist ein Theaterhaus, welches einen Austausch zwischen Kulturen zu schaffen versucht. Gründer und Leiter sind Shamal Amin und Nigar Hasib. Sie bemühen sich seit 1999 mit ihrem Projekt „Lalish Interkulturelle Dialoge" in einer Diskussionsplattform westliche und nichtwestliche Wissenschaftler bzw. Kunst- und Kulturschaffende zusammenzuführen. Mit diesem interkulturellen Dialog ermöglichen sie einen Raum zwischen den verschiedenen kulturellen Vielfalten der Ge-

---

366 Scharzenberger, Dietlind: „Useless" - Eine Begegnung. Bericht über prozessorientierte interkulturelle Theaterarbeit. In: Wagner, Monika (Hrsg.), Schwinghammer, Susanne und Hüttler, Michael: Theater. Begegnung. Integration? 1. Auflage. Frankfurt am Main, London: IKO - Verlag für Interkulturelle Kommunikation. 2003. Seite 293.

sellschaft.[367] Überblicksartig wird eine Auflistung der Themen der letzten 10 Jahre angeführt:

- „1999 „Ritual, Macht und Globalisierung"
- 2000 „Theater und Subjekt an der Jahrhundertwende"
- 2001 „Interkulturalismus; Vergangenheit, Zukunft". Zyklus I: Kulturelle Identität in der globalisierten Zeit
- 2002 "Interkulturalismus; Vergangenheit, Zukunft". Zyklus II: Mehr als ein interkultureller Dialog
- 2003 „Wiens Aufbruch zur Interkulturalität". Ziele, Erscheinungen, Ergebnisse
- 2004 „EuroAfroAsiatische Begegnung". Körper. Rhythmus. Raum
- 2005 „Grenzgänge, Grenzüberschreitungen"
- 2006 „Stimme in Ritual und Performance". Interkultureller Vergleich
- 2007 „Performance Wege. Zwischen Ästhetik und Soziokulturellem Kontext"
- 2008 „Kultur in Körper und Stimme""[368]

Mit dem Thema „Kontext Welten" haben Kunst- und Kulturschaffende, Ethnologen und Theaterwissenschaftler aus verschiedenen Kulturen im Jahr 2009 die Möglichkeit, sich in Form von Aktionen, methodischen Demonstrationen, audio-visuellen Dokumenten, Tanzperformances, Konzerten, Workshops und Ausstellungen auszutauschen und zu diskutieren. Dies wird vor zahlreichem und multikulturellem Publikum realisiert und mit internationalen Performances sowie gemeinsamen Essen und Trinken verbunden.

Wenn man auf die Homepage einer anderen Begegnungsstätte verschiedener Kulturen klickt, kann der User zuerst folgendes Zitat lesen: „Kunst ist zu erkennen, dass nicht alles, was die Mehrheit vertritt, auch richtig

---

367 Vgl. Hasib, Nigar: Lalish-Theaterlabor. Aufbruch zur Quelle der Feierlichkeit. In: Wagner Monika, Schwinghammer Susanne und Hüttler, Michael (Hrsg.): Theater. Begegnung. Integration? 1. Auflage. Frankfurt am Main, London: IKO – Verlag für Interkulturelle Kommunikation. 2003. Seite 221ff.

368 Lalish Theaterlabor: Lalish Interkulturelle Dialog. http://www.lalishtheater.org/interkulturelle-dialoge/. Zugriff am 20. März 2009.

sein muss."[369] Hierbei handelt es sich um das Interkulttheater. Seit 1992 steht der in Istanbul geborene Aret Güzel Aleksanyan als Geschäftsführer und künstlerischer Leiter dem Theater vor. Er lebt seit 1974 in Wien und studierte das Fach Regie am Max Reinhardt Seminar.

> „Sein Ziel ist es, die spezifische kulturelle Identität der in Wien lebenden Volksgruppen wahrzunehmen, deren kulturelles Selbstverständnis zu unterstützen, ihre Muttersprache zu pflegen, da sich das Interkulttheater dessen bewusst ist, dass ein kultureller Identitätsverlust auch der Verlust der pluralistischen Gesellschaft bedeutet.
>
> Ebenso ist es das Ziel des Interkulttheaters, den Austausch zwischen der heimischen österreichischen Kultur und den fremden Kulturen in Wien zu fördern. Dieses Ziel wird von dem Gedanken getragen, dass Kenntnis und Verständnis Angst mindern und damit einen wesentlichen gesellschaftspolitischen Auftrag zu erfüllen helfen."[370]

Diese Ziele werden durch künstlerische Angebote in den Bereichen Tanztheater, Filmvorführungen, Podiumsdiskussionen, Buchpräsentationen, Vernissagen, Lesungen, Konzerte, Kabaretts, Symposien, Theaterworkshops, Schattentheater und vor allem Sprechtheater erreicht.

Eine weitere Zielsetzung des Theaters ist es, dass sich möglichst viele der vorhandenen Kulturen und Altersgruppen (Erwachsene, Jugendlichen und Kinder) in Wien im Theaterangebot wieder finden sollen. Das Hauptanliegen des Interkulttheaters liegt aber darin, den in Wien ansässigen Kulturen eine Plattform zum interkulturellen Austausch anzubieten. Viele junge und nicht etablierte KünstlerInnen verschiedenster Herkunft und Sprache werden vom Theater mit seiner vorhandenen Infrastruktur unterstützt.[371]

Abschließend möchte ich ein Kinder- und Jugendtheater in der freien Theaterszene, welches sich ebenfalls mit interkulturellen Themen auseinandersetzt, nämlich das Koproduktions- und Theaterhaus für junges Publikum - Dschungel Wien, vorstellen. Das „Dschungel Wien" ist vor-

---

369 Interkulttheater: Index. http://www.interkulttheater.at/index_de/index.html. Zugriff am 20. März 2009.

370 Interkulttheater: Konzept des interkulttheaters. http://www.interkulttheater.at/home/konzept.html. Zugriff am 20. März 2009.

371 Vgl. Interkulttheater: Konzept des interkulttheaters. http://www.interkulttheater.at/home/konzept.html. Zugriff am 20. März 2009.

rangig für 1- bis 22-jährige konzipiert und bestrebt, frühzeitig interkulturelle Themen an Kinder und Jugendliche heranzuführen. Dieses Theaterhaus, welches als großer Vermittler des Themas interkultureller Dialog im Kinder und Jugendtheater gilt, wird im empirischen Teil dieser Dissertation anhand verschiedener Theaterproduktionen dargestellt. Des Weiteren sollen Fragen, wie zum Beispiel die Bedeutung des interkulturellen Dialogs für das Theaterhaus, worin die Chancen in der interkulturellen Arbeit liegen, welche interkulturelle Themen vermittelt werden und wie viele der aufgeführten Theaterstücke im Dschungel Wien einen interkulturellen Dialog enthalten etc., beantwortet werden.

5.4 Die Wiener Theaterreform subventioniert erstmalig fremdsprachiges und inter-/multikulturelles Theater

Der Amerikanische Soziologe Richard Sennett meint, „die Kultur einer Stadt zeigt sich in deren Fähigkeit, dieses Aufeinandertreffen von unterschiedlichen Lebens- und Verhaltensweisen so zu organisieren, dass das Interesse am Anderen am Fremden zur Quelle von Innovation und Kreativität wird."[372] Diese Fähigkeit findet in der multikulturellen Weltstadt Wien im Bereich der Wiener Theaterreform erst einen Anfang.

Als Wiener Theaterreform wird eine Reform der Theaterförderung bezeichnet, in welcher die Gewährung von Fördermittel vom früher üblichen Gießkannen- zu einem Antragsprinzip umgestellt wird. Im Jahre 2002 wurden durch Theaterschaffende, TheaterleiterInnen und andere der damals aktuellen Probleme der Theaterförderung in Wien besprochen und ein Vorschlag für ein neues Förderkonzept erarbeitet. Demnach muss jedes Theater, um Fördergelder zu erhalten, entweder einzelne Projekte (Projektförderung) oder Konzepte für den ganzen Betrieb (Konzeptförderung) vorlegen.

Diese Konzeptförderung[373] ist eine große Errungenschaft und wurde im Jahr 2005 erstmals vergeben. Alle vier Jahre entscheidet eine von der

---

372 Sennett, Richard zitiert nach Mattel, Sylvia und Payer, Peter: Wien: Der lange Weg zur „Multikulturellen Weltstadt". In: Gürses, Hakan; Kogoj, Cornelia und Mattl, Silvia (Hrsg.): Gastarbajteri, 40 Jahre Arbeitsmigrations. Mandelbaum Verlag. Wien. 2004. Seite 99.

373 Vgl. Wiener Theaterreform: Richtlinien zur Konzeptförderung in der Darstellenden Kunst. http://inszenierung.at/materialien/richtl_konzfoerd.pdf. Zugriff am 22. März 2009.

Stadt Wien einberufene Jury über die sogenannten Konzeptförderungen der Off-Theater für insgesamt jeweils vier Jahre.

Für die erste Periode der Wiener Theaterreform (2005-2008) wurde von der Jury bemängelt, dass aus den 117 eingereichten Konzepten vor allem die der inter-/multikulturellen und fremdsprachigen Theater unzureichend waren. So heißt es im Gutachten zur Wiener Theaterreform vom November 2004:

> „Grundsätzlich erachtet die Jury die Förderung inter/multikulturellen Theaters auf qualitativ hohem Niveau und mit innovativem Potenzial als besonders förderungswürdig.
>
> Diesen Kriterien entspricht allerdings keines der eingereichten Konzepte. Da dieser Bereich für eine multikulturelle Stadt wie Wien aber besonders wichtig ist, empfiehlt die Jury die Auslobung von jährlich EUR 300 000 für die Entwicklung neuer Projekte in diesem Bereich.
>
> Im Bereich des fremdsprachigen Theaters empfehlen wir die Konzeptförderung für das Interthalia Theater, besser bekannt als Vienna's English Theatre, das solides englischsprachiges Literaturtheater bietet und seinem Publikum auch zeitgenössische Autoren vorstellt."[374]

Doch diese Auslobung für multikulturelle Konzepte, die von der Theaterjury als sehr wichtig angesprochen wurde, ist - wie viele andere Auslobungen auch - am Ende der Förderungsperiode nicht ausbezahlt worden. Dazu ein Kommentar aus dem Jahresbericht der Wiener Interessengemeinschaft Freie Theater von 2008:

> „Seit Beginn der Theaterreform insistiert die IGFT auf der kulturpolitischen Einlösung der dringend notwendigen finanziellen Erhöhung im Bereich der Projektförderungen auf 4 Millionen Euro jährlich (derzeit sind es ca. 2,5 Millionen Euro jährlich). Diese wichtige Freisetzung von Produktionsmitteln wurde 2008 neuerlich nicht eingelöst. Die Theaterjury, die im Jahr 2004 ihre Expertise zu den neu geschaffenen Konzeptförderungen abgab, empfahl in ihrem schriftlichen Gutachten Auslobungen für Nachwuchsförderung im Bereich Tanz und Performance (150.000 Euro/Jahr), für Theorie im Bereich Theater und Performance (50.000 Euro/Jahr), für Theater für Kinder und Jugendliche (200.000 Euro/Jahr) und für neue Projekte im Bereich inter-/multikulturelles Theater (300.000 Euro/Jahr). Sie beschrieb damit nicht nur Mangelbereiche, sondern gab auch eine kon-

---

374 Wiener Theaterreform: Gutachten zur Wiener Theaterreform (Konzeptförderung). Vorgelegt im November 2004 von der Wiener Theaterjury: Andrea Amort, Karin Cerny, Wolfgang Greisenegger, Karin Kathrein, Veronica Kaup-Hasler, Christian Meyer und Dietmar N. Schmidt. 2004. Seite 18

struktive und wirkungsvolle, sogar finanziell bezifferte Anregung, um die gröbsten Mängel im freien darstellenden Bereich zu beheben. Trotz medialer Ankündigung, den Anregungen zu folgen, wurde noch keine dieser Auslobungsempfehlungen nachhaltig mit zusätzlichen Fördermitteln implementiert."[375]

Auch bei der zweiten Konzeptförderung für den Zeitraum von 2009 bis 2013 würde die Wichtigkeit einer Förderung im Bereich des interkulturellen Theaters anerkannt. Von insgesamt 101 Einreichungen wurden 31 Projekte bzw. Konzepte von der Jury empfohlen, darunter 13 neue Gruppen und Projekte. Insgesamt stehen rund 14 Mio. Euro an Mittel zur Verfügung (ca. 5 % mehr als bei der ersten Förderungsperiode). Dabei kommen erstmals Projekte mit interkulturellem Schwerpunkt in den Genuss einer Förderung, wie „brunnen.passage" und der Verein „das Kunst".[376]

> „Die Jury weist auf die Bedeutung und Notwendigkeit von interkulturellen Theaterprojekten für Wien hin und empfiehlt die erstmalige Konzeptförderung für die brunnen.passage und den Verein das Kunst.
>
> Das Projekt **brunnen.passage**, ein ungewöhnlich transparenter und zugänglicher Theaterraum im 16. Wiener Gemeindebezirk, strebt einen integrativen Theateransatz unter Berücksichtigung der spezifischen soziokulturellen Situation vor Ort an. Die Jury erkennt in diesem unter dem Begriff „community art" eingereichten Konzept eine für die Wiener Theaterlandschaft viel versprechende Initiative und empfiehlt daher die brunnen.passage zur erstmaligen Konzeptförderung.
>
> Der Verein **das Kunst** nahm in den letzten Jahren unter seiner Leiterin Asli Kislal eine interessante künstlerische Entwicklung. Die Zusammenarbeit von KünstlerInnen aus unterschiedlichen kulturellen Zusammenhängen führt zu bemerkenswerten künstlerischen Perspektiven und Arbeitsmethoden. Mit einer vierjährigen Basisförderung soll dem Verein das Kunst eine kontinuierliche Weiterentwicklung ihrer künstlerischen Ansätze ermöglicht werden."[377]

---

375 Interessengemeinschaft Freie Theaterarbeit: Freie Theater 2008 - Jahresbericht. Wien. 2008. Seite 13.

376 Vgl. Riedl, Gerlinde: Mailath: Neue Gruppen und Konzepte, mehr Geld für das Off-Theater. http://www.wien.gv.at/vtx/rk?SEITE=020081210018. Zugriff am 10. April 2009.

377 Wiener Theaterreform: Gutachten der Wiener Theaterjury 2008 (Konzeptförderung 2009 - 2013). Vorgelegt im Dezember 2008 von Eva Hosemann, Silvia Kargl, Thomas Licek, Berno Odo Polzer und Jürgen Weihäupl. 2008. Seite 13.

Diese zwei interkulturellen Initiativen sind durch die Zuschüsse in den nächsten 4 Jahren finanziell nicht so eingeengt und können so eine Steigerung des Angebotes und der Qualität ihrer interkulturellen Darbietung anbieten.

Auch im Bereich der Koproduktionshäuser gab es im Rahmen der Konzeptförderung für einige Theaterhäuser Mittel - jedoch gab es speziell für den Untersuchungsgegenstand dieser Dissertation den Dschungel Wien weder 2005 noch 2009 eine adäquate Förderung. Trotz Empfehlungen der Jury wurden in den letzten Jahren keine Auslobungen für dieses Theaterhaus ausgeschüttet. Aus dem Gutachten von 2004 heißt es:

> „Mit dem Theaterhaus für junges Publikum, dem Dschungel Wien ist ein neues viel versprechendes Koproduktionshaus im Bereich Theater für Kinder und Jugendliche entstanden, das sowohl internationale Gastspiele einlädt als auch eine Plattform für die heimische Szene bietet. Die Jury erhofft eine Neubelebung des Theaters für Kinder und Jugendliche durch dieses Haus."[378]

Daher „empfiehlt die Jury die Auslobung von jährlich EUR 200.000 für die Entwicklung neuer Projekte im Bereich Kinder- und Jugendtheater."[379] Aus dem Gutachten von 2008 geht jedoch folgendes hervor:

> „Wie die Wiener Theaterjury bereits 2004 feststellte, sind auch 2008 die Einreichungen im wichtigen Bereich Kinder- und Jugendtheater mit wenigen Ausnahmen weniger zufrieden stellend. Die Jury anerkennt die Verbesserung der Situation durch die Aktivitäten des Theaterhauses für junges Publikum Dschungel Wien. Von Dschungel Wien mit seiner weit reichenden internationalen und nationalen Vernetzung sind in den vergangenen Jahren die wesentlichen Impulse im Bereich Kinder- und Jugendtheater ausgegangen. Obwohl nicht Teil der Konzeptförderung, empfiehlt die Jury eine zusätzliche Stärkung für dieses Haus."[380]

---

[378] Wiener Theaterreform: Gutachten zur Wiener Theaterreform (Konzeptförderung). Vorgelegt im November 2004 von der Wiener Theaterjury: Andrea Amort, Karin Cerny, Wolfgang Greisenegger, Karin Kathrein, Veronica Kaup-Hasler, Christian Meyer und Dietmar N. Schmidt. 2004. Seite 22.

[379] Ebd.

[380] Wiener Theaterreform: Gutachten der Wiener Theaterjury 2008 (Konzeptförderung 2009 - 2013). Vorgelegt im Dezember 2008 von Eva Hosemann, Silvia Kargl, Thomas Licek, Berno Odo Polzer und Jürgen Weihäupl. 2008. Seite 7.

Trotz aller Empfehlungen der Theaterjury zur Stärkung des „Dschungel Wien" bleiben konkrete mittelfristige Hilfen aus und deshalb werden nur jährliche Subventionen von Land und Bund gewährt. Wie dies im konkreten aussieht, wird im empirischen Teil - Kapitel: Dschungel Wien dargestellt.

5.5 Formen des Interkulturellen im Theater nach Wolfgang Sting

Aus bisherigen Forschungen ist bekannt, dass die Auseinandersetzung mit der Andersartigkeit und dem Fremden im Theater eine lange Tradition besitzt. Mit dieser Thematik befasst sich auch der Theaterwissenschaftler und Theaterpädagoge Wolfgang Sting, der Professor an der Universität Hamburg ist. Seine Forschungsfelder sind das Kinder- und Jugendtheater, das Theater in der Schule, die Theaterpädagogik, die kulturelle Bildung sowie interkulturelles Theater. Im Bereich des interkulturellen Theaters hat Sting vier Formen und Haltungen - Exotismus, Internationalität, Transkulturalität und Hybridkulturalität - beobachtet. Diese bilden sich in interkulturellen Theaterprojekten ab und dienen zur Veranschaulichung des Umganges mit anderen Kulturen im Theater.

5.5.1 Exotismus

Der Begriff, der sich aus dem griechischen Wort (exôtikós), also „fremd" ableitet, beschreibt die Faszination durch fremde und ferne Gesellschaften und Kulturen.[381] Mit anderen Worten ist es das Gefallen am Andersartigen und Rätselhaften. Ein Beispiel dafür wären die exotischen Folkloreveranstaltungen im In- und Ausland, indische Tempeltänze oder afrikanische Tanz- und Trommelshows[382] oder auch z.B. die Völkerschauen im Wiener Prater etc. Der Mensch bleibt dabei seiner Kultur „treu", staunt aber über das Fremde.

> „Im Theater hat Exotismus eine lange Geschichte. Von den Persern des Aischylos über Shakespeares Othello und Cleopatra bis in die Zeit des Rokoko. Mit Ibsens Peer Gynt (1867) und seiner absurden Vision des phanta-

---

381 Vgl. Lüsebrink, Hans-Jürgen: Interkulturelle Kommunikation. - Interaktion, Fremdwahrnehmung, Kulturtransfer. Weimar: Verlag J.B. Metzler Stuttgart. 2005. Seite 113.

382 Vgl. Sting, Wolfgang: Differenz zeigen. Chancen interkultureller Theaterarbeit. In: Korrespondenz - Zeitschrift für Theaterpädagogik. 21. Jahrgang, Heft Nr. 46. Uckerland: Schibri-Verlag. März 2005. Seite 41.

stischen Exotischen (Negerhandel, Prophetentum) findet der Exotismus einen ersten Höhepunkt."[383]

Das Interkulturelle geschieht im Exotismus auf nonverbaler Ebene zwischen den Akteuren und dem Publikum. Interkulturelle Themen und Aspekte stehen im Spannungsverhältnis zum Eigenen und zum Fremden. Dabei steht das Interesse des Zuschauers am Anderen bzw. am Fremden im Vordergrund. D.h. das Publikum im Zuschauerraum betrachtet nur das Spiel der Theaterschaffenden und es besteht im Regelfall keine Verbindung zwischen den Schauspielern und den Zusehern, wobei die Theatergäste dabei scheinbar wie Voyeure wirken.

5.5.2 Internationalität

Internationalität darf keineswegs mit Interkulturalität verwechselt werden. Auch wenn in vielen Theatern die Ensemblemitglieder der diversen Tanz- und Musikveranstaltungen international gemischt sind, heißt das nicht, dass dort eine interkulturelle Auseinandersetzung stattfindet.[384]

> „Das bloße Miteinander von Menschen verschiedenen Herkunftsländern thematisiert noch keinen interkulturellen Aspekt, da sie in der Tradition und Homogenität der westlichen Theatermusik und Theaterkonventionen stehen und somit eine gemeinsame Sprache sprechen, d.h. sich dieser gemeinsamen Sprache unterordnen. Ausgangspunkt oder Voraussetzung für interkulturelles Theater liegt ganz allgemein gesprochen in einer Vielsprachigkeit und dem Versuch des Dialogs zwischen den Kulturen."[385]

5.5.3 Transkulturalität

Transkulturalität ist als wichtigster Gegenstandsbereich der Interkulturalität anzusehen und „dient zur Bezeichnung pluraler kultureller Identitäten, die durch die hochgradige Vernetzung und Verflechtung vieler Kulturen der Gegenwart entstanden sind. Diese machen eine Unterscheidung zwischen „Eigenheit" und „Fremdheit" und damit die Vor-

383 Ebd.

384 Vgl. Ebd.

385 Ebd.

stellung autonomer kultureller Systeme."[386] Der deutsche Philosoph Wolfgang Welsch meint dazu:

> „Kulturen sind intern durch eine Pluralisierung möglicher Identitäten gekennzeichnet und weisen extern grenzüberschreitende Konturen auf. Sie haben eine neuartige Form angenommen, die durch die klassischen Kulturgrenzen wie selbstverständlich hindurchgeht. Das Konzept der Transkulturalität bezeichnet diese veränderte Verfassung der Kulturen und versucht daraus die notwendigen konzeptuellen und normativen Konsequenzen zu ziehen."[387]

Ende der 1970er Jahre fanden sich zwei Theatermacher - nämlich Peter Brook und Eugenio Barbas -

> „die den Dialog zwischen den Kulturen zu ihrem Thema machen. Brook betreibt sozusagen praktische Theaterforschung und will hinter die oberflächlichen Klischees der Kulturen blicken. Bei der Zusammenstellung seiner internationalen, multikulturellen Truppe aus einem dutzend Ländern versuchte er „zu einem Grundprinzip zurückzukehren, das schon immer bei der Gründung einer Schauspieltruppe eine entscheidende Rolle gespielt hat: Wenn sie ein Spiegel der Welt sein soll, muß sie sich aus höchst unterschiedlichen Charakteren zusammensetzen."[388] Ihm geht es aber nicht nur um das Aufknacken oberflächlicher Kultur-Klischees, sondern darum „auf einer sehr tiefliegenden Ebene Kontakt aufzunehmen"[389] mit „Menschen ohne gemeinsame Sprache oder Bezugspunkte."[390] Er versucht, ohne das hier ausführen zu können, das verbindende Eine unter oder hinter den Sprachen der Kulturen zu finden. Deshalb ist sein Ansatz besser mit transkulturell als interkulturell zu beschreiben. Er experimentiert mit einer universellen Theatersprache, Orghast, jenseits bekannter Stile und Konventionen, die sich aber nicht durchsetzen kann."[391]

---

386 Lüsebrink, Hans-Jürgen: Interkulturelle Kommunikation. - Interaktion, Fremdwahrnehmung, Kulturtransfer. Weimar: Verlag J.B. Metzler Stuttgart. 2005. Seite 17.

387 Welsch, Wolfgang: Transkulturalität. Zur veränderten Verfasstheit heutiger Kulturen. In: Zeitschrift für Kulturenaustausch. Ausgabe 45/1. Seite 42.

388 Brook, Peter: Wanderjahre. Schriften zu Theater, Film & Oper - 1946 - 1987. Dt. von Gretchen Meier-Müller. Bearbeitung von Ingrid Wewerka. Berlin: Alexanderverlag. 1989. Seite 147.

389 Ebd.

390 Ebd.

391 Vgl. Sting, Wolfgang: Differenz zeigen. Chancen interkultureller Theaterarbeit. In: Korrespondenz - Zeitschrift für Theaterpädagogik. 21. Jahrgang, Heft Nr. 46. Uckerland: Schibri-Verlag. März 2005. Seite 41f.

5.5.4 Hybridkulturalität

Der Begriff „Hybrid" wird für gemischt bzw. zusammengesetzt verwendet. In Bezug zum Theater bedeutet dieser Ausdruck das Gemischte, von zweierlei Herkunft, aus Verschiedenem zusammengesetzt.

> „Das Nebeneinander oder Miteinander verschiedener Kulturtraditionen zeigt ein vielfältiges Spektrum und ganz unterschiedliche Spielformen von Mischkulturen, sogenannten Hybridkulturen. Der banale Kultur-Mix, wenn verschiedene Theaterformen beziehungslos nebeneinander gestellt werden, bleibt oft an der Oberfläche."[392]

Als Beispiel einer (Hybrid) Künstlerin sehe ich die seit 2004 im Ensemble des Wiener Burgtheaters spielende japanische Schauspielerin Sachiko Hara. Mit nicht akzentfreiem Deutsch schlüpft sie in die unterschiedlichsten kulturellen Rollen - Sachiko Hara aus Japan in Wien ist ein Kultur-Mix der fragwürdigen Allianz. Beispielsweise spielte sie im Stück „Schwarze Jungfrauen" von Feridum Zaimoglu eine von fünf deutschen Muslimas, die in Monologen Alltagserfahrungen, inneren Glauben, Sexualität, traditionelle Frauenrollen, etc. zum Ausdruck bringen.

In solchen Hybridkulturen steckt, wie eben am Beispiel aufgezeigt, ein gewaltiges Potential für die vielfältigsten Kooperationen, Polyphonien und Neuschöpfungen. Allerdings entsteht dabei nichts Neues, wenn nicht der Dialog, sondern das Nebeneinander, die Mischform selbst, bzw. deren Exotik ins Zentrum gerät.[393]

Aus diesen vier verschiedenen Ausdrucksformen bewegt sich interkulturelles Theater

> „zwischen Exotismus - Das Fremde bestaunen, Internationalität - Das multikulturelle, nichtdialogische Nebeneinander, Transkulturalität - Das universelle Eine suchen, Hybridkulturalität - Mischformen zwischen den Kulturen, vom oberflächlichen Kultur-Mix bis zum Neuen Dritten.
>
> Während Exotismus und Internationalität keinen Perspektivwechsel und Dialog intendieren, beschäftigen sich Transkulturalität und Hybridkulturalität mit der Vielsprachigkeit der Kulturen und entwickeln neue Ausdrucksformen. Polyphonie und Differenz werden dabei als positive Eigen-

---

392 Ebd. Seite 42.

393 Vgl. Ebd.

schaft und als Ausgangspunkt für Begegnung und Kommunikation gesehen."[394]

5.6 Modelle interkulturellen Dialogs im und auf dem Theater

Im diesem Kapitel werden zwei der oben beschriebenen Formen - Transkulturalität und Hybridkulturalität - als Gerüst und Orientierung für die von mir entwickelten drei Modelle des interkulturellen Dialogs im und auf dem Theater dienen.

5.6.1 Gesellschaftsdiskurs

Der interkulturelle Dialog soll in einem Stück veranschaulichen, welche sozialen und kulturellen Brennpunkte der heutigen Zeit die Gesellschaft bewegen. In diesem Modell erfolgt dies durch eine ausführliche Diskussion von unterschiedlichen Perspektiven und einen dialektischen Dialog durch die Schauspieler zu Themen wie Toleranz, Demokratie, Rechtsextremismus, Antisemitismus, Fremdenfeindlichkeit, etc. Solche Inhalte sollen den Zuschauer sensibilisieren und als Ziel einer Auseinandersetzung mit eigenen Erfahrungen, speziell in den angesprochenen Bereichen, angesehen werden. Der Zuschauer ist dabei ein Multiplikator!

5.6.2 Die Tür zum Fremden - Schauspieler als Überbringer eines Weltbildes

Der interkulturelle Dialog im Theater findet in diesem Modell in der Darstellung von Lebensweisen und fremden Kulturen durch Menschen aus diesen Kulturwelten in monologartigen Szenen statt. Solche Theaterstücke sind inhaltlich und sprachlich sehr fordernd und setzen sich einer bloßen Berieselung entgegen. Im Theater kann ein Monolog auch ein Dialog sein, weil sich dort die Erzählungen bewusst an die Zuseher richten und in ihnen bestimmte Reaktionen hervorrufen sollen.

5.6.3 Wahrnehmungsverschiebung

Im letzten Modell erfährt der interkulturelle Dialog eine besondere Form des aufeinander Zugehens. Hier steht das Theater vor allem als Raum

---

394 Ebd.

für Integration von Personen mit und/oder ohne Migrationshintergrund für einen interkulturellen Dialog im Vordergrund und stellt somit für die ZuwanderInnen als einen essentiellen Aspekt der Integration dar.

Der französische Philosoph Henri Lefèbvre spricht von einer „Produktion des Raums“[395], was bedeutet, dass Raum ein Produkt der Gesellschaft zur Bildung von Mehrwert ist.[396] In diesem Zusammenhang bietet Theater in Aneignung des Raumes die perfekte Integrationsmöglichkeit für die daraus entstehenden Dialoge bzw. Konflikte. Werner Zips, Professor am Institut für Kultur- und Sozialanthropologie an der Universität Wien und Monika Wagner, Mitbegründerin der Gesellschaft für Theater-Ethnologie haben sich mit den mannigfaltigen Möglichkeiten, wo Theater eine Förderung des Austausches und Dialoges zwischen Kulturen aufweisen, auseinandergesetzt. Sie meinen dazu:

> „Theater schafft Raum für Austausch, Theater bietet Raum für Begegnungen zwischen Menschen mit unterschiedlichem kulturellem Background. Inhalte können vermittelt, Dialoge entwickelt werden: Dialoge zwischen den Theaterschaffenden und ihrem Publikum, Dialoge in Auseinandersetzung mit der Gesellschaft und den gegebenen Strukturen, die das Wirken und Werken der vielen Initiativen und Theatergruppen von MigrantInnen, Minderheiten und Österreicher-Innen, die sich um einen kulturellen Austausch in der Gesellschaft bemühen, mitbedingen.“[397]

Durch das gemeinsame Agieren der Theaterschaffenden - mit und/oder ohne Migrationshintergrund - auf der Bühne vollzieht sich bereits ein gemeinsamer interkultureller Dialog. Durch die weitere Verbreitung des Bühnenwerks erfährt dieser Dialog eine Verdopplung in seiner eigentlichen Funktion. Wichtig bei diesem Modell ist, dass gemeinsames Theatermachen von Menschen unterschiedlicher Nationen eine neue Form der Begegnung ist. Hier geht man neue Wege, Gemeinschaftlichkeit zu zeigen, Identität zu stiften und von gegenseitigen Vorurteilen wie z.B. Rassismus und Fremdenhass abzusehen. Diese Erfahrung wird auf das Publikum übertragen und soll in den eventuell im Zuschauer verhafteten Vorurteilen und Klischeevorstellungen eine Änderung zulassen und

---

395 Lefèbvre, Henri: Die Revolution der Städte. Dt. Erstausgabe. München: List. 1972. Seite 164f.

396 Vgl. Ebd.

397 Wagner, Monika und Zips, Werner: Begegnungen oder Integrierte Sorgen? In: Wagner, Monika (Hrsg.), Schwinghammer, Susanne und Hüttler, Michael: Theater. Begegnung. Integration? 1. Auflage. Frankfurt am Main, London: IKO – Verlag für Interkulturelle Kommunikation. 2003. Seite 23.

im Idealfall bewirken, dass sich das Publikum einer multiethnischen Gesellschaft weitgehend öffnet.

Diese kurz beschriebenen theoretischen Modelle werden im empirischen Teil dieser Arbeit anhand einer Analyse von drei ausgewählten Theaterstücken verifiziert.

III. EMPIRISCHER TEIL

6 Anleitung zur empirischen Untersuchung

6.1 Zentrale Forschungsfragen

Im empirischen Teil werde ich anhand einer repräsentativen Analyse den interkulturellen Dialog anhand von Theateraufführungen des Theaterhauses für junges Publikum - Dschungel Wien analysieren. In diesem Zusammenhang stelle ich zwei zentrale Forschungsfragen:

- Wie und in welchen Konzepten und Strukturen des Programms vermittelt das Theaterhaus Dschungel Wien den interkulturellen Dialog?
- Welche Dramaturgien und ästhetische Verfahrensweisen werden für die Repräsentation des interkulturellen Dialogs in den untersuchten Theaterstücken des Dschungel Wiens eingesetzt?

6.2 Untersuchungsgegenstand

Zu Beginn wird der Dschungel Wien - Theaterhaus für junges Publikum ausführlich dargestellt. Programm, Entstehungsgeschichte des Hauses, die Mission, die Theaternutzung[398], der Bezug zum interkulturellen Dialog sowie die Zusammenfassung eines Email Interviews mit der Dramaturgin des Hauses, Marianne Artmann, geben Aufschlüsse über das Theaterhaus.

Nach dieser Erklärung werden drei ausgewählte Theaterstücke aus dem Programmangebot des Dschungel Wien vorgestellt und im weiteren Verlauf einzeln auf den interkulturellen Dialog analysiert. In Verbindung mit dieser Analyse kommen meine drei im theoretischen Teil aufgestellten „Modelle interkulturellen Dialogs im und auf dem Theater" zum Tragen. Der Untersuchungszeitraum für die folgenden Stücke erstreckte sich hierbei vom 1. Januar 2008 bis zum 31. Dezember 2008:

398 Vgl. auch Wenko, Nina: Ein Theater 2. Klasse? Analyse der darstellenden Kunst für junges Publikum in Wien und am Dschungel Wien. Diplomarbeit. Universität Wien, Institut für Theater-, Film- und Medienwissenschaft. 2009.

Modell: Gesellschaftsdiskurs

- „Vermutungen über Aischa oder: Inländer sind auch arme Schweine"

Modell: Die Tür zum Fremden - Schauspieler als Überbringer eines Weltbildes

- „Afrikanische Märchen"

Modell: Wahrnehmungsverschiebung

- „Don Quijote – Ein Vorspiel"

7 DSCHUNGEL WIEN – Theaterhaus für junges Publikum

7.1 Entstehungsgeschichte des Theaterhauses

Wien hatte einen Traum – den Traum eines eigenen freien Theaterhauses für junges Publikum. „Ein Theaterhaus, das ein offenes Zentrum sein sollte – für Kinder, Familien, Jugendliche und junge Erwachsene. Eine Drehscheibe für Kunst und Kultur für junges Publikum. Ein lebendiges Haus für alle Altersgruppen und Kunstformen. Ein Ort zum Dialog – und Wohlfühlen."[399]

Dieser Traum ging in Erfüllung – so entstand am 1. Oktober 2004 nach einer langjährigen Forderung der Interessengemeinschaft Freie Theaterarbeit ein eigenes Theaterhaus für Kinder und Jugendliche in Wien. Bevor das Theaterhaus seine Pforten öffnen konnte hatte es jedoch viele Hürden zu überwinden. Zur Veranschaulichung soll nun der Weg des Projektes Dschungel Wien – von Beginn der Planung im Jahre 1989 bis zur Realisierung im Oktober 2004 – chronologisch aufgezeigt werden:

> „1989:
>
> Erste Forderungen der freien Wiener Theaterszene für junges Publikum nach einer fixen Spielstätte.
>
> 1990:
>
> Gründung der AG Kindertheaterhaus und erste Konzeptentwürfe.
>
> 1991–1993:
>
> Bedarfserhebungen der AG Kindertheater in der Kinder- und Jugendtheaterszene.
>
> 1992–1997:
>
> Mehrere Konzeptvorlagen der AG Kindertheaterhaus an die Stadt Wien. Die Konzeptionen sehen ein „Theaterzentrum für Kinder und Jugendli-

399 Rabl, Stephan: Dschungel Wien. Programmzeitschrift: Take OFF. Wir starten! Oktober 2004 – Februar 2005. Seite 0.

che“ in Wien vor. Im Zentrum soll es zwei Theaterräume, Proben- und Seminarräume, Videothek, Bibliothek und Restaurantbetrieb geben. Premieren der Wiener Szene, Eigenproduktionen, Gastspiele aus dem In- und Ausland, künstlerische Arbeit mit Kindern und Jugendlichen, sowie umfangreiche Weiter- und Fortbildungen sind bis heute Bestandteil des Konzeptes.

Mehrere Bauobjekte wurden in Wien für ein Theaterhaus überprüft.

1995:

Die von der Stadt Wien beauftragte Studie „Braucht Wien ein freies THEATERHAUS für junges PUBLIKUM?“ ergab einen eindeutigen Zuspruch zur Sinnhaftigkeit einer derartigen Einrichtung.

1996:

Erste Überlegungen, das Theaterhaus im MuseumsQuartier zu positionieren.

1997:

Errichtung des Informationsbüros „Freies Theaterhaus für Kinder“ in Wien durch die AG Kindertheater.

1998:

Vorlage eines Realisierungskonzeptes für das Theaterhaus an die Stadt Wien durch die AG Kindertheaterhaus.

Übergabe der Konzepte und der neunjährigen Aufbauarbeit an die Stadt Wien. Die AG Kindertheaterhaus tritt als Berater für die Realisierungsphase auf.

Erstellung eines Realisierungskonzeptes für ein Theaterhaus bezüglich Raumnutzung, Personal, Budget und Organisation unter Mitarbeit der AG Kindertheaterhaus.

1999:

Entwurf des Raum-, Funktions- und Einrichtungsplanes für die Umgestaltung und Neukonzeption des ehemaligen Residenzkinos zu einem Theater durch Architekt Willi Frötscher unter Mitarbeit der AG Kindertheater. Geplanter Eröffnungstermin Herbst 2002.

AG Kindertheater fordert die Erweiterung von einem Theaterraum auf zwei Räume.

2000:

22. Februar: Raumprogrammbesprechung in der Stadtbaudirektion.

23. November: Wirtschaftlichkeitsbesprechung in der Stadtbaudirektion.

2001:

26. Februar: Theatersalon zum Thema „THEATERHAUS für KINDER im Museumsquartier", Verschiebung des Eröffnungstermins auf 2003.

29. Juni: Eröffnung des MQ: das THEATERHAUS für KINDER stellt sich vor, der Fürstenhof wird mit 500 bunten Würfeln bestückt, Kinder bauen sich ihr Theaterhaus!

20. November: Auf Initiative des Informationsbüros Freies THEATERHAUS für KINDER - Gründung eines Personenkomitees zur Unterstützung und Lobby für einen Beschluss für Finanzierung und Bau des Theaters.

Verschiebung des Eröffnungstermins auf 2004.

2002:

26. April: Gemeinderatsbeschluss: Finanzierung und Errichtung für das THEATERHAUS für KINDER.

September: Ausschreibung der künstlerischen Leitung.

November: Gründung der THEATERHAUS für KINDER - Kindertheater GmbH.

12. November: Pressekonferenz der Stadt Wien zum Baubeginn.

November: Vertragsabschluss mit der MQ Errichtungs- und Betriebs GmbH für die Miete des Theaters.

2003:

Februar: Vertragsabschluss mit der MQ Errichtungs- und Betriebs GmbH für die Miete des Büros.

April: Bestellung von Stephan Rabl als künstlerischen Leiter, Umbenennung des Theaters in THEATERHAUS für junges PUBLIKUM.

30. Juni: Baubeginn.

2004:

Jänner: Hälfte Personalbesetzung des Hauses.

22. Jänner: Eröffnung der Büroräumlichkeiten mit der Ausstellung „bureau central".

18. Juni: Pressekonferenz im Foyer des Theaterhauses. Präsentation des neuen Namens „Dschungel Wien".

August: Volle Personalbesetzung des Hauses.

1. Oktober: Offizielle Eröffnung „Dschungel Wien" - Theaterhaus für junges Publikum.

1. bis 3. Oktober: „take off" Das Eröffnungsfestival.

7. Oktober bis 15. November: Projekt „40 Tage Wien"."[400]

15 Jahre hat es gedauert bis es endlich geschafft wurde, ein Theaterhaus, welches sich der Bedeutsamkeit und der Verbesserung der Situation der freien Theater- und Tanzszene für Kinder, Jugendliche und junge Erwachsene annimmt, zu errichten. Im Oktober 2009 feierte der Dschungel Wien sein 5jähriges Bestehen und ist heute aus dem Angebot des MuseumsQuartiers nicht mehr wegzudenken.

Das Haus hat sich innerhalb eines Jahres nach der Eröffnung etabliert. Die Besucherzahlen nehmen von Jahr zu Jahr zu und auch das Grundkonzept mit einem Programm für ganz verschiedene Altergruppen hat sich bewährt.[401] Einzelheiten dazu werden in den nächsten Kapiteln aufgezeigt.

---

400 O.A.: Kindertheater. In: gift - zeitschrift für freies theater. Mitteilungen der IG freie Theaterarbeit. September/Oktober 2004. Seite 6.

401 Vgl. Ganser, Katharina und Kock, Sabine: „Ich versuche Räume aufzustoßen und neue Dinge und Möglichkeiten zu schaffen" - Drei Jahre Dschungel Wien. In: gift - zeitschrift für freies theater: Thema: Darstellende Kunst für junges Publikum. Februar/März 2008. Seite 47f.

7.2 Direktor und künstlerische Leitung: Stephan Rabl

Der österreichische Kulturmacher und Künstler Stephan Rabl ist seit der Eröffnung im Oktober 2004 Intendant des Theaterhauses für junges Publikum - Dschungel Wien.

Daneben ist er seit 2002 auch der künstlerische Leiter des SCHÄXPIR[402] Festival in Oberösterreich und Vorsitzender im Executive Comitee der ASSITEJ International/Weltweiter Verband der professionellen Theater für junges Publikum, sowie seit 2003 auch Vorsitzender der ASSITEJ[403] Austria.

Seine ersten künstlerischen Schritte machte der 1964 geborene gebürtige Waldviertler in einem Seminar in der „Ecole de Mime et Clown" Limoges - einem Clowntheater für Erwachsene. 1986 gründete er die Clowncompagnie „Die Schockerlinge" - die einzige Clowntruppe Österreichs. Nach seinen Anfängen im Clowntheater sammelte er in den Achtzigerjahren als Schauspieler, wo er bis 2002 in 16 Theaterproduktionen zu sehen war, erste Erfahrungen mit Kindertheater.

Zu Beginn der Neunzigerjahre gründete und leitete er das SZENE BUNTE WÄHNE[404] Festival in Niederösterreich (1991 - 2003) und das SZENE

402 Schäxpir ist eines der größten internationalen Theaterfestivals weltweit und zugleich Begegnungsstätte unterschiedlicher Nationalitäten und Kulturen. Dieses Festival möchte Theater für junges Publikum in Österreich und international als Kunstform etablieren. Zudem möchte Schäxpir Kreativität und interkulturelle Begegnungen ermöglichen, neueste Strömungen des Theaterschaffens für junges Publikum zeigen und diskutieren, Internationale Vernetzung und Kooperationen forcieren, Impulse in der österreichischen und europäischen Theaterlandschaft setzen - insbesondere für die österreichische Kinder- und Jugendkultur.

403 ASSITEJ bedeutet Association International du Theatre pour l`Enfance et la Jeunesse und ist mit Länderorganisationen in 77 Nationen ein weltweiter Verband der professionellen Theaterhäuser für junges Publikum.

404 SZENE BUNTE WÄHNE ist ein internationales Tanzfestival für junges Publikum. „Das Programmangebot von SZENE BUNTE WÄHNE basiert auf dem Selbstverständnis einer Kulturorganisation, die ihre regionalen Wurzeln im Waldviertel und Niederösterreich generell sieht und gleichzeitig ihre Attraktivität auch in der Weltkulturstadt Wien und im Ausland weiter unter Beweis stellen möchte. Im zusammenwachsenden Europa bedeutet Regionale Verankerung auch eine stärkere Zusammenarbeit mit angrenzenden Regionen in Tschechien einerseits, genauso wie Nutzung von Chancen im Ausland generell, wo SZENE BUNTE WÄHNE einen hervorragenden Ruf genießt, um so im Austausch zusätzliche Effekte für das Programmangebot und die Künstlerische Sze-

BUNTE WÄHNE TanzFestival in Wien (1998 - 2004). 2005 war er Kurator für das Jugendtheaterprogramm „Augenblickmal" Festival in Berlin.

Seit 2005 agiert er zudem auch als Regisseur. Zu seinen vielen Regie- und Inszenierungsarbeiten zählen u.a.: „Afrikanische Märchen", „Geheime Welten", „Duftträume" und „Überraschung".

Zahlreiche Anerkennungen und Preise schmücken seinen bisherigen Lebensweg, wie z.B. die Anerkennungsprämie des BM:UKK, der Anerkennungspreis des Landes Niederösterreich für Darstellende Kunst, das goldene Ehrenzeichen der Stadt Horn sowie der „Stella"[405] Preis. Mit diesem wurde er für seine erste Regiearbeit im Bereich Theater für die Allerkleinsten in der Kategorie „Herausragendste Produktion für Kinder" in dem Stück „Überraschung" ausgezeichnet.

Durch diesen beeindruckenden bisherigen Werdegang ist es nicht verwunderlich, dass Stephan Rabl vom Dschungel Wien nicht mehr wegzudenken ist. „Stephan Rabl hat österreichische und internationale Festivalgeschichte geschrieben und gibt als Leiter des Veranstaltungszentrums Dschungel Wien aktuellen Inszenierungen Raum und Ausstrahlung."[406] Sein Vertrag als Intendant für das Theaterhaus wurde bis Oktober 2012 verlängert.[407]

ne in Österreich generieren zu können." szene bunte wähne: Unsere Mission. http://www.sbw.at/typo_sbw/index.php?id=40. Zugriff am 17. Mai 2009.

405 Stella ist ein Darstellender.Kunst.Preis für junges Publikum. Er wurde von ASSITEJ Austria gestiftet und erstmals 2007 im Dschungel Wien vergeben. Der Preis soll eine positive Auswirkung auf die künstlerische Arbeit und herausragende Leistungen im Bereich professionelles Theater für junges Publikum verleihen und entsprechend würdigen.

406 Mennicken, Rainer: Die Jungen sind die Helden. In: Mennicken, Rainer und Rabl, Stephan: Theater für junges Publikum. Szene Österreich von Bregenz bis Wien. Berlin: Verlag Theater der Zeit. 2008. Seite 9.

407 „profil" Redaktion: "profil": Vertragsverlängerung von Dschungel-Chef Stephan Rabl. http://www.politikportal.at/presseaussendung.php?ch=politik& schluessel=OTS_20080120_OTS0005&email=1. Zugriff am 17. Mai 2009.

7.3 Missionen des DSCHUNGEL WIEN

7.3.1 Ort des Geschehens

Der Dschungel Wien - Theaterhaus für junges Publikum befindet sich im MuseumsQuartier Wien (MQ) auf dem Areal des ehemaligen Residenzkinos. Es hat eine Gesamtfläche von ca. 1000m² und besteht aus zwei Bühnen und Nebenräumlichkeiten. Das Theater ist über den Eingang der pulsierenden Einkaufsstraße Mariahilfer Straße zu erreichen. Die Örtlichkeit des MQ - eine kulturelle Drehscheibe im Herzen Wiens - erleichtert durch das „bunte Treiben" und Zusammentreffen von Menschen unterschiedlichster Nationen und Kulturen dem Theaterhaus die Vermittlung eines interkulturellen Dialogs.

> „Das MuseumsQuartier Wien ist eines der zehn größten Kulturareale der Welt. Vor allem aber ist es ein zukunftsweisendes, innerstädtisches Kulturviertel mit enormer Signalwirkung. Das MuseumsQuartier vereinigt barocke Gebäude und neue Architektur, kulturelle Einrichtungen aller Grössenordnungen, verschiedene Kunstsparten und Naherholungseinrichtungen zu einem spektakulären Ganzen."[408]

Zur Veranschaulichung zwei Skizzen:

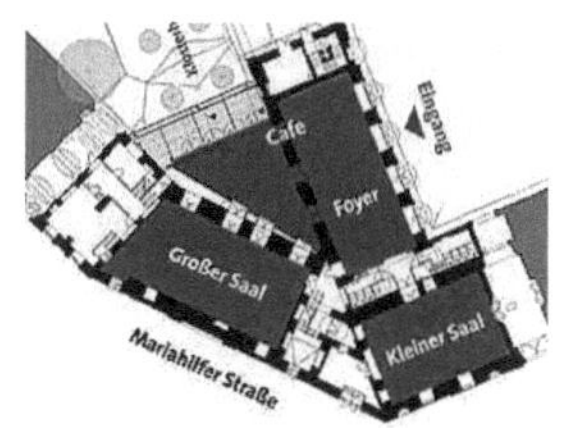

Abb.25[409]
Dschungel Wien

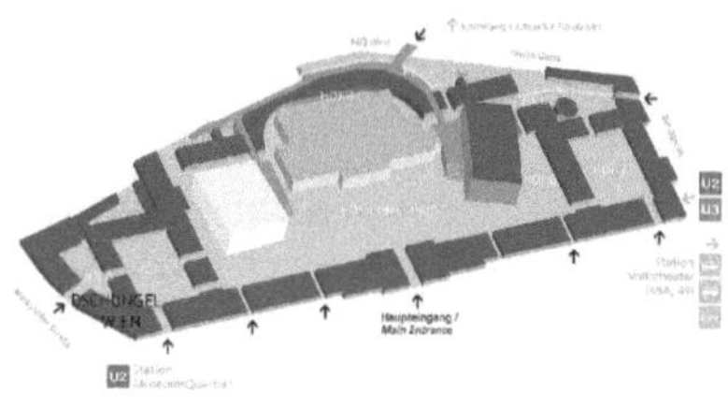

Abb. 26[410]
MuseumsQuartier Wien

[408] MuseumsQuartier Wien: Barock trifft Cyberspace. http://www.mqw.at/index.php?page_id=4. Zugriff am 18. Mai 2009.

[409] **Abb. 25:** Dschungel Wien - Theaterhaus für junges Publikum: Informationsmaterial zur Vermietung des Theaterhauses. Seite 3.

[410] **Abb. 26:** Dschungel Wien - Theaterhaus für junges Publikum: Informationsmaterial zur Vermietung des Theaterhauses. Seite 3.

Wie bereits beschrieben verfügt der Dschungel Wien über zwei Bühnen. Ein Theatersaal bietet auf einer Fläche von 202m² Sitzplätze für 180 Personen und im anderen gibt es auf 131m² Platz für 110 Personen.

Der Dschungel Wien ist ein einzigartiges national und international renommiertes Vorzeigemodell eines Theaterhauses für junges Publikum. Neben der Nutzung der Bühnen dient das Haus auch zur Abhaltung von (Presse)Konferenzen, Symposien, Präsentationen, Marketing-, Kunden-, MitarbeiterInnen- oder Diskussionsveranstaltungen, Preisverleihungen, Konzerten und Gastspielen sowie Bühnenaufführungen. Darüber hinaus hat sich das Theaterhaus mit seinem integrierten Dschungel Wien Cafe und Foyer mit Gastgarten (Platz für 300 Personen auf 297m²) als idealer Treffpunkt für Jugendliche und junge Erwachsene im MuseumsQuartier beliebt gemacht.[411]

7.3.2 Name: DSCHUNGEL WIEN – Theaterhaus für junges Publikum

Der Name „Theaterhaus für junges Publikum" wurde vom Intendanten Stephan Rabl ganz bewusst und programmatisch gewählt. Ursprünglich sollte das Theater während der Entstehungsphase den Namen „Theaterhaus für Kinder" tragen. Dazu meint Rabl in einem Interview mit der Zeitschrift Falter:

> „Das hat dazu geführt, dass die meisten Leute Kindertheaterhaus sagen. Damit grenzt man erstens alle über zwölf aus, und zweitens ist Kindertheater so ein undefinierter Begriff. Das ist ein Sammelsurium für alles, vom Sozialprojekt bis zum Clown um die Ecke. Jeder versteht darunter irgendwas, das er in seiner Kindheit einmal gesehen hat. Deshalb haben wir es "Theaterhaus für junges Publikum" genannt. Und dann wollten wir noch etwas Griffigeres."[412]

Der Intendant vermeidet generell den Begriff „Kindertheater".

---

411 Dschungel Wien – Theaterhaus für junges Publikum: Informationsmaterial zur Vermietung des Theaterhauses. Seite 2f.

412 Kralicek, Wolfgang: Bitte zurückkehren. In: Falter – Zeitschrift für Kultur und Politik. Falter Nummer: 40/04 vom 29.09.2004. http://www.falter.at/print/F2004_40_2.php. Zugriff am 19. Mai 2009.

„Rabl spricht lieber über „Theaterkunst für junges Publikum". „Kindertheater" stellt für ihn einen Sammelbegriff für pädagogische Lehrstücke, kommerzielle Clownerie und gescheiterte Theaterexistenzen dar – Dinge, die laut Rabl zweifellos ihre Berechtigung, aber sicher nichts mit Kunst zu tun haben. „Leider", so Rabl, „steht da viel zu oft ein pädagogischer Aspekt im Vordergrund. Man will die Kinder erziehen und bilden, will sie zu künftigen Theaterbesuchern machen. Aber Kunst wirkt im Moment. Sie muss die Menschen dort erwischen, wo sie gerade stehen.""[413]

Auf die Frage, ob das Wort Theater junge Leute abschrecken könnte, meinte er:

„Es stimmt schon, dass Theater für die Zehn- bis Zwanzigjährigen nicht unbedingt ein sympathischer Begriff ist. Aber es ging uns eigentlich darum, einen Namen zu finden, der in jeder Altersgruppe positive Assoziationen auslöst. Und wenn eh schon Theater drin ist, muss man es nicht auch noch draufschreiben."[414]

In der Entwicklungsphase des Theaterhauses zwischen 2003 und 2004 entschied man, dass die Bezeichnung „Theaterhaus für junges Publikum" als alltäglichen Gebrauch zu lang und zu komplex war. Aus diesen Gründen wurde in einer Pressekonferenz im Juni 2004 die neue Bezeichnung für das Haus – Dschungel Wien – bekannt gegeben:

„Diese soll den Ort – als das Theaterhaus an sich – definieren: Das neue Theaterhaus als ein Haus, das wie im Dschungel Überraschungen, Abenteuer, Pures, Exotisches, neue Phantasien, Wünsche und Sehnsüchte birgt. Insbesondere ging es darum, einen griffigen Namen zu finden, der in jeder Altersgruppe positive Assoziationen auslöst.[415]

Stephan Rabl sieht in diesem Begriff einerseits negative Assoziationen, die durch Spinnen, Schlangen, Malaria, etc. hervorgerufen werden und

---

413 Götz, Hermann: Wer braucht schon Kindertheater? In: Falter – Zeitschrift für Kultur und Politik. Falter Nummer: 17/09 (laufende Nummer: 2195/2009). Seite 50.

414 Kralicek, Wolfgang: Bitte zurückkehren. In: Falter – Zeitschrift für Kultur und Politik. Falter Nummer: 40/04 vom 29.09.2004. http://www.falter.at/print/F2004_40_2.php. Zugriff am 19. Mai 2009.

415 Wolfram, Karoline: Kinder und Jugendtheater in Wien. Diplomarbeit. Institut für Kulturmanagement. Universität für Musik und darstellende Kunst in Wien. 2004. Seite 40.

andererseits positive Bilder, da Menschen gerne einmal aus Abenteuerlust oder Neugierde einen Dschungel bereisen möchten.[416]

> „Bewusst wurde auch kein englischer Name gewählt. Das Wort „Wien" wurde einerseits hinzugefügt, da es den Namen zusätzliche Prägnanz verleiht (ein Dschungel in Wien) und andererseits, aus dem praktischen Grund in Verbindung mit einer homepage-Adresse (www.dschungel.at), die bereits vergeben war."[417]

Ein „Dschungel in Wien" - dafür steht sowohl das Programm als auch der Name des Theaterhauses für junges Publikum in Wien.

> „Die Vielseitigkeit der darstellenden Kunstformen, die Fülle an Inhalten, die das Leben zu bieten hat, die ganze Verrücktheit und Spontaneität von Kindern und Jugendlichen können Sie erleben. Theater ist Abenteuer, wenn es authentisch ist, wenn es berührend ist, wenn es etwas zu sagen hat, wenn es verzaubert und wenn es in Erinnerung bleibt. Der Weg in den Dschungel steckt voller Überraschungen. Jeder Tag ein neuer Tag, voll Gerüchen, voll Stimmen und Melodien, voll Buntheit und Magie. Damit lebendig bleibt, muss er sich stets aufs Neue beweisen. Jeden Tag eine Suche und eine Frage nach dem Weg. Es ist wie im Leben. Mitten im Großstadtdschungel von Wien eine Oase für junges Publikum, eine Insel für Träume und Fantasien, ein Ort der Begegnung und Abenteuer. Damit dies so bleibt, suchen wir ständig nach neuen Ansätzen in der Kultur und Kunst für Kinder und Jugendliche."[418]

---

416 Vgl. Kralicek, Wolfgang: Bitte zurückkehren. In: Falter - Zeitschrift für Kultur und Politik. Falter Nummer: 40/04 vom 29.09.2004. http://www.falter.at/print/F2004_40_2.php. Zugriff am 19. Mai 2009.

417 Wolfram, Karoline: Kinder und Jugendtheater in Wien. Diplomarbeit. Institut für Kulturmanagement. Universität für Musik und darstellende Kunst in Wien. 2004. Seite 40.

418 Dschungel Wien: Programmheft für Schulen 2005/2006. Seite 4.

7.3.3 Das Logo

Abb. 27[419]

Vor der Eröffnung des Dschungel Wien im Oktober 2004 beschäftigten sich insgesamt sieben Werbeagenturen mit der Suche nach einem passenden Logo. Apollo 28 - Agentur für Kulturmarketing erhielt den Zuschlag und entwickelte das Corporate Design (CD) für das Theaterhaus für junges Publikum. Bina Köppl, Geschäftsführerin von Apollo 28, brachte ihre Freude mit den neuen Kunden aus der Theaterwelt mit folgenden Worten zum Ausdruck:

> „Die Arbeit für den Dschungel Wien ist insofern eine besonders schöne Aufgabe, als es sich dabei um eine Markeneinführung in der österreichischen Kulturszene handelt. Uns geht es mit dem neu entwickelten CD darum, Kreativität, Lebendigkeit und Vielfältigkeit des Hauses auszudrücken und die Unverwechselbarkeit auch im optischen Außenauftritt abzubilden. Frei nach dem Motto „Wo ein Dschungel ist, ist auch ein Affe" war unsere Entscheidung für das Key Visual und die bunte Farbwelt ganz klar."[420]

Bis heute ist der Schimpansenkopf Symbol für das Theaterhaus: lebendig, frech, aufgeweckt, unberechenbar und clever präsentiert er sich immer wieder neu. Der Kopf des Affen bleibt farblos, um so den Kindern die Möglichkeit des Ausmalens zu geben und damit ihrer Kreativität freien Lauf zu lassen. Darüber hinaus soll so ein Wiedererkennungswert zum Theaterhaus erzeugt werden.

---

419 **Abb.27:** © Dschungel Wien - Theaterhaus für junges Publikum. Aktuelles Logo des Dschungel Wien.

420 Standard.at: Apollo 28 für „Dschungel Wien: http:/www.apollo28.at/01news/news_archiv.php. Zugriff am 19. Mai 2009.

7.3.4 Programm

Die allgemeine Publikumszielgruppe des Theaterhauses für junges Publikum ist jene von ein bis zweiundzwanzig Jahren. Im Programmheft wird für jedes einzelne Stück eine Altersempfehlung angegeben.

Im Rahmen der Produktionsübersicht und in den Programmen gibt es einen Hinweis, für welche Schul- und Alterstufe die Stücke geeignet sind. Dabei werden vier Stufen unterschieden:

Alter:	**Schulstufe:**
2 bis 5 Jahre	Kindergarten
6 bis 9 Jahre	Volksschule
10 bis 13 Jahre	Unterstufe
14 bis 19 Jahre	Oberstufe

> „Das Schwerpunktprogramm im DSCHUNGEL WIEN umfasst Schauspiel, Tanz und Performance sowie Musik und Neue Medien, wobei der künstlerische Qualitätsanspruch im Vordergrund steht. Auf dem Programm stehen Uraufführungen Wiener Theatergruppen sowie internationale Gastspiele, in denen Jugendliche mitwirken."[421]

Dabei bietet der Dschungel Wien Produktionen mit einer Vielzahl von künstlerischen Ausdrucksmöglichkeiten, wie z.B.:

- Schauspiel
- Erzähltheater
- Tanztheater
- Musiktheater
- Figuren- und Objekttheater
- Multimediale Performance
- Comics
- Visuals
- Oper und Konzert

an.

---

421 Dschungel Wien: Rubrik: Schwerpunkte. http://www.dschungelwien.at/. Zugriff am 19. Mai 2009.

Für den Dschungel Wien steht natürlich vor allem immer der künstlerische Qualitätsanspruch im Vordergrund. Dies ist besonders bei der Arbeit mit gesellschaftlichen Randgruppen, welcher sich das Haus annimmt, eine große Herausforderung:

> „Die Integration von verhaltensauffälligen, körperlich und geistig behinderten jungen Menschen in die Kunstszene ist ein weiterer Schwerpunkt der Programmgestaltung. Durch Theaterbesuch, aber vor allem durch Workshops und produktionsbezogenes Arbeiten mit jungen Menschen aus Randgruppen, soll dies gelingen.
>
> Für ein Publikum mit besonderen Bedürfnissen werden spezielle Vorstellungen empfohlen und im Programm gekennzeichnet. Es gibt sowohl Vorstellungen für ein blindes oder sehbeeinträchtigtes, sowie für gehörloses oder hörbeeinträchtigtes Publikum (Vorstellungen ohne Worte oder mit Übertitelung)."[422]

In diesem Kontext wurde 2006 zum ersten Mal auch „Theater in Gebärdensprache" aufgeführt. Das Theaterstück „Drachenträume" wurde für die Kinder simultan in die Österreicherische Gebärdensprache übersetzt.

Von der öffentlichen Schule für geistig schwerstbehinderte Kinder mit musisch-kreativem Schwerpunkt - SPZ Schwarzingergasse - wurde 2008 das Stück „Das Dschungelbuch" mit 50 behinderten Kindern und Jugendlichen im Alter von sechs bis 17 Jahren aufgeführt.[423]

7.3.5 Theaternutzung

Der Zulauf der 1- bis 22-jährigen Personen, für welche der Dschungel Wien sein Programm speziell ausgerichtet hat, ist seit der Eröffnung im Oktober 2004 bis zur Saison 2007/2008 kontinuierlich gestiegen.

---

422 Wolfram, Karoline: Kinder und Jugendtheater in Wien. Diplomarbeit. Institut für Kulturmanagement. Universität für Musik und darstellende Kunst in Wien. 2004. Seite 33.

423 Vgl. Dschungel Wien: Programmheft September, Oktober, November, Dezember 2008. Seite 22.

Besucherstatistik: Dschungel Wien

	Saison 2004/2005	Saison 2005/2006	Saison 2006/2007	Saison 2007/2008
Eigenproduktionen	0	2	6	5
Koproduktionen	4	6	7	9
Gastspiele im DW	129	79	79	65
Summe Produktionen/Saison	133	87	92	79

Vorstellungen Eigenproduktionen	0	41	66	56
Vorstellungen Koproduktionen	49	76	92	116
Vorstellungen Gastspiele im DW	402	274	328	283
Summe Theatervorstellungen Gesamt	451	391	486	455

Anzahl Gesamtveranstaltungen				
(= Vorstellungen + Veranstaltungen)	564	539	614	517

BesucherInnen Theatervorstellungen	29.495	32.192	36.873	36.856
GesamtbesucherInnen Dschungel Wien*	33.995	43.472	50.875	50.309
Besucherauslastung in Prozent	62,70%	70,14%	71,24%	73,30%

** incl. BesucherInnen Workshops, Abenteuernächte, Dialoge, Symposien etc.*

*** Okt. 2004: Eröffnung DschungelWien*

Zu obiger Besucherstatistik ist anzumerken, dass lediglich die Anzahl der Eigenproduktionen und Gastspiele sowie deren Aufführungen im Dschungel Wien ab der Saison 2007/2008 im Vergleich zu vorherigen Saisonen leicht rückläufig waren. Bei der Gesamtanzahl BesucherInnen beträgt der Schüleranteil ca. 50 Prozent.

7.3.6 Finanzierungen/Förderungen/Subventionen

Für den Betrieb wird das Theaterhaus seit Oktober 2004 von der Stadt Wien (MA7) mit jährlich einer Million Euro subventioniert und ist somit eine der am geringsten bedachten Mittelbühnen der Stadt Wien. Eine zusätzliche Förderung von 90.000 Euro stellte das Bundesministerium für Unterricht, Kunst und Kultur (BM:UKK) für das Jahr 2008 zur Verfügung.[424] Im Rahmen der Wiener Theaterreform blieb dem Dschungel Wien sowohl 2004 als auch 2009 eine Konzeptförderung verwehrt (siehe Kapitel 5.4).

Diese finanzielle Misslage hat zur Folge, dass das Theaterhaus für inländische Produktionen keine festen Abendgagen bezahlen kann. Darüber ist auch der Leiter Stephan Rabl nicht besonders glücklich. In einem Interview der Zeitschrift gift - Zeitschrift für freies Theater - erzählt er:

> „Das Haus ist budgetär als 70:30[425]-Haus definiert worden, bevor ich gekommen bin, und das ist sicher ein Hauptproblem für die Szene und natürlich auch für mich. Somit geht es darum, wie weit die Wiener Gruppen aus ihren Subventionen Gagen zahlen können, denn im Kinder- und Jugendtheaterbereich ist es unmöglich, aus den Eintritten die Gagen zu bezahlen. Wir bräuchten alleine eine Erhöhung von ca. 100.000 Euro dafür, dass wir Wiederaufnahmen finanzieren können. Es können praktisch nur Solisten oder Duos mit der 70:30-Einnahmensituation umgehen."[426]

Bei den Gastspielen oder für Gruppen aus dem In- und Ausland sieht die Finanzierung folgendermaßen aus:

> „Wenn eine Gruppe aus einem Bundesland oder dem Ausland kommt, bekommt sie eine Fixgage. Wir produzieren ja budgetär auf dem gleichen Level wie in der freien Szene. Das heißt, die Leute müssen mit „low budget" umgehen. Wir produzieren indirekt über externe Projekte, wie z. B. [...] ausländische Produktionen, die wir nicht aus unserem Budget finanzieren mussten. Dadurch wird ein kleines Produktionsbudget frei."[427]

---

424 Die Höhe des Zuschusses des BM:UKK für 2009 war zum Zeitpunkt der Fertigstellung der Arbeit noch nicht bekannt.

425 Die „70/30"-Regelung (70-zu-30-Prozent-Eintrittseinnahmen-Teilung) wurde vom damaligen „dietheater" in Wien (heute „brut") übernommen. D.h. die (freien) Gruppen erhalten 70 Prozent der Erlöse aus dem Kartenverkauf des Spielabends, das Haus 30 Prozent.

426 Ganser, Katharina und Kock, Sabine: „Ich versuche Räume aufzustoßen und neue Dinge und Möglichkeiten zu schaffen" - Drei Jahre Dschungel Wien. In: gift - zeitschrift für freies theater: Thema: Darstellende Kunst für junges Publikum. Februar/März 2008. Seite 48.

427 Ganser, Katharina und Kock, Sabine: „Ich versuche Räume aufzustoßen und neue Dinge und Möglichkeiten zu schaffen" - Drei Jahre Dschungel Wien. In: gift - zeitschrift für freies theater: Thema: Darstellende Kunst für junges Publikum. Februar/März 2008. Seite 49.

7.4 DSCHUNGEL WIEN mit Mehrwert

Dschungel Wien versteht sich als Qualitätsführer für anspruchs- und verantwortungsvolles Theater für Kinder, Jugendliche und junge Erwachsene und strebt an, in seiner Sparte die Wichtigkeit und die Vielfalt im Bildungsangebot sowie die kulturelle und künstlerische Vielfalt zu fördern. Daher ist es dem Theaterhaus ein großes Anliegen, Kinder und Jugendliche schon früh an die unterschiedlichsten Kunstrichtungen heranzuführen, damit ein Kennenlernen mit diesen stattfinden kann und Kunst im Alltag eines jedes Kindes integriert wird.[428] Dies bedarf einer frühzeitigen theaterpädagogischen Vermittlungsarbeit, welche die Basis für die künstlerische Arbeit im Dschungel Wien ist.

> „Ein Hauptaugenmerk legt Dschungel Wien auf die theaterpädagogischen Vermittlungsangebote sowohl für ein öffentliches Publikum als auch im Speziellen für pädagogische Einrichtungen. Letzteres setzt sich u. a. aus folgenden Angeboten zusammen: Stück-Vor- bzw. Nachbereitungen und Begleitmaterial zur jeweiligen Produktion – wie Stück-CD mit Bildmaterial und Mitschnitten, Auszüge vom Stücktext, theaterpraktische Übungen, weiterführende Sekundärliteratur oder auch Biografien der AkteurInnen. Außerdem finden KünstlerInnengespräche sowie Backstageführungen durch das Theaterhaus und spezielle Workshops für SchülerInnen statt. Präsentiert wird die vielfältige Palette der theaterpädagogischen Vermittlung gemeinsam mit den aktuellen Produktionen der Saison in der dreimal jährlich stattfindenden Teachers Lounge für PädagogInnen."[429]

Neben diesem Qualitätsmerkmal gibt es aber auch noch weitere Ansprüche, die der Dschungel Wien an das junge Publikum weiterzugeben vermag. Das Theaterhaus möchte vor allem auch eine Schnittstelle von Schule und Theater sein und so die Theateranfänger allmählich an das Medium heranführen. Dabei sollen die Kinder und Jugendlichen die verschiedenen Genres aus der Vielzahl der Programmformen des Hauses kennen lernen. Darüber hinaus soll das junge Publikum in der Lage versetzt werden, kritisch und selbstbewusst aus den konkreten Angeboten auszuwählen.

> „Klares Ziel der Vermittlungsarbeit ist es, die Schnittstelle von Schule und Theater gemeinsam mit den PädagogInnen zu verbessern bzw. zu intensi-

---

428 Vgl. Forstner-Widter, Sabine: Dschungel Wien. Ausblick Spielplan Jänner – Juni 2009.

429 Breitwieser, Gerhard: Theater erfahren. In: gift – zeitschrift für freies theater: Thema: Darstellende Kunst für junges Publikum. Februar/März 2008. Seite 65.

vieren, zudem auch stets neue Wege zu finden und neue Impulse aufzunehmen. Schlagworte wie „Schule und Theater im Kontakt", „Theater erleben", „Gemeinsam entdecken", „Räume öffnen", „Einblicke gewinnen", „Projekte entwickeln", „Theater erfahren" treten dabei in den Vordergrund.

Die theaterpädagogische Nachbereitung in Form von Workshops zum Beispiel ermöglicht dem jungen Publikum eine neue Sicht der Dinge. So geben erfahrene TheaterpädagogInnen nicht nur Fragen wie „Was hat euch gefallen?" oder „Was nicht?" genügend Raum bzw. den entsprechenden Rahmen, um besprochen zu werden, sondern auch den Blick auf unterschiedlichste Betrachtungen der Inszenierung – z. B. Sprache, Licht, Ton, Musik, Kostüme - frei. Insbesondere in den Sommer- wie auch Semesterferien verstärkt Dschungel Wien sein Workshopprogramm für Kinder und Jugendliche unterschiedlichen Alters. Im Februar 2008 startet z. B. erstmalig die Winterakademie, eine Kooperation mit dem Theater an der Parkaue (Berlin) sowie Tiyatrotem (Istanbul) unter dem Motto „Sagen wir, wir setzen über". Kinder und Jugendliche von acht bis zwanzig Jahren arbeiten eine Woche lang in unterschiedlichsten Laboren mit KünstlerInnen aus den Genres Tanz, Musik, Neue Medien, Video und Theater zusammen. [...] Das Spezielle an der Winterakademie ist weiters, dass ein internationaler Austausch ermöglicht wird, so werden interessierte Jugendliche aus Österreich auch zu den jeweiligen Laboren in Berlin wie auch in Istanbul entsandt. Aber nicht nur für junges Publikum bietet Dschungel Wien ein spezielles Workshop-Angebot. Zusätzlich finden sich Workshops und Seminare für PädagogInnen auf dem Spielplan wieder, die dem Theater als unmittelbares, gegenwärtiges Erlebnis, das im Moment des Erlebens stattfindet, nachgehen. Denn Theater passiert immer im Augenblick, Theater packt uns, entführt uns in eine andere Welt und lässt uns an einem Abenteuer teilhaben."[430]

Durch das Workshop „Winterakademie" zeigt sich, dass Theater und Schule Ort für ein interkulturelles Zueinanderfinden von Jugendlichen sein kann. Der dort stattfindende Dialog ist, wie schon erwähnt, eines der wichtigen Ziele des Theaterhauses. Bei dieser Form der Zusammenarbeit gibt es vor allem auch die Möglichkeit, frühzeitig Talente und Vorlieben der Kinder und Jugendlichen zu erkennen und kann diese so zusätzlich fördern.

Für den Direktor des Pädagogischen Instituts der Stadt Wien, Paul Kral, ist der Dschungel Wien

---

430 Breitwieser, Gerhard: Theater erfahren. In: gift - zeitschrift für freies theater: Thema: Darstellende Kunst für junges Publikum. Februar/März 2008. Seite 65.

„ein besonders wichtiger Partner, der das gesamte Feld der Theaterproduktionen, bezogen auf aktuelle gesellschaftliche Themenbereiche, aber auch der vermittelnde und künstlerische Arbeit mit Kindern, SchülerInnen und Jugendlichen in hervorragender Weise gestaltet.

Mit dem Theaterhaus DSCHUNGEL WIEN haben LehrerInnen die Möglichkeit, gezielt ihre Unterrichtsarbeit außerhalb des Klassenraums zu ergänzen. Aus den vielen Rückmeldungen der SchülerInnen erwarten wir ein vertieftes Verständnis für kulturelle Werte, ein gelebte Einführung in die verschiedenen Erscheinungsformen unserer Gesellschaft und schlichtweg Freude am Spielen in den verschiedensten „Lebensrollen"."[431]

Im Bereich der Förderung der Theaterkompetenz ist der Dschungel Wien in Form der „Dschungel Akademie" und „Kinder und Jugendliche on stage" aktiv. In dieser Akademie bekommen interessierte Personen die Möglichkeit, einen intensiven Einblick in die darstellende Kunst für junges Publikum zu erhalten. Dabei werden ihnen in Vorträgen, Ringvorlesungen, Podiumsdiskussionen, Proben und natürlich auch in Theatervorstellungen verschiedene Genres, Zugänge, Arbeits- und Sichtweisen dargeboten, diskutiert und praktisch erlebbar gemacht.[432]

Im Trainingscenter „Kinder und Jugendliche on stage" stehen Kinder und Jugendliche in Koproduktionen des Dschungel Wien mit heimischen und internationalen KünstlerInnen auf der Bühne.

„Seit der Eröffnung des Theaterhauses für junges Publikum zeichnen sich diesbezüglich drei Schienen ab: von Corinne Eckenstein (Theater Foxfire) über Karl Wozek (theater.wozek & Kinder des Februar) bis hin zu einer speziellen Tanzschiene. Letztere erstreckt sich von der gefeierten internationalen Koproduktion Brief (Choreografie: Yves Thuwis) über Isabel M. Nowak (Tanztheater Springschuh) bis hin zur aktuellen Homunculus-Uraufführung Fight Night [...]. Unter professioneller Regie und ebensolchen Bedingungen bringen die jungen DarstellerInnen ihre Stärken – Identifikation des Zielpublikums, Authentizität etc. – in die Produktionen ein und lernen selbst nicht nur als SchauspielerInnen oder TänzerInnen dazu, sondern auch einen neuen Blick, ein neues Sehen, wenn sie in Zukunft Vorstellungen besuchen. So beteiligten sich SchülerInnen der fünften bis siebten Klasse des Gymnasiums Rahlgasse an dem multimedialen Stationentheater komA unter der Regie von Volker Schmidt, das dem Phänomen Amoklauf auf den Grund geht [...]. Die SchülerInnen nahmen

431 Dschungel Wien: Programmheft für Unterstufe und Oberstufe – Herbstsaison 2006/2007. Seite 4.

432 Vgl. Breitwieser, Gerhard: Theater erfahren. In: gift – zeitschrift für freies theater: Thema: Darstellende Kunst für junges Publikum. Februar/März 2008. Seite 65.

zuvor ein Jahr lang an einem Schauspielworkshop mit dem Regisseur Georg Staudacher teil.

Abschließend ist die Ensembleproduktion Generation Express zu erwähnen, in der unter der Regie der Regisseurin und Theaterpädagogin Simone Weis zwölfjährige Kinder, die aus einem theaterpädagogischen Projekt ausgewählt wurden, mit KünstlerInnen aus den Sparten Tanztheater, Stimm- und Sprachperformance sowie Objekttheater agieren. In der Begegnung über die künstlerischen Ausdrucksmittel entwickelte sich ein Stück über Möglichkeiten, Grenzen und Besonderheiten im Verhältnis zwischen Groß und Klein. Dieses spiegelt in einer berührenden Vision die Problematik des gesellschaftlichen Neben- und Miteinander von Erwachsenen und Kindern wider."[433]

Als überaus wichtig sieht Dschungel Wien seine große Verantwortung im Bereich der Vermittlung von multikulturellen Angeboten. Von Beginn an ist es immer ein Anliegen des Dschungel Wien gewesen, dass die

„Theaterarbeit mit Kindern und Jugendlichen aus anderen Kulturen fixer Bestandteil des Hauses werden soll. Daher sollen vermehrt Wiener Schulen mit hohem Anteil an ausländischen Kindern die Möglichkeit bekommen, Kultur im Theaterhaus für junges Publikum mitzuerleben. Das Hindernis eines zu hohen Kartenpreises könnte mit Einladungen zu Generalproben an diese Schulen beseitigt werden. Ausländische Produktionen aus den österreichischen Nachbarstaaten sollen ebenso in das Programm einbezogen werden, wie solche aus anderen Kulturkreisen wie Afrika, Asien, Lateinamerika."

Deshalb hat der Dschungel Wien den „Dschungelbus" ins Leben gerufen und diesen im Oktober 2006 als Experiment gestartet. Ziel war es, Jugendliche aus Wiener Stadtteilen mit einem hohen Migrationsanteil in das Theaterhaus zu bewegen. Wie dieses funktionierte, erklärt Stephan Rabl:

„Die Kinder werden von den Außenbezirken abgeholt und in den Dschungel gebracht. Hier bekommen sie ein gesponsertes Essenspaket, besuchen eine Vorstellung und werden wieder zurückgebracht. Wir haben das jetzt ein Dreivierteljahre als Versuchspilot gemacht und werden das nun adaptieren. Die Grundidee ist nach wie vor super. Wir haben aber gemerkt, dass wir das individueller gestalten müssen, weil die verschiedenen Gruppierungen unterschiedliche Tagesabläufe haben. Das trifft sich dann auch mit dem zweiten großen Aspekt Hunger auf Kunst, der sich bei

433 Breitwieser, Gerhard: Theater erfahren. In: gift - zeitschrift für freies theater: Thema: Darstellende Kunst für junges Publikum. Februar/März 2008. Seite 65f.

uns extrem stark definiert. Wir wissen, dass für Familien und Alleinerziehende die Frage, was kann man sich leisten, hinzukommt. Und da sind selbst die Eintrittspreise, die bei uns ohnehin relativ gering sind, für eine Familie hohe Kosten.

Deswegen nutzen sehr viele alleinerziehende Frauen oder genauso Väter, die in Scheidung leben, das Angebot mit ihren Kindern. Der dritte Punkt ist eindeutig auch wieder im Schulbereich. In manchen Schulen, wie z. B. Hauptschulen und Schulen mit einem großen Anteil an Immigranten, gibt es oft nicht nur diese finanzielle Problematik, sondern auch eine Schwellenangst vor Theater und Kunst. Man denkt oft 5 Euro Eintritt sind nichts, aber wenn dann 10–20 Kinder in einer Klasse sitzen, deren Eltern keinen Bezug zu Kunst haben, kriegen sie oft nicht das Geld für einen Theaterbesuch, und dann kann die ganze Klasse nicht gehen. Deshalb versuchen wir hier immer wieder Kompromisse zu machen. Wenn bei manchen Stücken noch Plätze frei sind, laden wir ganz bewusst Schulen aus den Außenbezirken ein, mit einer Klasse gratis zu kommen. Ich halte es für sehr wichtig, dass auch diese die Chance haben, ein Theater zu besuchen und danach Gespräche mit Künstlern zu führen."[434]

Für die Teilnahme am Projekt wurde eine Einverständniserklärung der Eltern in drei verschiedenen Sprachen - Deutsch, Türkisch und Bosnisch - aufgelegt. Diese drei Sprachen wurden auf Grund der Häufigkeit von Einbürgerungen aus diesen Ländern ausgewählt.

„Rückblickend auf das Jahr 2005 wurde österreichweit 35.417 Personen (davon 34.876 Personen mit Wohnsitz im Inland) die österreichische Staatsbürgerschaft verliehen. Unter den insgesamt 138 Herkunftsländern verzeichnet die Türkei 9.562, Bosnien-Herzegovina 7.033, Serbien-Montenegro 6.694, Kroatien 2.277, Rumänien 1.130 Einbürgerungen. Auf Staatsangehörige anderer EU-Länder entfielen im Vergleich dazu insgesamt 1.089 Einbürgerungen."[435]

Auch wurde für das Publikum eine mehrsprachige Telefonsansage installiert. Neben einer Spielplaninformation bzw. Reservierungsmöglichkeit in Englisch und Deutsch bietet das Theaterhaus seit Oktober 2006 diesen Service auch in türkischer und bosnischer Sprache an. Trotz all dieser Bemühungen, mit diesem Angebot MigranntInnen als Zielgruppe

---

434 Ganser, Katharina und Kock, Sabine: „Ich versuche Räume aufzustoßen und neue Dinge und Möglichkeiten zu schaffen" - Drei Jahre Dschungel Wien. In: gift - zeitschrift für freies theater: Thema: Darstellende Kunst für junges Publikum. Februar/März 2008. Seite 50f.

435 Dschungel Wien: Medieninformation - Anlässlich der 1. Fahrt des Dschungel Wien Bus. Seite 3.

für das Theaterhaus zu gewinnen, blieb der erhoffte Erfolg aus. Erklärungen dafür konnte das Theaterhaus nicht geben.[436]

In einer verstärkten Kooperation mit der BRUNNEN.PASSAGE – „Dschungel Wien goes ... brunnen.passage" – wurde das Projekt „Integration und Kunst für alle!" ins Leben gerufen.

> „Die brunnen.passage ermöglicht Menschen am Brunnenmarkt einen niederschwelligen Zugang zum Kulturgut zeitgenössische Kunst. Seit Juni 2007 begegnen sich hier Menschen der unterschiedlichsten Bevölkerungsgruppen, um unter der Leitung professioneller Künstlerinnen gemeinsam zu proben, zu produzieren und aufzuführen.
>
> Die brunnen.passage produziert gesellschaftliche Wirksamkeit nicht außerhalb, sondern gerade durch das Rahmengefüge „Kunst/Kultur". Die gemeinsame Arbeit an etwas Drittem (dem Kunstwerk) fördert soziale Integration/Inklusion."[437]

Seit November 2007 erarbeiten der Dschungel Wien und die brunnen.passage jeden Monat ein gemeinsames Projekt.[438] Zwei dieser Projekte sollen hier kurz erläutert werden:

In der regelmäßigen Veranstaltung „Spielplatz Theater" – Auftritt, fertig, Feuer, los: Theater für Kinder!" versammelte sich im Jahr 2009 von März bis zu den Sommerferien jeden Freitag eine Gruppe von Kindern im Alter zwischen 8-12 Jahren in der brunnen.passage, um gemeinsam Geschichten zu erfinden, Theaterstücke im Dschungel Wien anzusehen, sich mit SchauspielerInnen zu unterhalten und selbst kleine Szenen/Rollen zu spielen.

---

436 Vgl. EDUCULT – Denken und Handeln im Kulturbereich: Vielfalt und Kooperation. Kulturelle Bildung in Österreich – Strategien für die Zukunft. Bericht im Auftrag des Bundesministerium für Unterricht, Kunst und Kultur (bm:ukk). Wien, im Dezember 2007. Seite 89.

437 Dschungel Wien: Programmheft April, Mail, Juni 2008. Seite 33.

438 Vgl. Ganser, Katharina und Kock, Sabine: „Ich versuche Räume aufzustoßen und neue Dinge und Möglichkeiten zu schaffen" – Drei Jahre Dschungel Wien. In: gift – zeitschrift für freies theater: Thema: Darstellende Kunst für junges Publikum. Februar/März 2008. Seite 51.

Sowohl im Frühjahr 2008 als auch 2009 trat die Gruppe IYASA (ZIM) aus Simbabwe in der brunnen.passage auf. In einer Presseaussendung von Dschungel Wien hieß es:

> „IYASA (Simbabwe) ist heuer [...] zu Gast in der Brunnenpassage und wirkt nicht nur in den regelmäßigen Veranstaltungen mit, sondern begeistert uns auch mit einem Theaterstück für Kinder und mit einem Open Air Konzert, das den Abschluss von SOHO feiern soll. Als multikultureller Ort und Raum der internationalen Vernetzungen freut sich die Brunnenpassage IYASA zum zweiten Mal willkommen zu heißen und wünscht allen einen bereichernden Austausch, ein gemeinsames Teilen und unvergessliche Momente. [...] Neben den Veranstaltungen in der brunnen.passage wird IYASA auch im DSCHUNGEL WIEN wieder Theaterstücke zeigen. So z.B. [...] die DSCHUNGEL WIEN Koproduktion „Afrikanische Märchen" - in der Regie von DSCHUNGEL WIEN Direktor Stephan Rabl."[439]

Wie man sieht bietet der Dschungel Wien ein dichtes und buntes Programm. Vor allem im Bereich der interkulturellen Themen agiert das Theaterhaus entsprechend und orientiert sich nach den aktuellen Diskussionen und Ereignissen der Gesellschaft. Auch fühlt man sich verpflichtet, sich einerseits mit Themen anderer Kulturen, Rassismus, Ausländerfeindlichkeit, Migration, Integration, (interkulturelle) Bildung, etc. auseinanderzusetzen und greift aber auch andererseits Themen wie Homosexualität, Gewalt, Umgang mit Sexualität und Tod, Selbstmord, Toleranz, Älterwerden, Probleme mit erwachsenen Bezugspersonen und Gleichaltrigen, Thema Angst, etc. auf. Für all diese wichtigen Fragen, die die Gesellschaft und vor allem für das junge Publikum bewegen, steht der Dschungel Wien ein.

Besonders zeichnet sich der Dschungel Wien mit seiner Länderschwerpunktreihe aus. Das Theaterhaus inszeniert in Form von Gastspielen „herausragende Produktionen aus unterschiedlichen Kulturen, zeigt andere Kunstansätze, bringt internationale KünstlerInnen, die für Kinder und Jugendliche arbeiten, nach Wien und versucht Sichtweisen aus anderen Ländern im Bereich Kinderkultur zu betrachten."[440]

> „So gastierten Gruppen und Produktionen aus Flandern, der Schweiz oder Israel im Rahmen solcher Schwerpunkte. Zudem wurden zum Beispiel mit der Gruppe IYASA aus Simbabwe auch eigene Produktionen erarbeitet.

439 Breitwieser, Gerhard: Medieninformation/DSCHUNGEL WIEN Mai 2009/ Von „LOVE" und Einblicken in Elfriede Jelineks Wohnzimmer. 29. April 2009.

440 Dschungel Wien: Programmheft: April, Mai, Juni 2008. Seite 7.

Gemeinsam mit anderen Einrichtungen im Kinderkulturbereich wurden viele Sparten der Kultur für Kinder und Jugendliche aus Polen (UmPolen) und Schweden (rund um den Besuch des Königspaares und den Kinderrechtstag herum samt Symposium und Deklaration für das Recht von Kindern auf Kunst und Kultur) vorgestellt. Gerade bei den beiden zuletzt genannten internationalen Schwerpunktwochen agierte der Dschungel Wien auch in einer weiteren Funktion, die schon die Initiatoren eins dem Kindertheaterhaus zu gedacht hatten, der Vernetzung - sowohl verschiedenster Veranstalter als auch unterschiedlicher Sparten und Institutionen."[441]

Diese bisher aufgezeigten Aufgaben und Angebote sowie die enorme Vielfalt des Programmangebotes des Theaterhauses stellen den besonderen Mehrwert, welches es seinem Publikum bietet, dar. Der Dschungel Wien kann als Orientierungstheaterhaus Nummer eins bei den Kindern, Jugendlichen und jungen Erwachsenen dienen und viel Positives leisten. Er kann Hilfestellung und Denkanstöße geben, motivieren, inspirieren, neue Welten der Kunst und Kultur aufzeigen und vor allem einen interkulturellen Dialog vermitteln.

Zum Abschluss dieses Kapitels sollen nun im weiteren Verlauf die gegenwärtigen Sparten, Impulse, Aktionen, Projekte, Kooperationen, Arbeitsfelder, Kulturvermittlung, Ateliers, Workshops, Nachwuchs, Specials sowie Vermittlungs- und Weiterbildungsangebote kurz erläutert und dargestellt werden.

Im Sommerprogramm 2009 bot der Dschungel Wien in Zusammenarbeit mit „brut" Wien und dem Schauspielhaus Wien das Festival „Alles muss raus" an. Dabei boten diese Theaterhäuser ihrem Publikum für je 4,99 Euro pro Vorstellung noch einmal die Highlights der ausklingenden Saison an.

Ein österreichweites Theaterprojekt: „MACHT | SCHULE | THEATER" - die Schule als Spiegel unserer Gesellschaft - startete im Juni 2008 und war eine Initiative des BM:UKK in Kooperation mit KulturKontakt Austria und Dschungel Wien. 9 Bundesländer, 9 Theaterhäuser[442], 9 Premie-

---

441 Wagner, Heinz: Kunterbuntes Theater-Biotop. In: Mennicken, Rainer und Rabl, Stephan: Theater für junges Publikum. Szene Österreich von Bregenz bis Wien. Berlin: Verlag Theater der Zeit. 2008. Seite 120.

442 9 Theaterhäuser: Offene Haus Oberwart, Neue Bühne Villach, szene bunte wähne in Horn, Phönix Theater Linz, Schauspielhaus Salzburg, TaO! Theater am

ren und über 100 Jugendliche, AutorInnen und DarstellerInnen wirkten bei diesem Projekt mit.

> „In der Zusammenarbeit von Schule und Theater wird neben den künstlerischen Erfahrungen, die die beteiligten SchülerInnen machen, auch die Basis für einen breiten Diskurs zum Thema Gewalt und seine Auswirkungen gelegt: Am Beginn standen bei jedem der neun Theaterprojekte Schreibwerkstätten mit AutorInnen, in denen die Jugendlichen ihre Gedanken zum Ausdruck bringen konnten. Die intensive Beschäftigung der an den Projekten Beteiligten auf der einen Seite, die durch persönlichen Kontakt und die Authentizität der jugendlichen AutorInnen und SchauspielerInnen erzielte Aufmerksamkeit beim Publikum auf der anderen Seite zeichnet dieses Projekt aus."[443]

Von April bis Juni 2009 wurden die inszenierten Theaterstücke im jeweiligen Bundesland aufgeführt.

> „Der Wiener Beitrag „... dann schleich dich!", eine DSCHUNGEL WIEN Eigenproduktion in Zusammenarbeit mit dem BG & BRG Rahlgasse, feiert am Dienstag, 21. April 19:00 seine Premiere. In einer explosiven Mischung aus Showelementen, der direkten Thematisierung eines „Anti-Gewalt-Projekts" und fiktiven Szenen aus dem Schulalltag setzt sich diese 120minütige Realitätsshow mit Themen wie verbaler und physischer Gewalt, Mobbing, Unterstellungen und Diffamierungen, fehlendes Verantwortungsgefühl und Respekt, aber auch mit Liebesbeziehungen und Zukunftsperspektiven auseinander."[444]

Seit Bestehen des Theaterhauses werden in der Ferienzeit von Juli bis September die „Sommerworkshops" veranstaltet, wobei u.a. das „ImPulsTanz Festival" ein besonderes Highlight darstellt. Im Zuge dieser Darbietungen werden gemeinsam Angebote für Kinder und Jugendliche ausgerichtet:

> „Neben afrikanischen Rhythmen und HipHop steht auch Ballet sowie andere kreative Formen der Bewegung auf dem Programm. In Verbindung mit Tanz darf auch Yoga nicht fehlen, das spielerisch die Basics für die Gesundheit des Körpers vermittelt. Die verschiedenen Altersgruppen reichen von vier bis 13 Jahren, diese werden von ausgewählten erfahrenen Pä-

---

Ortweinplatz Graz, Westbahntheater Innsbruck, Remise Bludenz, DSCHUNGEL WIEN

443 Breitwieser, Gerhard: Medieninformation/Aktueller DSCHUNGEL WIEN Schwerpunkt: junge AutorInnen und Jugendliche auf der Bühne.14. April 2009.

444 Breitwieser, Gerhard: Medieninformation: Österreichweites Theaterprojekt des BMUKK, KulturKontaktAustria und DSCHUNGEL WIEN. 2. April 2009.

> dagogInnen betreut. Am Ende des jeweiligen Workshops werden vor Publikum tolle Aufführungen präsentiert, die im DSCHUNGEL WIEN bestaunt und beklatscht werden können."[445]

Seit 2007 wird ein Nachwuchspreis für die Förderung der darstellenden Kunst für junges Publikum - „Jungwild - der Förderpreis für junges Publikum" vergeben:

> „Die österreichischen Festivals SZENE BUNTE WÄHNE (NÖ), SCHÄXPIR (OÖ), das Theaterhaus für junges Publikum DSCHUNGEL WIEN und spleen*graz haben gemeinsam einen Nachwuchspreis namens JUNGWILD in Form eines Wettbewerbs ausgeschrieben. Ziel ist es, junge Theaterschaffende (bis 30 Jahre) zu fördern, die in Österreich auf allen Gebieten der darstellenden Kunst für Kinder und Jugendliche arbeiten."[446]

Ein Vermittlungsangebot der anderen Art bieten die „Dialogveranstaltungen". In Kooperation mit ASSITEJ Austria finden im Dschungel Wien regelmäßig Podiumsdiskussionen zu laufenden Schwerpunkten und aktuellen Themen des Theaters statt. Diese fördern und schaffen einen Gedankenaustausch zwischen Theaterschaffenden und dem Publikum.

Ein weiteres Gemeinschaftsprojekt - „schreibzeit" - besteht seit 2005 mit dem Buchklub (Leseförderung vor allem an Schulen), dem Institut für Jugendliteratur und dem Kaiser Verlag. Dieses Projekt

> „richtet sich an AutorInnen, die für Kinder und Jugendliche schreiben wollen - sowohl Prosa als auch Dramatik. Die TeilnehmerInnen erhalten die Möglichkeit, ein Jahr lang von einem professionellen Tutor/einer Tutorin individuell betreut zu werden und in von ExpertInnen betreuten Workshops zusammen zu treffen. Ziel der „schreibzeit" ist es, erarbeitetes Textmaterial beider Gattungen professionell umgesetzt öffentlich zu präsentieren und in Publikationen bzw. Aufführungen zu realisieren."[447]

Yasmin Hafedh, eine der jüngsten SlammerInnen Österreichs und der Musiker Peter Jeidler (Hörspielcrew, B Seiten Sound) organisieren und moderieren seit März 2008 im Dschungel Wien die Veranstaltung „U20 Poetry Slam".

---

445 Dschungel Wien: Programmheft April, Mai, Juni 2008. Seite 27.

446 Dschungel Wien: Programmheft für September, Oktober, November und Dezember 2008. Seite 6.

447 Ebd. Seite 40.

„Ein Poetry Slam ist ein Wettlesen um die Gunst des Publikums. Bei diesem dürfen ausschließlich Leute unter 20 gegeneinander antreten - ein in der internationalen Szene übliches Format, das in Österreich noch nicht etabliert ist. Wer nicht selbst lesen oder performen möchte, ist als ZuhörerIn herzlich willkommen - und entscheidet vielleicht als JurorIn mit, wer als GewinnerIn am Ende des Finales feststeht. Poetry ist vom Publikum fürs Publikum und mit dem Publikum![448]

Einen festen Platz im Angebot des Dschungel Wien hat auch die offene Bühne für junge Menschen - „führdichauf". Hier hat man die Chance, sich vor jungen Leuten zu präsentieren oder Freunden bei ihren ersten öffentlichen künstlerischen Auftritten zuzusehen. „Denn „führdichauf" ist d i e Plattform, Szenen, Texte oder musikalische Beiträge vor Publikum zu präsentieren. Mitmachen oder Zuschauen - die Hauptsache ist: dabei sein!"[449]

In Zusammenarbeit mit der Literaturwerkstatt Wien, der Jugend-Literatur-Werkstatt in Graz und Dschungel Wien finden in regelmäßigen Abständen die „Werkstatt-Treffen" statt. Bei diesem Angebot wird Kindern zwischen acht und vierzehn Jahren geholfen, gute Ideen für neue Texte zu finden, indem sie beim Schreiben von Geschichten, Gedichten, Tagesbuchnotizen, etc. kostenlos unterstützt werden. Nebenbei besteht auch die Gelegenheit, andere gleichaltrige interessierte Schreiber kennenzulernen.

Mit „gelb - das andere Theatererlebnis!" - unkonventionell, engagiert, pulsierend, frech! - bietet das Theaterhaus seit 2006 eine neue Programmschiene, in welcher „junge Menschen ihre Wünsche und Sehnsüchte, ihre Suche nach und das Finden von Antworten, den Alltag oder „ganz normalen Wahnsinn" ins Zentrum des Bühnengeschehens"[450] rücken können.

Einen besonderen Mehrwert im Rahmen des „Internationalen Kinderfilmfestivals" verschafft Dschungel Wien im November jeden Jahres seinen Workshop-TeilnehmerInnen. In Verbindung einer Filmvorführung mit anschließendem Workshop, welches von einer Theaterpädagogin geleitet wird, werden die Schlüsselstellen des gesehenen Films herausgearbeitet und den Zusehern die unterschiedlichen künstlerischen Mittel

448 Ebd. Seite 41.

449 Ebd. Seite 4.

450 Dschungel Wien: Programmheft April, Mai, Juni 2007. Seite 4.

von Theater und Film bewusst gemacht. „Hier wird Medienkompetenz für Kinder konkret erfahrbar und auf der emotionalen Ebene bleibt viel Spielraum für die Nachbereitung der Filmeindrücke."[451]

Eine ganze Nacht im Theater bietet „die Abenteuernacht". Bei dieser Aktion können Kinder ab neun Jahren teilnehmen. Ankunft ist um 19 Uhr im Foyer des Theaterhauses. Ab diesem Zeitpunkt werden den Kindern über 900 Minuten künstlerische Darbietungen, Mitmachaktionen und Workshops präsentiert. Zunächst wird gemeinsam ein Theaterstück angesehen, danach zu Abend gegessen und schließlich stehen die Kinder selbst als SchauspielerInnen im Rampenlicht. Nach den zahlreichen Abenteuern wird auf der Bühne des Dschungel Wien geschlafen, wobei die notwendigen Utensilien für die Übernachtung mitzubringen sind. Am nächsten Morgen erfolgt nach dem Frühstück die Abholung durch die Eltern.

Als abschließendes Beispiel ist ein von Dschungel Wien initiiertes „neues Theaterfeld" im Bereich Musiktheater, Performance und theatrale Musik für junges Publikum: „Dschungel Wien Modern" erwähnenswert. Dieses zeitgenössische Musikfestival richtet sich an Kinder ab zwei Jahren und jung gebliebene Menschen. Das Programm setzt sich aus internationalen Gastspielen und Ur- bzw. Erstaufführungen zusammen und spannt bei den Vorstellungen einen weiten Bogen vom Objekttheater über Klangfarbenkonzerte und Märchenspielen bis hin zu Tanz- und Musiktheaterprojekten. Seit 2007 finden Konzerte auch außerhalb des MuseumsQuartiers in der Peterskirche und in der brunnen.passage statt. Dieses Festival ist zu einem fixen Bestandteil des kulturellen Angebotes der Stadt Wien geworden.

7.5 DSCHUNGEL WIEN und der interkulturelle Dialog

Der folgende Text ist eine Zusammenfassung eines Email Interviews, welches ich mit der Dramaturgin des Dschungel Wien, Marianne Artmann, im März 2009 geführt habe. Marianne Artmann ist seit August 2003, also ein Jahr vor der Eröffnung des Theaterhauses, angestellt.

451 Kinder Filmfestival: Was kann der Film – was macht das Theater. http://www.kinderfilmfestival.at/2005/html/workshop.html. Zugriff am 20. Mai 2009.

Der interkulturelle Dialog bzw. interkulturelle Schwerpunkte und Themen haben eine Wichtigkeit im Programm und in der Arbeit des Dschungel Wien - dazu gehören verschiedene Genres, Zugänge, Lebensentwürfe, Themen, Richtungen und eben auch Kulturen. Dies zeigt sich besonders auch in den regelmäßig stattfindenden Länderschwerpunkten, wie z.B. zu den Ländern Flandern, Schweiz, Liechtenstein, Israel, Rumänien, Tschechien, Polen, Schweden etc., aber auch bei den Eigen- und Koproduktionen des Hauses („Brief" war eine 4-Länder-übergreifende Koproduktion, in „Überraschung" und „Geheime Welten" wirken TänzerInnen aus Kolumbien und Portugal mit, bei „Ein Wort ist ein Wort" spielt ein persischer Künstler mit, „Afrikanische Märchen" ist eine Koproduktion mit dem aus Simbabwe stammenden Ensemble IYASA, in „Fieberträume", einer Koproduktion mit TheaterFOXFIRE, wirken Künstler aus 6 verschiedenen Nationen mit, usw.).

Weiters gibt es eine Kooperation mit der brunnen.passage, in dessen Rahmen IYASA Workshops veranstaltet, wobei Kinder mit Migrationshintergrund im Dschungel Wien Vorstellungen und Workshops besuchen können. Auch gab es eine Kooperation mit „Kulturen in Bewegung" (Projekt „Onda Latina" 2006 mit Workshops und Konzerten von Lateinamerikanischen KünstlerInnen) und der Theatergruppe „daskunst" - ein multinationales Ensemble. Inhaltliche interkulturelle Thematisierung auf der Bühne erfolgte in „Don Quijote - ein Vorspiel", „Dirty Dishes", „Vermutungen über Aischa oder Inländer sind auch arme Schweine", „Bucharest Calling", „Jugend ohne Gott" u.v.a.

Viele internationale Gastspiele mit KünstlerInnen aus Deutschland, der Schweiz, Italien, Frankreich, Liechtenstein, Tschechien, Polen, Schweden, Dänemark, Kroatien, Belgien, den Niederlanden, Simbabwe, u.a. konnten bisher dargeboten werden. In Planung ist außerdem, Assistenzen bei einer der nächsten Koproduktionen (mit Beteiligten aus Italien, der Schweiz, Serbien und Österreich) international zu vergeben (Bewerbungen aus Südkorea und Australien liegen vor).

Der Dschungel Wien sieht große Chancen im interkulturellen Dialog. Vor allem beim Zuseher manifestieren sich die Effekte und Chancen durch Veränderung von Wahrnehmung, Sensibilisierung für andere Menschen und Kulturen, veränderter Umgang, mehr Toleranz, Hinterfragungen von Konditionierungen, etc.

Im Theaterhaus für junges Publikum gibt es keinen speziellen Theaterpädagogen. Stücke oder Produktionen werden auch nicht ausschließlich nach dem Gesichtspunkt des interkulturellen Dialogs analysiert bzw.

entsprechend für den Dschungel Wien konzipiert. Dieses ergibt sich eher deshalb, weil es für das Haus selbstverständlich dazugehört.

Da der Dschungel Wien hauptsächlich für 1- bis 22-jährige Zuschauer konzipiert ist und sich das Theaterhaus bewusst ist, welch große Bedeutung vor allem interkulturelle Theaterstücke und Themen für die Entwicklung von Kindern haben, werden solche Stücke in das Programmangebot aufgenommen. So kommen Kinder frühzeitig mit diesen Themen und auch mit Künstlern aus anderen Ländern in Berührung und damit wird das Interkulturelle „ganz normal".

Immer wieder gibt es Kooperationen mit Schulen/Kindergärten/Jugendorganisationen welche interkulturelle Themen behandeln und ausarbeiten. Beispielsweise gibt es eine Kooperation mit der brunnen.passage, bei welcher sich von März bis Juni 2009 eine Gruppe von Kindern im Alter von 8-12 Jahren jeden Freitag in der brunnen.passage trifft, um Geschichten zu erfinden, Theaterstücke im Dschungel anzusehen, mit SchauspielerInnen zu reden und selbst in kleine Szenen mitzuspielen.

Grenzen beim interkulturellen Dialog im Theater (Unaufführbarkeit, Schwellen, Dramaturgische Bearbeitung…) sieht die Direktion nicht. Eher bereiten Konzepte, die keine künstlerische Relevanz haben, sondern Spezialprojekte sind, Probleme – für diese ist der Dschungel Wien aber die falsche Anlaufstelle.

Auf die Frage in welchem Ausmaß der Dschungel Wien als Medium interkultureller Arbeit einen Beitrag zur Weiterbildung am interkulturellen Dialog zwischen Kindern, Jugendlichen und jungen Erwachsenen leistet, meint Marianne Artmann: „Wir halten unseren Beitrag im Rahmen der Darstellenden Kunst für junges Publikum nicht für gering, da wir neben Einzelprojekten und punktuellen Veranstaltungen wie „Multikids" einen kontinuierlichen Beitrag leisten." Bezüglich der aufgeführten Theaterstücke schätzt Artmann, dass von den Wiener Produktionen etwa 25 % und von den Eigen- und Koproduktionen sowie Gastspielen etwa 60 % einen interkulturellen Dialog enthalten.

8 Vermutungen über Aischa oder: Inländer sind auch arme Schweine

Der Autor dieses Theaterstückes ist Hubertus Zorell. Das Stück ist eine Produktion von Theater ISKRA[452] und wurde am 15. März 2007 im Theater Dschungel Wien als Uraufführung unter der Regie von Nika Sommeregger[453] vorgestellt. Die ca. 60minütige Aufführung ist dem Bereich des Sprechtheaters zuzuordnen und für Zuseher ab 13 Jahren empfohlen. Im Jahr 2008 wurde dieses Werk für den „Stella" - Darstellender.Kunst.Preis für junges Publikum - nominiert. Im Untersuchungszeitraum dieser Dissertation wurde die Vorstellung am 5. März 2008 um 19:30 Uhr besucht.

Als DarstellerInnen waren folgende KünstlerInnen zu sehen:

Rosa:	Franziska King
Fanny:	Julia Kneussel
Jakob:	Miha Kristof
Paul:	Hannes Perkmann

8.1 Inhalt

Vier SchulkollegInnen namens Fanny, Paul, Rosa und Jakob stoßen zwei Tage vor den offiziellen Schulferien zufällig auf einen Zeitungsartikel und erfahren dabei, dass ihre Mitschülerin Aischa, welche knapp 18 Jahre und Muslima ist, schwer verletzt im Koma liegt. Im Artikel heißt es, dass die Verletzungen auf eine Gewalttat zurückzuführen sind und das Mädchen dabei schwer misshandelt worden sein dürfte. Schnell kommen Vorurteile und Mutmaßungen unter den Freunden auf, warum Aischa dieses zugestoßen ist.

452 Das Theater Iskra wurde von der Regisseurin dieses Stücks 1992 gegründet. Seit über 17 Jahren beschäftigt sich die Theaterwissenschafterin Nika Sommeregger mit gesellschaftlichen Fragen, die besonders für Kinder und Jugendliche auf der Bühne inszeniert und thematisiert werden. Aus dem slowenischen Übersetzt bedeutet Iskra: der Funke.

453 Weitere Mitwirkende des Theaterstücks: Regieassistenz: Alice Neusiedler, Bühne: Wolfgang Radetzky, Presse: Jana Sommeregger, Licht: Hannes Röbisch, Presse: Jana Sommeregger.

„Paul „wundert das nicht, die hat immer schon provoziert". Man wisse doch gar nichts über den Hergang, kontern die anderen. Zwischen Versuchen, bei der Polizei oder im Spital mehr herauszukriegen, um die Mitschülerin vielleicht auch besuchen zu können, konzentrieren sich die Gespräche immer mehr auf Aischa. Auch die anderen, die sich von Pauls offensichtlichen Anflügen und Rassismus distanzieren, erinnern an Alltagssituationen. Als Fannys Schminkzeug weg und Aischa geschminkt war - naja lag doch auf der Hand... Oder nicht? Zur Tat, bei der Aischa schwer verletzt wurde, meint ja auch die Polizei, das hätte sich „im Türkenmilieu" abgespielt."[454]

Thematisierung von Vorurteilen und Angst gegenüber Fremden und die Frage, wo Rassismus beginnt, finden hier rund um die Muslima Aischa statt. Überraschenderweise ist Aischa selbst nie anwesend und tritt lediglich durch das Rollenspiel ihrer vier MitschülerInnen und über einen Brief, in welchem sie ihre Gefühle zwischen zwei Welten aufzeigt, am Ende des Stückes in Erscheinung. „Dieser Regiegriff bewirkt eine starke Bühnenpräsenz der „unsichtbaren" Aischa. Sie ist da, sie spricht, sie agiert über die Darstellung der vier anderen."[455]

8.2 Intentionen

„Das Stück ist sprachlich direkt und schnell als „Input" in einem Bild konzipiert: Weniger stehen fertige Antworten im Vordergrund, als die Intention, Fragen aufzuwerfen, die in eine Kontroverse münden sollen: Wer sind „SIE", wer sind „WIR"?

Die Zusammenhänge zwischen kulturellen Traditionen und der Produktion von Stereotypen und Klischeebildern, die einer Gesellschaft dadurch zugeschrieben werden, sind komplex. Das Theaterstück versucht diese Zusammenhänge aus der Perspektive von Jugendlichen anhand eines „Fallbeispiels" aufzuzeigen, das so oder fast so in jeder österreichischen Schule heute passieren hätte können."[456]

---

454 Wagner, Heinz: Wer weiß etwas über Aischa? In: Kurier, Ausgabe vom 29. März 2007.

455 Theater Iskra: Vermutungen über Aischa oder: Inländer sind auch arme Schweine. Begleitinformation zur Vorstellung. Seite 6.

456 Theater Iskra: Vermutungen über Aischa oder: Inländer sind auch arme Schweine. Begleitinformation zur Vorstellung. Seite 5.

8.3 Der praktische Gesellschaftsdiskurs

In Anlehnung auf die von mir entwickelten theoretischen Modelle des interkulturellen Dialogs im Kapitel 5.6 soll hier nun das Modell des „Gesellschaftsdiskurses“ analytisch in der Praxis dargestellt werden. Hierbei bewegt sich der interkulturelle Dialog in einem sozialen und kulturellen Brennpunkt der heutigen Zeit. Die Angst vor dem Fremden, Vermutungen und Vorurteile gegenüber AusländerInnen, Rassismus bzw. wie man über AusländerInnen spricht, denkt und urteilt sind Inhalte dieses Stückes, welches die SchauspielerInnen in Dialogen und Erzählungen dem Publikum präsentieren. Dabei sollen die ZuseherInnen mit Inhalten und Meinungen, mit welchen sie täglich konfrontiert sind, sensibilisiert werden und diese als eine mögliche Auseinandersetzung mit eigenen Erfahrungen ansehen.

8.3.1 Exemplarische Darstellung

Im Folgenden wird anhand von Zusammenfassungen bzw. Zwiegesprächen erklärt, wie die einzelnen Vermutungen und Vorurteile gegenüber AusländerInnen und Ängste vor dem Fremden in diesem Stück thematisiert werden. Diese einzelnen Gespräche sowie das Verhalten und die verschiedenen Erlebnisse der Protagonisten mit Aischa werden nach dem Ablauf der Handlung exemplarisch dargestellt. In der szenischen Umsetzung lösen schnelle Dialoge sich mit Erzählpassagen ab, Behauptungen und Vermutungen über Aischas Geschichte wechseln blitzartig von der Gegenwart in die Vergangenheit und von dieser in die Zukunft.

Vermutung: „Mit der Aischa passiert noch einmal was.“

Jakob, Paul, Rosa und Fanny sitzen auf der Bühne und lassen gemeinsam Szenen und Begebenheiten, die sie mit Aischa erlebt haben, in Revue passieren. Die wohlbehüteten Jugendlichen erzählen einander zunächst Erlebnisse ihrer vergangenen Ferien. Zwei Tage vor dem offiziellen Beginn der Sommerferien entdeckt Rosa plötzlich eine Zeitungsmeldung, in welcher das Schicksal ihre Mitschülerin Aischa beschrieben wird:

Rosa: „In Koma liegt eine junge Frau, die gestern in den frühen Morgenstunden auf der Wiener Donauinsel aufgefunden wurde. Es handelt sich laut Polizeiangaben um die knapp 18jährige Aischa G. Ein Pensionist aus Floridsdorf fand die Schwerverletzte in der Nähe der „U1 Station Alte Donau“. Zu den genauen Umständen konnte die Polizei bis Redaktionsschluss keine Angaben machen. Die Verletzungen sind aber auf eine Gewalttat zurückzuführen in deren Verlauf das Opfer schwer misshandelt worden sein dürfte. Der Zustand der jungen Frau wird mit Hinweis auf die behandelten Ärzte im AKH als sehr kritisch bezeichnet. Die Polizei bittet um sachdienliche Hinweise, wo und insbesondere in welcher Begleitung die junge Frau in der Nacht auf gestern gesehen wurde."

Bestürzung macht sich unter den Freunden breit und erste Vermutungen werden angestellt:

Paul: „Ich hab's ja immer schon gesagt."

Fanny: „Was hast du denn immer schon gesagt?"

Paul: „Ja, ich habe immer schon gesagt, mit der Aischa passiert noch einmal was!"

Anflug von Rassismus

Es kommen Streitigkeiten untereinander auf. Fanny versucht unterdessen - jedoch ergebnislos - telefonisch zu ermitteln, ob man Aischa im Spital besuchen dürfe bzw. wie ihr Gesundheitszustand sei. Nach dem Telefonat beschimpft Fanny Paul mit den Worten:

Fanny zu Paul: „Du nervst mit deinem „das habe ich immer schon gesagt". Ist mir wurscht was du immer schon gesagt hast. Du bist so was von cool. Du tust so als ob dich das alles nichts angeht. Halt dich doch da raus! Dir ist es scheißegal was mit der Aischa passiert ist, oder? [...] Du hast schon immer was gegen die Aischa gehabt, weil sie Türkin ist!"

Begegnung mit dem Fremden: Aischa und das Kopftuch

Paul spricht zum Publikum und gibt zu, dass ihm Aischa in Wirklichkeit persönlich nicht lag. Dies hätte nichts damit zu tun, dass sie Ausländerin ist. Im Gegenteil täte es ihm, genauso wie den anderen, sehr leid, dass Aischa so übel zugerichtet wurde.

Paul: „Mich hat es halt nicht so verwundert. Die Aischa hat schon immer gern provoziert. Das hab ich auch gesagt. Allein wie sie angezogen war. Oder wie sie einem manchmal angeschaut hat. Vor allem ganz am Anfang, als sie zu uns gekommen ist. Das war ziemlich eigenartig, wie die sich aufgeführt hat. Ich hatte wirklich keine Lust, plötzlich alles zu vergessen, nur weil sie jetzt im Spital lag. Als sie zum ersten Mal zu uns ins Klassenzimmer gekommen ist, das war echt der Hammer. Wie sie plötzlich in der Tür stand, völlig verhüllt und vermummt, man hat überhaupt nichts von ihr gesehen."

Rosa: „Geh bitte, wieso denn völlig vermummt? Völlig vermummt war sie wirklich nicht."

Paul: „Na ja, mit dem Tschador überm Kopf und dem Rock fast bis zum Boden."

Fanny: „Tschador! Das war doch kein Tschador, ein Kopftuch halt."

Paul: „Das mein ich ja, Kopftuch. Man hat praktisch von ihrem Gesicht nichts mehr gesehen."

Jakob: „Also wirklich Paul! Sie hat ein Kopftuch aufgehabt, das war's auch schon."

Paul: „Das hab ich doch gesagt. Was ist denn?"

Fanny: „Mit einem Kopftuch ist man doch nicht vermummt!"

Paul: „Natürlich ist man mit einem Kopftuch vermummt, mit einem schwarzen Rock und mit schwarzen Strümpfen."

Rosa: „Graue Strümpfe, Paul."

Paul: „Jedenfalls hat sie uns überhaupt nicht angeschaut. Mit dem Blick zum Boden. Es kam uns fast so vor, als ob sie uns die Gelegenheit geben wollte, sie anzuschauen. Und die haben wir auch gebraucht. Wir waren echt völlig von den Socken. Jedenfalls kam sie uns vor, wie eine Geistererscheinung. Natürlich haben wir gewusst, dass eine Neue in die Klasse kommt, aber mit so was hat ja keiner gerechnet. Es war eine ganze Weile lang still. Dann hat sie uns kurz zugenickt, ist zu einem freien Platz gegangen und hat sich gesetzt." (Während der Erzählung pfeift Jakob Aischa virtuell hinterher und alle fingen an zu lachen).

Vermutung: Streit innerhalb der Türkenszene

Jakobs pfeifen nach Aischa war damals als Scherz gedacht, doch diese sah Jakob nur böse an. Die Aggressionen von Paul wurden durch Aischas Verhalten jedoch noch verstärkt und seine Meinung, dass es ihn nicht wundere, wenn ihr noch einmal etwas passieren würde, bestätigt. Die Mädchen lenken ein und erklären ihm, dass sie es auch nicht toll fänden, wenn sie neu in eine Klasse kommen und jemand ihnen nach pfeifen würde.

Die vier Schulfreunde stellen weitere Nachforschungen an, um herauszufinden, was mit Aischa passiert sein könnte. Sie versuchen mit unterschiedlichen Leuten in Kontakt zu treten und forschen u.a. auch bei der Polizei nach. Fanny wurde von einem Polizisten befragt, ob sie konkrete Angaben zu diesem Vorfall machen könne, ob sie Aischa in den letzten Tagen gesehen hätte und ob sie Leute, Freunde oder Bekannte aus Aischas Umgebung kennen würde. Auch wollte er wissen, ob sie oder die anderen wüssten, was Aischas Vater beruflich macht. Dazu konnte sie keine Auskünfte geben und schließlich erfährt sie, dass es sich bei der Tat vermutlich um einen Streit innerhalb der Türkenszene gehandelt hätte - das wäre ja nicht das erste Mal gewesen.

Nachspielen eines Türkenstreits

Jakob fragt bei Fanny nach, was der Polizist gesagt hatte.

Fanny zu Paul: „Streit innerhalb der Türkenszene."

Paul: „Was? Streit innerhalb der Türkenszene?"

Fanny: „Was es ist - Streit innerhalb der Türkenszene!" (Fanny äfft diesen Satz mit türkischem Akzent nach).

Auf einmal flippen alle völlig aus und simulieren einen typischen Türkenstreit - so wie er sich ihrer Meinung nach zuträgt. Die Männer stehen dabei auf der einen Seite und die Frauen mit ihren Kapuzensweater über den Kopf gezogen auf der anderen.

Die Türken besitzen eine andere Kultur

Nach dem vorgespielten Streit diskutieren Fanny und Paul über die Verschiedenheit der türkischen Kultur:

Paul: „Das kommt oft vor."

Fanny: „Was?"

Paul: „Streit innerhalb der Türkenszene. Aischa kann froh sein, dass sie noch lebt."

Fanny: „Jetzt übertreibe nicht."

Paul: „Aber das hat der Polizist doch auch gesagt. Ich meine, es kommt oft vor."

Fanny: „Du weißt doch gar nicht, wie es passiert ist."

Paul: „Die gehen halt mit Gewalt ganz anders um. Sie sind viel brutaler. Verstehst du? Die zücken gleich eine Waffe. Die haben einfach eine andere Kultur. Verstehst du? Die kommen gleich mit Waffen..."

Fanny: „Ah ja, klar. Wie damals bei der Türkenbelagerung."

Paul: „Ich meine, die kommen hierher, sind Ausländer und fühlen sich einfach fremd."

Verdächtigungen: Dunkle Geschäfte

Rosa spricht zum Publikum und meint, dass in Wien jeder jeden kenne bzw. wenn nicht, dann kennt man jemanden der diese Person kennt. Eigenartigerweise war dies bei der Familie Günes nicht der Fall. Niemand wusste etwas über diese Familie, keiner wusste, welchen Beruf der Vater ausübt. Aischa erzählte immer, dass er Geschäftsmann sei. Alle vier Freunde durchsuchen die gelben Seiten und versuchen herauszufinden, welchen Beruf Aischas Vater wohl ausübt. Jakob ist der Meinung, dass er in dunkle Geschäfte verwickelt ist, da ja auch nicht einmal Aischa wusste welcher Arbeit er nachgeht. Es müssen dunkle Geschäfte sein, denn so bezeichnet man Tätigkeiten von denen man nicht genau weiß in welchem Umfeld sie stattfinden. Fanny sieht es ganz anders:

Fanny: „Nein, so sagt man das überhaupt nicht. Dunkle Geschäfte bezeichnet man als solche, die kriminell sind."

Jakob: „Blödsinn."

Fanny: „Sicher, das ist genau dasselbe."

Jakob: „Ok, eben nicht. Ich habe gesagt, dunkle Geschäfte weil ich eben nicht genau weiß ob sie kriminell sind oder nicht, ok?"

Fanny: „Aber du weiß auch nicht, ob sie nicht kriminell sind."

Jakob: „Natürlich nicht. Das kann ich doch nicht 100prozentig wissen, oder? Weiß du es vielleicht 100prozentig?"

Fanny: „Nein, ich weiß es doch bei deinem Vater auch nicht."

Jakob: „Was willst du denn damit sagen?“

Fanny: „Dass ich nicht 100prozentig weiß, was dein Vater für dunkle Geschäfte macht.“

Jakob: „Hey du, pass bloß auf was du sagst, ok?“

Fanny: „Pass du doch auf, was du sagst!“

Jakob: „Ich habe nichts schlechtes über deinen Vater gesagt.“

Fanny: „Aber über Aischas Vater doch, verstehst du?“

Jakob: „Aber es ist schon komisch, dass niemand weiß was er so macht.“

Fanny: „Erstens: wir wissen es nicht, das ist alles. Außerdem ist es kein Grund, ihn zu verdächtigen.“

Verdächtigung: Aischa hat Fanny's Schminkzeug geklaut

Der Streit eskaliert und Jakob meint, dass Fanny doch aufhören möge den Moralapostel zu spielen. Schließlich habe auch sie schon einmal Aischa verdächtigt.

Jakob dreht sich wieder zum Publikum und erzählt, dass Aischa damals, als sie neu in die Klasse kam, noch ihr Kopftuch getragen hat und ungeschminkt war. Nach einigen Wochen war es für die Klassenkameraden eine große Sensation, dass Aischa plötzlich geschminkt war. Sie hat auf Komplimente und Witze nicht reagiert und verhielt sich so, als ob nichts Außergewöhnliches daran wäre. Nach dem vierten oder fünften Mal, als Aischa geschminkt in die Schule kam, verdächtigte Fanny sie, ihr teures Schminkzeug aus ihrem Ruckzack geklaut zu haben. Sie forderte Aischa auf, ihr die Schminksachen zurückzugeben und kontrollierte dabei deren Schul- und Jackentasche. Aischa errötete, obwohl bei der Durchsuchung nichts zu finden war. Am Ende stellte sich heraus, dass ihre Schwester die Sachen genommen hatte. Fanny fand im Nachhinein diese Aktion nicht so schlimm, jemanden zu verdächtigen, obwohl man es nicht beweisen konnte.

Kultur und Religion

Fanny wollte ihren Freunden nicht erzählen, dass sie das Schminkzeug bei ihrer Schwester gefunden hatte. Eigentlich war es ihr danach peinlich, wie sie Aischa behandelte hatte. Zum Publikum erzählt sie, dass sie zum damaligen Zeitpunkt ziemlich sauer auf Aischa war:

Fanny: „Ich war ziemlich sauer auf die Aischa. Sie hat mir nämlich bei einer Matheschularbeit den Schummler weggenommen. Ja! Das war total blöd! Ich hab noch gar nicht richtig angefangen, da greift sie zu mir herüber und nimmt mir meinen Schummler weg! Ich hab dann einen Fleck deswegen bekommen. Das muss man sich mal vorstellen! Es war echt gemein. Wie haben sie daher dann ziemlich in die Mangel genommen.

Ich meinte dann zu ihr: Sag mal bist du total übergeschnappt? Das kannst du doch nicht machen. Darauf hat Aischa nur gesagt: das ist eine Sünde. Was ist eine Sünde? Wenn man etwas macht das nicht richtig ist, das ist eine Sünde. Geh Aischa, das ist doch keine Sünde, wenn man schummelt. Sünde ist, wenn man jemanden umbringt oder betrügt oder so etwas. Ja, meint Aischa, wenn man betrügt. Betrug ist eine Sünde und schummeln ist auch Betrug."

Jakob: „Jetzt mal langsam, Aischa! Man ist ja nicht gleich ein Betrüger, wenn man mal schummelt!"

Rosa: „Jetzt sei halt nicht immer so komisch Aischa!"

Paul: „Jetzt pass' mal auf! Ihr könnt da unten machen, was ihr wollt, da redet euch keiner drein. Aber wenn du uns hier vorschreiben willst, was Sünde ist und was nicht, das geht zu weit, finde ich. Merk dir das! Ihr habt eure Religion und wir unsere, wir lassen uns bitte nicht auch noch eure Religion aufdrängen, klar?"

Fanny: „Die Aischa ist nur ganz ruhig da gesessen und hat zugehört. Plötzlich sagte sie: Meine Mutter wurde einmal in Wien von einem Rassisten ins Gesicht geschlagen."

Als Fanny von diesem Ereignis hörte, vermutete sie sofort, dass das vielleicht der Grund für den Umzug der Familie von Wien in die Kleinstadt war. Diese Information wollte sie dem Polizisten mitteilen - aber dieser wusste über den Vorfall mit Aischas Mutter, der wahrscheinlich einen privaten Hintergrund hatte, längst Bescheid. Zum Geschehen mit Aischa meinte er, dass es jetzt ganz klare Hinweise auf eine Tat im Türkenmilieu vorlägen.

Ressentiment gegen Drogen

Nach dieser Begebenheit diskutieren alle sehr laut über dieses Ermittlungsergebnis der Polizei. Die Freunde vermuten nun, dass Drogen eine Rolle gespielt haben könnten. Die vier sprechen zum Publikum gewandt:

Paul: „Aischa hat geraucht. Das weiß ich ganz genau."

Fanny: „Die Aischa hat nicht geraucht. Das weiß ich ganz genau."

Jakob: „Natürlich hat sie ganz gerne einmal etwas geraucht. Das weiß ich ganz genau."

Rosa: „Am Anfang nicht. Am Anfang hat sie überhaupt nicht geraucht. Das weiß ich ganz genau."

Paul: „Ich rede nicht vom Anfang, sondern von später. Klar hat sie geraucht."

Fanny: „Sie hat nicht geraucht, ganz sicher nicht."

Jakob: „Oh ja, schon. Ganz sicher."

Rosa: „Am Anfang nicht. Am Anfang hat sie überhaupt nicht geraucht."

Fanny: „Und später eher weniger."

Paul: „Aber nicht weniger als Paul."

Rosa: „Weniger als Paul geht nämlich nicht."

Jakob: „Ich weiß es ja, sie hat mir manchmal etwas aus Wien mitgebracht."

Nach der letzten Aussage von Jakob sind die anderen drei sehr verwundert und erstaunt.

Paul: „Ich habe es schon immer gewusst. Die Aischa hat einen Drogenhandel aufgezogen."

Lächerlichkeit macht sich in der Runde über Pauls Aussage breit und Jakob meint, dass Aischa ihm nur aus Gefälligkeit etwas aus Wien mitgebracht hat. Für Paul ist jedenfalls alles klar und er glaubt daher, dass der Vater von Aischa mit Drogen handelt und zudem Mitglied der Mafia ist. Für Fanny ist jedenfalls klar, dass Aischa nichts mit Drogen zu tun haben wollte. Eine besondere große Abneigung hatte Aischa gegen Alkohol.

Jakob: „Wenn irgendwo ein Fest war und sie war eingeladen, dann hat sie immer gesagt: Wenn ihr Alkohol trinkt und solche Sachen, dann werde ich nicht kommen. Jetzt hatten wir aber alle keine Lust auf alles zu verzichten bloß wegen der Aischa. So haben wir gesagt, komm einfach. Du muss ja nicht rauchen und trinken. Der Paul raucht zum Beispiel auch nicht."

Rosas Geburtstag steigt und alle feiern vergnüglich. Rosa verkleidet sich mit ihren Schal als Aischa und die anderen versuchen sie zum Alkohol zu verführen. Schließlich gibt sie nach und trinkt einen Schluck.

Jakob: „Aischa konnte sich mit der Droge Alkohol nie wirklich anfreunden. Mit dem Rauchen ging es ihr ein bisschen besser. Da war gelegentlich ein Zug drin. Sie hat gesagt, rauchen sei ihr sympathischer, dann werden die Leute nicht gleich so laut und aggressiv."

Kulturunterschiede: Schläge, Zwangsheirat, Familienehre

Als die vier weiter über Drogen reden wollen klingelt das Telefon - die Polizei will noch etwas über Aischas Vater in Erfahrung bringen und befragt die Jugendlichen, ob er sich in letzter Zeit etwas seltsam verhalten oder ob es irgendwelche Auffälligkeiten in der letzten Zeit gegeben hätte. Rosa wunderte das nicht, da sie glaubt, dass Aischa vom Vater geschlagen wurde - sogar beide, Aischa und ihre Mutter. Schließlich sei Aischa oft mit einer Schramme zur Schule gekommen.

Rosa: „Sicher hat er sie geschlagen. Und deswegen ist sie auch nie zum Baden mitgegangen."

Jakob: „Was hat denn geschlagen werden mit nicht Baden gehen wollen zu tun?"

Rosa: „Damit man es nicht sieht. Blaue Flecken und so. Mir ist das sofort aufgefallen, als wir Aischa das erste Mal von zu Hause abholten. Kannst du dich daran erinnern, Fanny? Zuerst war er nett und freundlich und dann, als wir gegangen sind, da hat er uns plötzlich so komisch angesprochen. Ich möchte noch etwas sagen. Ich möchte nicht, dass meiner Tochter etwas passiert, meinte er. Ist das klar! Dabei ist er mir mit seinem Gesicht so Nahe gekommen und hat mich am Handgelenk festgehalten, als ob er mein Vater wäre. Ob das klar ist, meinte er! Das war eine Drohung, ganz bestimmt. Ich kenne doch diese Typen. Die arme Aischa, da schlägt sie dieser Typ und schlägt und schlägt und am nächsten

Tag kommt sie in die Schule und darf nichts sagen, weil sie sich schämt. Sie schämt sich für den eigenen Vater und für sich selbst und überhaupt für alles. Sie muss den Mund halten und denkt, dass es hoffentlich niemand bemerkt. Hoffentlich merkt es endlich mal jemand! Das kann man sich gar nicht vorstellen, wenn er am nächsten Tag dann wieder nett zu dir ist und er dich beschenkt. Da weiß man überhaupt nicht woran man ist. Man denkt dass jetzt alles in Ordnung ist. Aber dann will er wieder irgendetwas, du willst es nicht und das Ganze geht von vorne los. Solche Typen gehören eigentlich hinter Gitter oder gleich auf den elektrischen Stuhl. Ich würde mich auf jeden Fall nicht wundern, wenn er es auf der Donauinsel gewesen wäre."

Jakob: „Ihr Vater?"

Rosa: „Ja, er hat sie sicherlich geschlagen. Immer wieder und wieder. Ja, das kann gut möglich sein. Sie hat geschrien. Hör' auf Papa! Bitte hör' auf! Und er hat trotzdem weiter geschlagen bis sie halb tot war. So sind diese Typen."

Völlig aufgelöst verschwindet Rosa in die Ecke der Bühne. Paul glaubt unterdessen auch, dass Aischa von ihrem Vater geschlagen worden ist. Er meint, dass es ja auch bei uns vorkommt, dass jemand seine Kinder schlägt. Des Weiteren argwöhnt er, dass dies vor allem in türkischen Kreisen ganz normal sei, weil es mit Familienehre und Blutrache zu tun hätte. Gerade im Bezug auf die Zwangsheirat befürchtet Paul, dass es immer wieder vorkommt, dass Väter ihre Töchter schlagen, wenn diese mit einer „Verheiratung" nicht einverstanden sind und diese ablehnen. Jakob beruhigt Paul und ist der Ansicht, dass sie jetzt nicht behaupten dürften, dass der Vater Aischa zusammengeschlagen haben soll.

Zusatzproblem: Verhältnis mit einer Türkin

Nach weiteren Vermutungen, wie sich alles zugetragen haben könnte, stellt sich heraus, dass sich zwischen Jakob und Aischa eine Art Liebesgeschichte abgespielt hatte. Jakob erzählt dem Publikum seine Erlebnis: Ursprünglich wollten sich die Freunde wieder einmal einen Spaß mit Aischa erlauben. Sie alle schauten sich bei Paul ein Video an. Dieses Video war allerdings ein Pornofilm und Aischa hatte es zunächst überhaupt nicht bemerkt. Natürlich haben sich alle amüsiert und es war auch Alkohol im Spiel. Schließlich zogen sie sich nach und nach aus, wobei Aischa allerdings nicht mitmachen und nach Hause gehen wollte. Die Türe war jedoch versperrt und der Schlüssel versteckt. Die Freunde wollten sie nicht gehen lassen, versuchten Aischa zu entkleiden und bedrängten sie dabei immer mehr. Plötzlich schlug Aischa um sich und verletzte Paul im Gesicht. Nach diesem nicht gelungenen Spaß brachte Jakob Aischa nach Hause und entschuldigte sich dafür. Später war er einige Male mit Aischa verabredet.

Jakob: „Das Problem dabei war, dass ich es geheim halten wollte. Ich wollte halt nicht, dass sich die Leute das Maul zerreißen. Ich wollte es meinen Eltern nicht erzählen. Nicht, dass meine Eltern ausländerfeindlich wären, oder so. Ich meine unsere Putzfrau ist auch aus Mazedonien. Meine Eltern sagen halt immer, wenn zwei so verschiedene Kulturen aufeinander treffen dann gibt es einfach Probleme. Und Probleme gibt es sowieso schon genug im Leben – dann muss man sich nicht noch Zusatzprobleme verschaffen. Wer sich ein Zusatzproblem verschafft der ist ein Idiot. Eine Beziehung zu einer Türkin, das würden sie als Zusatzproblem ansehen. Na ja, jedenfalls hat die Aischa eh bald mit mir Schluss gemacht."

Gedanken über Aischa

Nach der Enthüllung über die Liebesgeschichte zwischen Jakob und Aischa stehen die vier verstreut auf der Bühne und lassen ihren Gefühlen und Gedanken zum Publikum freien Lauf:

Paul: „Was meint sie wie weh das getan hat."

Rosa: „Irgendwann hat sie angefangen sich zu schminken."

Fanny: „Sie hat super ausgesehen. Immer schon."

Jakob: „Es war schon irgendwie schlimm, wie sie da lag."

Paul: „Weil sie auch keinen Spaß vertragen hat."

Rosa: „Dann sind die Kleider anders geworden."

Fanny: „Dann haben wir es plötzlich gesehen."

Jakob: „Oder eigentlich war es ja gar nicht so schlimm. Schlimm war wie ihr Vater ausgeschaut hat."

Paul: „Sind wir jetzt in der Türkei, oder was?"

Rosa. „Irgendwann ist sie sogar in Jeans herumgelaufen."

Fanny: „Das war aber ja nicht die einzige Veränderung. Überhaupt..."

Jakob: „Schlimm war wie ihr Vater ausgeschaut hat. Völlig irre, wirklich und ihre Mutter auch."

Paul: „Sollen wir uns an sie anpassen und sie an uns. Ist doch wahr."

Rosa. „Das Kopftuch war dann auch anders gebunden. Es hat ausgesehen wie Designermode, oder so."

Fanny: „Man hat mir der Zeit ganz normal mit ihr reden können."

Jakob: „Man hätte fast denken können, die Aischa sei die einzige gesunde."

Paul: „Am Anfang so auf Türkin machen und dann…"

Rosa: „Schon irgendwie super. Ich meine, sie war total schön. Das kann man nicht bestreiten."

Fanny: „Reden hat man immer schon mir ihr können. Sie hat halt ganz gut Deutsch können, aber jetzt hat man immer so mit ihr reden können, dass sie nicht immer so komische Ansichten vertreten hat."

Jakob: „Die Fanny und ich standen herum und hätten was sagen sollen. Uns ist aber nichts eingefallen."

Paul: „Sie hat angefangen."

Rosa: „Trotzdem. Ich meine… Zuerst auf wahnsinnig türkisch und alles…"

Fanny: „Und dann liegt sie im Koma. Und als ihre Mutter angerufen hat."

Jakob: „Ihre Eltern waren uns total dankbar."

Rosa: „Ich fand es schon komisch. Jetzt nicht weil die Burschen so ihren Hals nach ihr ausgerenkt haben. Wirklich nicht. Das war mir wurscht. Mir war sie halt vorher sympathischer."

Fanny: „Ob wir die Aischa wieder im Spital besuchen können, weil na ja, man muss alles probieren bei so einem Koma und man weiß nicht und überhaupt…"

Jakob: „Jedenfalls, solange wir da waren ist sie nicht aufgewacht."

Paul: „Sie hat angefangen!"

Rosa: „Sie hat natürlich gewusst wie sie rüber kommt und alles. Sie hat es eiskalt eingesetzt."

Ansichten über die Aufenthaltsbewilligung von Aischa

Rosa, Funny, Paul und Jakob „finden heraus, dass Aischa von einem Nazi verprügelt wurde und sie, nachdem sie aus dem Koma erwacht ist, in die Türkei gebracht wurde. Aus Sicherheitsgründen? Um sie zu verheiraten? Oder doch abgeschoben? Der Schluss bleibt offen."[457] Sie diskutieren zum Publikum über Aischas Aufenthaltsbewilligung und vertreten dazu ihre Meinung. Rosa würde es schade finden, wenn Aischa deswegen nach ihrer Genesung nicht wieder aus der Türkei zurück kommen könnte. Paul sieht das Problem anders:

Paul: „Ja, dass mit der Aufenthaltsgenehmigung das ist eine gesetzliche Regelung. Die haben ja Gesetze da unten. Man kann nicht immer nur den Staat verantwortlich machen nur weil man keine Fristen einhalten kann. Ich habe es auch nicht für richtig befunden, dass Aischa behauptet hat, es waren Nazis, die sie zusammengeschlagen haben. Das hätte sie wirklich nicht tun müssen. Erstens erinnert man sich nicht nach so einem Koma. Da weiß man nicht was Halluzinationen sind und was nicht. Zweitens: Die Polizei hat andere Hinweise gehabt. Klar sind diese jetzt sauer und machen Probleme mit der Aufenthaltsgenehmigung. Sind ja auch nur Menschen. Ja, die haben auch nur ihre Psychologie. Ausländerfeindlichkeit. Ich glaube, man muss immer zwei Seiten sehen. Man kann nicht immer nur sagen Ausländer sind arme Schweine. Ja, das ist meine Meinung."

Jakob: „Mein Gott, Aufenthaltsbewilligung. Meine Eltern sagen immer, wenn er wirklich so reich ist, der Günes, dann wird es eh kein Problem mit der Aufenthaltsbewilligung geben und selbst wenn, die Türkei ist ja nicht aus der Welt. Meiner Meinung nach, hat die Polizei in die falsche Richtung ermittelt, mit dem angeblichen Türkenmilieu. Die müssen auch abwägen zwischen einerseits der eigentlichen Arbeit und andererseits der Imagepflege. Die sind ja für das ganze Land zuständig, im Zweifel sind sie natürlich für Inländer - ist ja auch irgendwie ihre Aufgabe. Trotzdem, ich würde es schon gut finden, wenn die Aischa wieder zurück kommen könnte. Ich komme auch so über die Runden. Mir fehlt sie schon."

Fanny liest aus einen Brief, den ihr Aischa einmal aus der Türkei geschrieben hat, vor:

---

[457] Theater Iskra: Vermutungen über Aischa oder: Inländer sind auch arme Schweine. Begleitinformation zur Vorstellung. Seite 4.

Fanny: „Zwischen der Welt hier und der Welt bei euch läuft ein tiefer Riss, und dieser Riss geht mitten durch mich durch. Ich spür ihn manchmal richtig in meinem Bauch und in meinem Kopf, mir ist dann schlecht und schwindlig. Ich glaube, ich habe das immer schon gehabt, dieses Gefühl mit dem Riss.

Damals dachte ich, ich kann ihn ausfüllen oder wenigstens gut zudecken. Oder ich dachte, ich kann mich für eine der zwei Welten entscheiden, einfach ein paar Schritte in die eine oder andere Richtung tun und den Riss dort lassen, wo er ist. Heute weiß ich, dass das nicht funktioniert. Egal wohin ich gehe, der Riss wird immer genau dort sein, wo ich bin.

Ich habe oft das Gefühl, ich bin nichts als ein tiefer Riss zwischen zwei Welten. Ich BIN der Riss, verstehst du?"

8.3.2 Theatralische Mittel

Im Stück „Vermutungen über Aischa oder: Inländer sind auch arme Schweine" werden in der Inszenierung die theatralischen Mittel einfach aber doch in ihrem Element sehr wirkungsvoll eingesetzt.

Die Bühne ist schwarz gehalten und verschafft den Zuschauern somit eine sehr gute Konzentration auf die Protagonisten und die Dialoge der SchauspielerInnen. Vier große rote längliche quaderförmige Blöcke sind - manchmal chaotisch aber doch rhythmisch oder auch geradlinig ausgerichtet - aufgestellt. Sie dienen den Protagonisten als multifunktionales Requisit und werden abhängig vom Spielanlass als Versteck, als Podest oder als Sitz und Liege verwendet. Eine sorgfältig ausgewählte Musik gewährt in den dramaturgischen Momenten Spannung, Dichte und Authentizität. Im Spiel der vier Jugendlichen ist viel Kraft und Bewegung zu erkennen, welche auch durch die Kleidung ausgedrückt wird. Lässig und cool präsentieren sich die SchauspielerInnen als wahrhaftige 18jährige. Beide Jungs sind mit T-Shirt, Jeans, Turnschuhen und I-Pod im Ohr bekleidet, die Mädchen mit Jeans, Turnschuhen, Unterhemd und einem Kapuzen-Sweater. Eines der Mädchen ist zusätzlich mit einem Schal bestückt und kann somit Aischa, die im Stück selbst nicht anwesend ist, als Türkin mimen.

Die deutsche Sprache ist klar, schlüssig, manchmal provozierend und mehrfach zum Publikum gerichtet. Das Thema bietet durch seine Komplexität und Brisanz eine besondere Substanz und veranlasst sowohl bei den Protagonisten als auch beim Zuschauer jeweils eine eigene persönliche Konfrontation mit dem Inhalt des Stückes. Dabei soll die Bedeutung und die Dimension des Themas ausgelotet und eine Atmosphäre, die betroffen macht, ausgelöst werden. „Über die Auseinandersetzung mit einem Thema gelangt der Mensch in Dialog mit sich selbst."[458] Dabei wirken die Dialoge nicht künstlich oder aufgesetzt - selbst das Nachspielen eines Türkenstreites wird überzeugend dargestellt.

8.3.3 Sind Ausländer oder Inländer arme Schweine?

Das Stück „zeigt, wie Jugendliche mit den so genannten „Ausländerproblemen" konfrontiert werden, was sie selbst daraus machen und welche Konflikte das unter den Jugendlichen evoziert."[459]

Im Titel „Vermutungen über Aischa oder: Inländer sind auch arme Schweine" wird durch das Bindewort „oder" die Möglichkeit eingeräumt, dass Inländer manchmal auch benachteiligt sein könnten. Kurios ist, dass das Thema des Stückes über Ausländer und Formen des Alltagsrassismus - wie ihn InländerInnen sehen - handelt und dabei nicht AusländerInnen als Protagonisten auf der Bühne stehen, sondern nur InländerInnen.

Im Laufe der Handlung kommt deutlich zu Tage, dass das Bühnenwerk nicht nur von Problemen der AusländerInnen handelt, sondern auch um solche der InländerInnen, da sich die Schauspieler auf der Bühne mit den Themen Islam, Türken, Ausländer, etc. auseinandersetzen. Die Sichtweise der vier jungen Menschen - mit nicht migrantischen Hintergrund - über das Schicksal einer jungen türkischen Frau und den diesbezüglichen Fragen in Bezug auf Kultur und Integration wird in einer interessanten Art vermittelt. Für die ZuseherInnen soll dieses gesellschaftspolitische brisante Thema mit hypothetischen Beispielen und Situationen aufzeigt werden. Der Inhalt des Theaterstückes wird in zwei Ebenen dargestellt. Einerseits betrifft es Aischa, welche sich nach einer Gewalttat im Koma befindet und andererseits vier junge Menschen, die durch das Geschehnis mit Aischa eine Plattform zur Auseinandersetzung mit für sie bedeutsamen Themen gefunden haben. Für Jugendliche in der Zeit des Erwachsenwerdens ist dies besonders wichtig, um ihre Wertevorstellungen in der Gesellschaft zu etablieren.[460]

---

458 Vgl. Haun, Hein: Theaterpädagogik ist Dialog. In: Bundesverband Theaterpädagogik e. V. Seite 7. http://www.eduhi.at/dl/Theater_ist_Dialog.pdf. Zugriff am 15. Juni 2009.

459 Dschungel Wien: Programmheft für Kindergarten und Volksschule. Herbstsaison 2006/2007. Seite 20.

460 Vermutungen über Aischa: oder Inländer sind auch arme Schweine - Radiobeitrag Online. Radio Stimme - Die Sendung der Initiative Minderheiten. Regie: Petra Permesser. Radio Orange 94.0. 28. Februar 2008. 00:33:32–00:36:46.

Offen bleibt die Frage, warum der Autor Hubertus Zorell das Stück „Vermutungen über Aischa oder: Inländer sind auch arme Schweine" genannt hat. Warum sind Inländer arme Schweine? Heißt es im Umkehrschluss, dass auch AusländerInnen benachteiligt sind? Möglicherweise soll durch diesen zweiten Titel zum Ausdruck gebracht werden, dass jedes Mitglied einer Gesellschaft sich Regeln und Werten unterwerfen und auch Verhaltensweisen anderer Kulturen akzeptieren muss. Deshalb erscheint die Aussage von Paul am Ende der Aufführung, man müsse alles immer von zwei Seiten betrachten, als die Lösung in der interkulturellen Auseinandersetzung. Im übertragenen Sinne bedeutet es, dass, egal in welcher Kulturgruppe man sich befindet, sich jeder Mensch im Laufe der Zeit Fragen zum Sinn des Lebens - welche Meinung vertrete ich, was ist mein Ziel, wofür stehe ich, wer bin ich bzw. was will ich im Leben erreichen, etc. - stellt. Leider gibt es für die Gestaltung des eigenen Lebens und den Umgang mit anderen Menschen kein Rezept.[461] Durch den Vorfall mit Aischa reflektieren die SchauspielerInnen sehr deutlich über die Geschehnisse und bilden dadurch - jeder für sich - ihre eigene, nicht vorgefertigte Meinung, was Rassismus bzw. Ausländerfeindlichkeit ist. Es werden keine Bewertungen in den Raum gestellt und so bekommt der ZuseherInnen die Möglichkeit, seine eigenen Schlüsse zu ziehen und sich selbst evtl. in der einen oder anderen Szene wiederzuerkennen.

8.3.4 Interkulturelle Bildung und Integration

In diesem Jugendtheaterstück geht es um verschiedene Kulturen und Welten und auch um die Frage der Integration. Insbesondere der interkulturelle Dialog und die Integration sind eng miteinander verknüpft. In dieser Geschichte wird deutlich gezeigt, dass alle Beteiligten Probleme des Zusammenlebens mit AusländerInnen erörtern und, da sie keine fundierte interkulturelle Bildung besitzen, wenig Verständnis für „das Fremde" aufbringen. Dies ist ein Versäumnis des Elternhauses und vor allem der Schule, da für die Integration Aischas bereits im Vorfeld des Schuleintrittes Schritte zur Akzeptanz des Mädchens eingeleitet hätten werden können. So hätten vorab seitens des Lehrkörpers die notwendigen Vorbereitungen der SchülerInnen in Bezug auf Kultur, Sitten und Religion ihrer türkischen Mitschülerin getroffen und erste Informationen über das Land, die Sprache, die Religion, das Thema: Kopftuch (Tschador), Aufenthaltsbewilligung etc. hätten vorab unterrichtet werden können. Dies hätte geholfen, einen ersten positiven Umgang mit dem Thema

461 Vgl. Ebd. 00:45:28–00:47:25.

der kulturellen Vielfalt zu ermöglichen und dabei negative Vorurteile – vor allem Ressentiments gegenüber Ausländern und Fremden – abzubauen. Bei einer gelungenen Integration ist es bedeutsam, dass die eigene Identität im Einwanderungsland nicht verloren geht. Wie man aus dem Brief von Aischa an ihre Mitschülerin Fanny erfahren kann, ist es für die Betroffenen gar nicht so einfach, eine Integration zu erreichen, ohne mit den Erfordernissen der jeweiligen Kulturen in Konflikt zu geraten.

9 Afrikanische Märchen

Afrikanische Märchen sind in der Kategorie Musik- und Tanztheater angesiedelt. Die Dauer des Stückes beträgt ca. 70 Minuten und ist für ein Publikum ab 6 Jahren konzipiert. Diese am 15. Mai 2007 uraufgeführte berührende „Liebeserklärung" an Afrika ist eine Eigenproduktion des Dschungel Wien in Kooperation mit der aus Simbabwe stammenden afrikanischen Theatergruppe IYASA (Zimbabwe), in welcher der künstlerische Leiter und Direktor des Theaterhauses, Stephan Rabl, das Konzept entwarf, das Stück inszenierte und zudem auch Regie führte.[462] „Bei „Afrikanische Märchen" gab es keine textliche Vorlage, d.h. kein Autor hat den Text geschrieben. Die Schauspieler haben ihre eigenen Geschichten und Erinnerungen zusammengefasst und daraus entstand die textliche Vorlage für das Stück."[463] In der Musiktheaterproduktion wird in Ndebele[464] und Englisch gesungen und mit deutschen Texten gesprochen. Im Untersuchungszeitraum dieser Dissertation wurde die Vorstellung am 3. Mai 2008 um 16:30 Uhr besucht.

Folgende elf DarstellerInnen sind auf der Bühne zu sehen und spielen sich im Stück selbst:

- Martin Dube
- Thembinkosi Dube
- Silethemba Magonya
- Siphephiso Magonya
- Nomathamsanqa T. Mkwananzi
- Shelton Mpofu
- Loveness Ngulube
- Bekithemba Phiri

---

462 Weitere Mitwirkende des Theaterstücks: Musikalische Leitung: Innocent Nkululeko Dube, Licht: Günther Häck (Dschungel Wien), Regieassistenz: Melika Ramic, Inszenierungsassistenz: Fiona Ebner und Theresa Unger.

463 Afrikanische Märchen: Begleitmaterial; Spiele und Information für den Unterricht. Herausgegeben von der Pädagogischen Einrichtung des Dschungel Wien. Seite 8.

464 Sprache eines südafrikanischen Volkes in Simbabwe.

- Future Sibanda
- Sibonisiwe Sithole
- Nozipho Tshuma

9.1 Afrikanische Theatergruppe IYASA

Die afrikanische Theatergruppe IYASA stammt aus Bulawayo, der zweitgrößten Stadt von Simbabwe[465] und besteht für diese Aufführung aus elf Mitgliedern.

> „Seit 2000 besteht IYASA (Inkululeko Yabatsha School of Arts) als Darstellende Kunstschule, die ohne öffentliche Unterstützung an die 80 Kinder und Jugendliche zwischen 10 und 18 Jahren in Gesang, Tanz und Theater ausbildet. Hier wird sowohl der Grundstein für eine künstlerische Laufbahn gelegt, als auch eine finanzielle Unterstützung für ihre Familie

---

465 „SIMBABWE liegt in Afrika [...] und hat als reiner Binnenstaat keinen eigenen Zugang zum Meer. Es grenzt an Südafrika, Botswana, Sambia und Mosambik. Simbabwe hat zwölf Millionen Einwohner, davon sind 97% afrikanischer Herkunft, 2% europäischer Herkunft; alle übrigen kommen aus vielen verschiedenen Ländern. Die Hauptstadt ist Harare und das Land hat 13,001.000 BürgerInnen. Die Religion in Simbabwe setzt sich aus 74% Naturreligionen, 25% Christen und 1% Muslime zusammen. Die Amtssprache ist Englisch. Fanalago und die einheimischen Bantusprachen Cishona und Isindebele dienen als Umgangssprachen. Simbabwe hat ein subtropisches bis tropisches Klima mit feuchtem, teilweise schwülem, heißem Sommer und winterliche Trockenzeiten mit angenehmer Wärme (um 25 Celsius). Das Land ist fast gänzlich von Trockensavanne bedeckt, es gibt aber auch einige lichte Trockenwälder. Im Jahr 2000 hatte Simbabwe mit 10% die niedrigste Analphabetenrate in Afrika, also noch unter derjenigen Südafrikas. In Simbabwe gibt es das Britische Schulsystem. Mit sechs Jahren wird man in die Grundschule (Primary School) eingeschult. Sie dauert von der ersten bis zur 7. Klasse (grade one until grade seven). Danach wechselt man zur High School, achte (form one) bis dreizehnte Klasse (form six). In Simbabwe bleibt man fast den ganzen Tag in der Schule. Nachmittags hat man meistens Sportunterricht, oder verschiedene Angebote außerhalb der gewöhnlichen Schulstunden. Manchmal gibt es aber auch richtigen Schulunterricht am Nachmittag. Sport und Kultur sind sehr wichtig. Die Schule spielt für die Bevölkerung eine große Rolle, da sie den ganzen Tag dort verbringen. Die SchülerInnen tragen Schuluniformen. Es gibt bestimmte Kleidungsregeln, die eingehalten werden müssen."

Afrikanische Märchen: Begleitmaterial; Spiele und Information für den Unterricht. Herausgegeben von der Pädagogischen Einrichtung des Dschungel Wien. Seite 4.

ermöglicht. Seit 2001 kommen sie jedes Jahr für mehrere Monate nach Österreich und sind auf Festivals, wie auch in stehenden Theaterhäusern zu sehen."[466]

Der Intendant des Dschungel Wien, Stephan Rabl, lernte die Gruppe IYASA anlässlich des Besuches eines Kinderfestivals in Harare im Jahre 2001 kennen und lud sie darauf nach Linz zum Schäxpir Festival ein. Seitdem ist das Ensemble ein fixer Bestandteil der österreichischen und europäischen Künstlerszene. In Europa ist die Gruppe vor allem durch ihre Gesangs- und Tanzeinlagen bestens bekannt.

9.2 Beweggrund und Inhalt des Stücks

Anlässlich des europäischen Jahres des interkulturellen Dialogs 2008 hat das Theaterhaus für junges Publikum - Dschungel Wien in Kooperation mit der Darstellenden Kunstschule IYASA die Produktion „Afrikanische Märchen" wieder in sein Programm aufgenommen. Zu Recht, da dieses Stück einen wichtigen und weiteren Beitrag zum (inter)kulturellen Austausch leistet.

In der knapp einstündigen Aufführung begeben sich elf Menschen auf eine Reise. Sie kennen einander nicht und haben für diesen Ausflug verschiedene Gründe und Ziele. Gemeinsam gehen sie, gemeinsam warten sie und gemeinsam erinnern sie sich an ihre Heimat Afrika. Nach und nach werden Geschichten, Spiele und Situationen, die die Reisenden in dem afrikanischen Ort Bulawayo in Simbabwe erlebt haben, in die Erinnerung der Darsteller gerufen. In „Afrikanische Märchen" werden einerseits tragische und andererseits absurde Geschichten erzählt. Dennoch eröffnet das Stück einen Einblick in eine afrikanische Welt, die für uns Europäer zwar so nahe und doch so fern scheint.

Die jungen KünstlerInnen erwecken durch ihre traditionell-afrikanischen Lieder und atemberaubenden Tänze die Neugier der ZuseherInnen auf diese fremde Kultur und geben damit den Anstoß für einen interkulturellen Dialog. Die kraftvollen Stimmen der DarstellerInnen lassen das Publikum die Reise in Legenden, Mythen, Träume, Ängste und Sehnsüchte des südlichen Afrikas begeisternd miterleben. Dabei „stehen die Geschichten der KünstlerInnen im Zentrum. Aus den Erlebnissen ihrer Kindheit, der Kindheit ihrer Großeltern und dem Leben der Kinder jetzt

---

466 Ebd. Seite 3.

in Bulawayo, entstanden Textpassagen, die verbunden mit traditionellen Liedern und Eigenkompositionen des musikalischen Leiters der Gruppe, Innocent Nkululeko Dube, eine Hommage an Afrika darstellen."[467]

9.3 Der praktische Diskurs: Die Tür zum Fremden - Schauspieler als Überbringer eines Weltbildes

In Anlehnung auf die von mir entwickelten theoretischen Modelle des interkulturellen Dialogs im Kapitel 5.6 soll hier nun das Modell „Die Tür zum Fremden - Schauspieler als Überbringer eines Weltbildes" analytisch in der Praxis dargestellt werden. Hierbei entsteht der interkulturelle Dialog durch die Darstellung von Lebensweisen und fremden Kulturen durch Menschen aus diesen Kulturwelten. Diese Darbietung findet durch monologartige Vorträge statt und wird zum Teil durch traditionelle Lieder und Tänze abgerundet. Dabei soll die Idee eines Kulturtransfers auf der Theaterbühne, in dem auch eine Gesellschaftsveränderung bewirkt werden soll, erreicht werden. Maßgeblich soll diese Übertragung auch von den Schauspielern selbst aktiv mit gestaltet werden. In den „Afrikanischen Märchen" gibt es keine textlichen Vorlagen - die SchauspielerInnen fassen ihre eigenen Geschichten und Erinnerungen zusammen und präsentieren sie auf der Bühne. Das Vorgebrachte ist für die ZuseherInnen inhaltlich und sprachlich sehr fordernd und soll damit bestimmte Reaktionen - z.B. eine Auseinandersetzung mit der afrikanischen Kultur - hervorrufen.

9.3.1 Exemplarische Darstellung der Inszenierung und Dramaturgie

Im Folgenden wird anhand von Zusammenfassungen und Dialogen erläutert, wie die durch die SchauspielerInnen dargebrachten einzelnen Ereignisse aus der Heimat gesehen worden sind. Jedes der elf persönlichen Erlebnisse wird entsprechend des Ablaufs exemplarisch dargestellt.

Zu Beginn des Stücks sind alle DarstellerInnen zum Publikum gewendet und singen über Afrika. Die Bühne ist teilweise dunkel, lediglich ein Lichtstrahl lässt die SchauspielerInnen, welche mit schweren Koffern, großen Taschen und vollen Säcken eine Reise symbolisieren und dabei singend auf der Bühne auf und ab gehen, erkennen. Während des Herumgehens holen die Darsteller aus ihren Gepäckstücken eine Vielzahl von Schuhen heraus, welche auf der Bühne verstreut abgestellt werden. Dies ist ein Ausdruck von Bewegung und Reisen, da sich täglich welt-

---

467 Afrikanische Märchen: Programmheft. Seite 2.

weit Menschen mit Schuhen bekleidet auf Wanderungen begeben. Die KünstlerInnen stellen sich hinter den Schuhen in einer Reihe auf und singen. Der Schauspieler Shelton tritt vor und erzählt als Erster seine Geschichte:

Shelton: „Hallo, mein Name ist Shelton Mpofu.

Ich lebe in Simbabwe, Afrika.

Meine Haut ist schwarz, meine Haare sind kurz, meine Augen glänzen, meine Lippen sind groß, aber ich kann küssen. Meine Ohren sind wie eure, meine Nase ist groß, mein Bauch ist hmmmmmm…

Ich bin klein und dünn.

Als ich ein Kind von neun Jahren war,

spielte ich gerne Fußball und schaute fern.

Zu dieser Zeit lebten meine Eltern noch, aber jetzt habe ich nur noch meine Mutter, weil mein Vater vor vier Jahren gestorben ist.

Das heißt, ich bin eine Weise.

Im zarten Alter von 13 Jahren begann ich

zu singen, tanzen und Theater zu spielen.

Mein Vater inspirierte mich zu dem, was ich tue.

Er war auch Künstler.

Ich erfülle seine Träume.

Ich hasse Leute, die hinter meinem Rücken über mich sprechen."[468]

Nachdem Shelton seine Geschichte beendet hat kommt Noma nach vorne und stellt sich auf ein abgestelltes Paar Schuhe. Sie erinnert sich an eine Episode von früher und spricht zum Publikum:

Noma: „Mein Name ist Noma.

---

468 Afrikanische Märchen: Begleitmaterial; Spiele und Information für den Unterricht. Herausgegeben von der Pädagogischen Einrichtung des Dschungel Wien. Seite 10.

Als ich neun Jahre alt war, hatte ich eine Freundin, mit der ich jeden Tag spielte.

Wir gingen auch in die gleiche Schule.

Wir machten alles miteinander.

Wir gingen sogar in die gleiche Kirche.

Ich konnte keinen Tag verbringen, ohne sie zu sehen.

In den Ferien besuchte sie ihre Eltern in Südafrika.

Einmal ging sie zu Weihnachten nach Südafrika.

Nach diesen Ferien, kam sie nicht zurück und ich war sehr einsam.

Aber eines Tages besuchte sie mich und ich war sehr glücklich.

Nach ein paar Tagen reiste sie wieder zurück nach Südafrika.

Leider hatte sie einen Autounfall und starb.

Das tat mir weh und ich konnte mir nicht vorstellen, sie nie wieder zu sehen."[469]

Während ihrer Schilderung kommen zwei Darsteller näher und stellen sich ebenfalls auf ein Paar der abgestellten Schuhe. Die Erzählungen werden immer wieder von Gesängen der gesamten Gruppe unterbrochen. Nachdem Noma ihre Erinnerung beendet hat, erscheint einer der zwei Darsteller – Silethemba – im Scheinwerferlicht und sagt:

Silethemba: „Warum passiert mir so etwas?

Meine Leben hätte besser sein können, jetzt ist es zerstört.

Was für eine grausame Welt. Wo sind meine Eltern?

Wo gehöre ich hin?

Das Leben erscheint mir einsam und leer.

Es ist eine schamlose Welt.

Ich bin dreiundzwanzig Jahre alt und mein Name ist Silethemba Magonya."[470]

---

469 Ebd.

470 Ebd.

Nach und nach erscheinen alle DarstellerInnen und jeder steht auf einen Paar Schuhe. Der vierte spricht in gebrochenem Deutsch zum Publikum:

Martin: „Ich heiße Martin Dube und komme aus Simbawe Bulawayo, Afrika.

Als ich ein Kind war, mochte ich Babys.

Man hat uns erzählt, Babys werden nicht geboren, man kauft sie.

Die ganze Zeit dachte ich, man muss in den Supermarkt gehen, um ein Baby zu kaufen.

Mit fünfzehn habe ich erfahren, dass sie geboren werden.

Man hatte mich belogen."[471]

Die auf Schuhen stehenden Simbabwer sehen sich die Schuhe an und beginnen einen Zug durch Zischen zu imitieren. Dabei setzen sie sich auf den Boden - wie in einem Güterwaggon.

Silethemba bezaubert das Publikum mit einem mitreißenden afrikanischen Lied. Plötzlich mimen die SchauspielerInnen in Afrika lebende Tiere, wie z.B. einen Gorilla, einen Tiger, eine Schlange, eine Cobra, einen Affen, einen Gecko, etc. Getragen werden diese Gebärden durch Trommeln und dynamischen Tänzen.

Nach dieser Gesangs- und Tanzeinlage reist die Gruppe im simulierten Zug mit ihrem Gepäck weiter. Während die anderen die aufgestellten Schuhe einsammeln erzählt Pepsi ihre Geschichte:

Pepsi: „Ich wuchs in einem kleinen Dorf auf.

Ich lebte mit meiner Großmutter und meinen Cousinen.

Ich war vier Jahre alt.

Das Dorf war sehr weit weg von der Stadt.

Wir hatten zu vielen Dingen und Technologien keinen Zugang.

Kein Fernsehen, kein Computer, kein Telefon, keine Elektrizität.

[471] Ebd. Seite 11.

Mein Onkel kam zu Weihnachten aus der Stadt.

Er brachte uns viele Geschenke.

Von allen Geschenken gefiel mir die Tüte Kartoffel-Chips am besten.

Als ich die Chips aufgegessen hatte, spielte ich mit der leeren Tüte.

Der große Wind kam und blies sie weg.

Ich weinte sehr lange.

Als ich es meiner Großmutter erzählte,

sagte sie mir, dass das Flugzeug mir die Tüte wieder bringen würde.

Jeden Tag, wenn ich den Lärm des Flugzeugs hörte,

lief ich hinaus, um es zu beobachten.

Ich dachte, es würde mir die Chips-Tüte wieder bringen.

Ich glaubte daran, bis ich zehn Jahre alt war.

Mein Name ist Pepsi, wie das Cola."[472]

Die DarstellerInnen packen aus ihren Taschen verschiedene Artikel aus und stellen einen Markt nach, indem sie unterschiedliche Produkte zum Kauf anbieten. Darunter sind alltägliche Gebrauchsgegenstände und Nahrungsmittel, wie etwa Schuhe, Besen, Obst, Puppen, Gemüse, Hüte, Spielzeug, Sprühflaschen, Trichter, Handschuhe, Becher, Brusthalter, Schals etc., die mit Preisen versehen sind. Dabei singen sie das Lied „The Lion sleeps tonight" und spielen mit ihren Gegenständen - so wird das Obst zu Spielbällen, der Hutverkäufer lässt seine Hüte in die Luft fliegen und ein Besen wird zum Tanzpartner. Das Lied handelt von Afrika in Verbindung mit Löwen und Dschungel. Nach dieser Gesangsdarbietung erhebt sich Maraba und erzählt seine Geschichte. Dabei wird er immer wieder von anderen DarstellerInnen unterbrochen.

Maraba: „Mein Name ist Bekithemba Piri.

Meine Freunde nennen mich Maraba.

Ich bin zweiundzwanzig Jahre alt.

---

472 Ebd.

	Ich komme aus Simbabwe, im Süden von Afrika.
Figo:	So sieht ein Markt in Bulawyo aus, wo ich geboren bin.
Ndebele:	Ich möchte eine Geschichte erzählen, die mir meine Großmutter erzählt hat.
	Es war einmal ....
Figo:	Ich verkaufe Schuhe.
Maraba:	Ich verkaufe Kappen, Mann.
Ndebele:	Es war einmal ein König, der regierte das Königreich der Hosa.
	Hosa, so heißt das Volk.
	Und der König hatte eine wunderschöne Tochter, eine wunderschöne Tochter (blickt zu Pepsi)
Ndebele:	Was, ein König?
Maraba:	Ja, ein König ..."[473]

Es kommt zu Diskussionen unter den Darstellern, welche aber nicht verstanden werden können, da diese in einer afrikanischen Sprache stattfinden. Nachdem die Gruppe ihre Gegenstände wieder eingepackt hat bildet sie einen großen Kreis, wobei Heiterkeit und Lachen den Theatersaal erreichen und gemeinsam mit der Musik die Besucher durchfluten. Trommeln kommen zum Einsatz, das Licht wird gedämpft und ein Gesang wird angestimmt. Einige Darsteller entkleiden sich und beginnen, ihr Gesicht und den Körper mit traditionellen weißen Bemalungen zu versehen. In einer Art Ritual münden einfache Bewegungen in einem Tanz, in welchem die elf Künstler aus Afrika ihre Lebensfreude mit großer Dynamik entfalten. Der Darsteller Future erinnert sich in einem Lied an seine Familie, tritt in die Bühnenmitte und erzählt:

Future:	„Mein Name ist Future Sibanda.
	Future heißt Zukunft und Sibanda heißt Löwe.
	Zukunft Löwe.
	Meine Freunde nennen mich Fufu.
	Ich mag meinen Spitznamen.

473 Ebd. Seite 11f.

Ich bin am 18. Mai 1983 geboren, also bin ich ein 23-jähriger gutaussehender Mann.

Ich komme aus Afrika, Simbabwe. Aus der zweitgrößten Stadt, Bulawayo, der Stadt der Könige!

Als ich zwischen sechs und zwölf Jahren alt war, war ich so süß und lieb, ich sah aus wie ein Mädchen.

Freundinnen meiner Mutter zogen mir die Hose aus, um zu sehen, ob ich wirklich ein Bub war.

Ich erinnere mich an einen Abend, als mich meine Mutter zum Einkaufen schickte.

Auf dem Weg zum Geschäft sah ich ein großes schnelles Licht über den Himmel fliegen.

Ich habe mich sehr erschrocken.

Danach sah ich ein zweites Licht.

Da rannte ich zurück nach Hause, weinte und machte mir in die Hose, weil ich so viel Angst hatte.

Ich werde diesen Tag nie vergessen und ich träumte noch wochenlang davon.

Ich hatte noch nie eine Sternschnuppe gesehen."[474]

Alle singen weiter und Figo erzählt über seine Kindheit in Afrika und seine Liebe zu Österreich:

Figo: „Mein Name ist Thembinkosi Dube.

Ich wurde am 20. Mai 1981 geboren.

Ich habe zwei Schwestern und einen Bruder.

Als ich ein Kind war, spielte ich gerne Fußball mit meinen Freunden.

Ich war in der Volksschule in Matshayisikova und danach in Mzingwane, das ist so ähnlich, wie ein Gymnasium.

Ich kämpfte gerne in der Schule, weil ich groß und stark war.

474 Ebd. Seite 12.

Ich hatte immer kurze Haare, weil mein Vater nicht wollte, dass wir lange Haare in der Schule haben.

Nach der Schule und dem Spielen musste ich baden, bevor ich fernsehen durfte, sonst hätte ich Ärger mit meiner Mutter bekommen.

Ich mag immer noch Fußball - und Kunst - Theater - Tanz - Musik.

Zum Schluss möchte ich sagen: Österreich, ich liebe dich!"[475]

Die Bühne ist nun hell erleuchtet und das Requisit der Trommel kommt wieder zum Einsatz. Währenddessen zeichnet Bonnie mit Kreide Fische auf den Bühnenboden und erzählt dabei ihre Geschichte:

Bonni: „Mein Name ist Sibonisiwe Sithole.

Ich bin 24 Jahre alt.

Als ich noch klein war, ging ich oft mit meinen Freunden schwimmen.

Wir schwammen mit den Fischen um die Wette.

In den nächsten Jahren möchte ich eine eigene Musikband haben.

Ich bin wirklich stolz auf mich und den Job, den ich mache.

Ich habe eine Schwester und drei Brüder.

Mein bester Freund ist Gott."[476]

Das Trommelgeräusch wird lauter und Loveness richtet sich sitzend zum Publikum:

Loveness: "Mein Name ist Loveness Ngulube.

Loveness heißt Liebevoll - viel Liebe.

Ich bin 22 Jahre alt.

Auch ich komme aus Simbabwe.

Als ich acht Jahre alt war, habe ich einen Bruder verloren.

---

475 Ebd.

476 Ebd. Seite 13.

Er fühlte sich nicht gut und ging nach Südafrika um einen Doktor zu sehen.

Er konnte nicht helfen.

Ich vermisse meinen Bruder."[477]

Die DarstellerInnen stellen sich auf die Bühne, in deren Mitte ein Spielfeld mit Kreide skizziert wird, auf. Mit Trommeluntermalung, Tanz und Gesang beginnen sie mit einem aus Plastiktüten gebastelten Ball zu spielen. Danach werden die afrikanischen Gesänge lauter und emotionaler. Nach und nach erscheinen alle Darsteller mit großen Postern, auf denen ihre Freunde, Kinder oder Familien aus den Heimatorten in Simbabwe abgebildet sind und die sie sehr vermissen, vor dem Publikum. So auch die letzten beiden Darstellerinnen - Soniea und Fufu 2 - die beide eine Episode aus ihrem Leben und der Heimat berichten:

Soniea: „Mein Name ist Soniea Mbaya.

Ich bin 22 Jahre alt. Ich bin wie eine Prinzessin mit meinen zwei Schwestern, meiner gelähmten Mutter und einem liebevollen Vater aufgewachsen.

Alles änderte sich, als mein Vater starb.

Ich brach die Schule ab und begann Tomaten zu verkaufen, um die Familie zu unterstützen.

Das Geld reichte aber nicht und das Leben war hart.

Eines Tages sah ich einen Auftritt von IYASA in meiner Nachbarschaft und beschloss, mich der Gruppe anzuschließen.

Das Leben wurde besser für mich und meine Familie.

Ich habe Freunde gefunden und viele Menschen getroffen, die mich zum Lächeln bringen.

Trotzdem vermisse ich meinen Vater immer noch."[478]

Fufu 2: „Ein kleines Mädchen von sieben Jahren singt ein Lied,

Sie sitzt allein auf einem Felsen.

Tränen laufen über ihr Gesicht.

---

477 Ebd.

478 Ebd.

> Sie sieht traurig und hungrig aus.
>
> Sie trägt ein zerlumptes Kleid und ihre Lippen sind aufgesprungen.
>
> Ihre Eltern streiten sich immer, sie beschimpfen sich.
>
> Das verletzt das Herz des Mädchens, und ihre Kindheit.
>
> Ich komme langsam näher zu ihr und mit ihrem Lied erzählt sie mir weiter die Geschichte ihres Lebens."[479]

Nachdem die Poster wieder zusammengerollt sind setzen sich die SchaupielerInnen auf den Boden und stimmen ein melancholisches Lied an. In diesem wird von verschiedenen DarstellerInnen anhand einzelner Beispiele und Erlebnisse von den beschwerlichen Umständen während der Kindheit in Afrika und von den Möglichkeiten, die sich in Europa ergeben können, erzählt. Besonders zeigt sich in dieser Darbietung, dass die Sehnsucht aller AfrikanerInnen bei „Mutter Afrika" ist, jenem Kontinent für den ihr Herz schlägt.[480] „Wie Heimat kommt es uns dabei vor, und trotzdem ist es Fremde. Wenn wir die Stimme Afrikas hören, spüren wir, dass es ein Teil von uns ist, auch wenn wir die Worte nicht deuten können."[481]

Dass neben der Sprache vor allem die Musik und der traditionelle Tanz in Afrika einen hohen gesellschaftspolitischen Stellenwert einnehmen, zeigt die Gruppe dem Publikum am Ende noch einmal sehr deutlich in einem sehr berauschenden, enthusiastischen und rhythmischen Finale.

9.3.2 Theatralische Mittel

Der Inszenierung „Afrikanische Märchen" gelingt es, die Aufmerksamkeit der Zuseher bis zum Ende in ihren Bann zu erhalten – nicht zuletzt wegen der elf wirkungsvollen und engagierten DarstellerInnen aus Simbabwe, sondern auch wegen der verwendeten chorischen, choreografischen, melancholischen, rhythmischen und theatralischen Mittel. In mitreißender Art werden damit von elf KünstlerInnen mittels deren Geschichten aus der Heimat Afrika eine Vielzahl von interkulturellen Dialogen zwischen Publikum und DarstellerInnen aufgebaut.

---

479 Ebd.

480 Vgl. Dschungel Wien: Programmheft für Kindergarten und Volksschule. Herbstsaison 2006/2007. Seite 19.

481 Ebd.

Auf der in schwarz gehaltenen Bühne ist keinerlei Ausstattung vorhanden, die Beleuchtung der einzelnen Szenen wird effektvoll - z.B. als Rampenlicht oder bewegliches Licht - eingesetzt. Jeder Spieler trägt unterschiedliche Alltagsbekleidung - einfach, leger und zum größten Teil bunt. Männer sind mit langen oder kurzen Hosen, T-Shirt, Hemd, Hut, Kappe, Jacke und Turnschuhen; Frauen überwiegend mit Rock und Oberteil oder Hose, Schal bzw. Kopftuch bekleidet. Bei der Garderobe überwiegt die Farbe weiß, sodass die schwarze Hautfarbe einen verstärkten dramatischen Effekt und auch ein äußeres Zeichen der Identifikation erzeugen.

Bühnenbild und Kostüme sind in diesem Stück eher nebensächlich. Für die Darstellung wird die Körpersprache als wichtiges theatralisches Mittel mit dynamischer Bewegung und Kraft eingesetzt. Zwischen den verschiedenen Geschichten, Spielen und Situationen aus der Heimat Afrika erzeugen die Einsätze von eigenen, meist traditionellen und zum Teil kombinierten afrikanischen Gesang- und Tanzeinlagen, eine Collage von seltener Dichte und Authentizität. Diese Elemente werden eingesetzt, da die DarstellerInnen ihre Erfahrungen der früheren Kindheit in Simbabwe nicht alleine mittels gebrochener deutscher Sprache beschreiben können. Dabei wirkt nichts künstlich oder aufgesetzt. Was das Publikum auf der Bühne sehen und vor allem hören kann, sind selbstbewusste und wahre Geschichten und stammen von den DarstellerInnen selbst. Der Einsatz einer Trommel unterstützt und verstärkt die Musik sowie den Tanz und stellt dabei ein Symbol der afrikanischen Kultur dar. Die in einer Szene sichtbare Gesichts- und Körperbemalung assoziiert beim Zuseher die charakteristische Darstellungsform einer fremden Kultur. Für die verschiedenen Spielanlässe werden unterschiedliche Requisiten, wie etwa Schuhe und Gepäckstücke als Andeutung für das Reisen, verschiedene Poster als Erinnerung für die Zurückgebliebenen bzw. unterschiedliche Gebrauchsgegenstände, Obst und Gemüse für die Illustration einer Marktszene, zum Einsatz gebracht.

9.3.3 Afrikanische Tänze und Musik

In Afrika leben unterschiedliche Stämme, sodass sich daraus auch eine Vielzahl unterschiedlicher Tanzkulturen ergeben. Dazu meint der Leiter der Iyasa Gruppe Innocent Nkululeko Dube in einem Interview mit dem Dschungel Wien:

> „„Der afrikanische Tanz ist für mich die Mutter aller Tänze. Wir haben unsere Tradition, das ist nicht Folklore, sondern unser sogenannter ‚klassischer Tanz'. Viele sagen, afrikanischer Tanz habe keine Technik, das ist falsch. Viele sagen, dass den Afrikanern der Tanz im Blut liegt. Allerdings

ist das, was viele Afrikaner, die nach Europa kommen, machen, für mich kein afrikanischer Tanz. Er verfügt über eine komplizierte Technik. Afrikanischer Tanz, wenn du ihn kennen lernst, bedeutet die Energie der Wurzeln, der Natur auf zu nehmen. Es gibt sehr viel verschiedene Stile, in manchen wird gesprungen, in manchen werden besonders die Hüften bewegt, in anderen die Wirbelsäule". Im Vergleich zum Westen jedoch, meint Innocent, ist in Afrika die Bewahrung der Tradition sehr wichtig, was auch in den Tänzen seinen Ausdruck findet. „Denn wenn du weißt, woher du kommst, kannst du dich nicht verlieren. Über den Körper ist es möglich, kulturelle und nationale Schranken zu überwinden, denn der Körper ist wahrhaftig"."[482]

In dieser Aufführung bedient sich der Regisseur des Tanzes als Form des künstlerischen Ausdruckes, wo „Bewegungen oftmals stärker wirken als Worte und in der die Performance in der Sprache eines jeden Landes verständlich ist."[483] Besonders trifft dies in der afrikanischen Musik zu, wo Musik meistens mit Tanz kombiniert ist.

> „Die Musik spielt für viele Afrikaner eine wichtige Rolle. Viele afrikanische Kulturen haben Tonsprache (= bezeichnet man Sprachen, in denen mit einer Änderung im Ton auch eine Änderung der Bedeutung des Wortes einhergeht. Tonsprache ist die Mehrheit aller heute weltweit gesprochenen Sprachen, umfasst allerdings nicht die Mehrheit aller Sprecher). Über afrikanische Musik kann man nicht sprechen ohne den Tanz einzuschließen."[484]

Auch ist „die Musik in ihren vielfältigen Ausdrucksformen als barrierefreies Medium kultureller Identitätsfindung und des interkulturellen Dialoges in besonderer Weise dafür prädestiniert."[485] So wird auch in diesem Stück der Gesang und der Tanz wirkungsvoll durch die Trommel, welche früher ein wichtiges Verständigungsmittel war und deshalb

---

482 Afrikanische Märchen: Begleitmaterial; Spiele und Information für den Unterricht. Herausgegeben von der Pädagogischen Einrichtung des Dschungel Wien. Seite 8.

483 Europäische Kommission. Das EU-Kulturprogramm (2007-2013) - Grenzen überwinden - Kulturen verbinden: Interkultureller Austausch im zeitgenössischen Tanz. Erfurt: Druck Repro und Verlag OHG: O.A. Seite 43.

484 Afrikanische Märchen: Begleitmaterial; Spiele und Information für den Unterricht. Herausgegeben von der Pädagogischen Einrichtung des Dschungel Wien. Seite 8.

485 Höppner, Christian: Wer das Eigene nicht kennt, kann das Andere nicht erkennen - die Position des Deutschen Musikrates. In: Institut für Kulturpolitik der Kulturpolitischen Gesellschaft (Hrsg.): Beheimatung durch Kultur - Kulturorte als Lernsorte interkultureller Kompetenz. Essen: Klartext Verlag. 2007. Seite 189.

auch ein Teil der Kultur Afrikas ist, unterstützt und verstärkt. Gespielt wird die Trommel in Afrika ausschließlich von Männern - so auch in dieser Inszenierung.

9.3.4 Toleranz

Der interkulturelle Dialog in diesem Stück befasst sich u.a. auch mit Werten des sozialen Miteinanders - mit „Toleranz gegenüber einer anderen Kultur und auch Toleranz gegenüber Menschen und deren Geschichten. Toleranz ist ein Thema, das so vieles nach sich zieht. Kommunikation, Selbstvertrauen, Wurzeln haben, Weggehen, Zurückkehren, ... Nur wer echtes Selbstbewusstsein hat, kann sich Toleranz leisten."[486]

Da alle Darsteller eine schwarze Hautfarbe haben, werden die Zuschauer bereits zu Beginn des Stückes mit der Andersartigkeit und dem Bezug zum Eigenen und zum Fremden konfrontiert und „auf die Probe gestellt". Dabei kommen möglicherweise negative oder positive Assoziationen empor. Ab diesem Zeitpunkt lebt ein interkultureller Dialog durch die direkte Begegnung zwischen unterschiedlichen Menschen auf und es zeigt sich, ob der Zusehende bereit ist, dem Andersartigen Respekt und Toleranz entgegenzubringen. Das ist Ziel einer frühzeitigen theaterpädagogischen Vermittlungsarbeit des Dschungel Wien, wie im Kapitel 7.4. beschrieben.

9.3.5 Persönliche Beobachtung während und nach der Aufführung

Ich besuchte das Theaterstück in einer Nachmittagsvorstellung und nahm in der 3. Reihe Platz. Im Publikum saßen unter anderem SchülerInnen zweier Klassen und einige Familien mit Kindern. Altersmäßig war von ca. 6 Jahren bis wahrscheinlich 50 Jahren alles vorhanden. Pünktlich um 16:30 Uhr begann das Stück. Die IYASA Gruppe stand mit dem Rücken zum Publikum gewandt und sang ein Lied über Afrika. Zwei Scheinwerfer beleuchteten die bunten Kleidungsstücke der DarstellerInnen, aber ihre Gesichter konnte man nicht erkennen. Erst nachdem sie sich mit dem Gesicht zum Publikum drehten und Licht die Bühne hell erleuchtete erkannte man, dass alle DarstellerInnen eine schwarze Hautfarbe hatten. Ich konnte erste Bemerkungen aus meiner Reihe hö-

486 Afrikanische Märchen: Begleitmaterial; Spiele und Information für den Unterricht. Herausgegeben von der Pädagogischen Einrichtung des Dschungel Wien. Seite 6.

ren. So meinte z.B. ein kleines Mädchen zu ihrer Mutter: „Mama, die haben ja eine ganze andere Farbe als ich. Warum sind die schwarz? Die Mutter antwortete ihr: „Weil die aus Afrika kommen, viele Afrikaner haben eine schwarze Hautfarbe".

Nach einigen Minuten Spielzeit begann die erste Tanz- und Trommeleinlage und einige kleine „Zappelphilippe" aus der ersten Reihe standen auf und tanzten mit. Einer der Darsteller holte die Kinder mit sich auf die Bühne und bezog sie in den Tanz ein. Nach der Rückkehr auf ihren Sitzplatz meinten sie überglücklich, dass sie viel Spaß gehabt hätten und auch zu Hause tanzen und trommeln wollten.

Als das Stück zu Ende war, sagten zwei Jugendliche hinter mir: „Schau an, die Afrikaner können ja doch etwas anderes, als in der U-Bahn Drogen zu verkaufen." Einige Schulkinder stiegen zu den DarstellerInnen, die gerade ihre Requisiten einsammelten, auf die Bühne, und fragten, ob sie deren Haut anfassen dürften. Die Darsteller bejahten und die Kinder waren verwundert, dass die schwarze Haut viel weicher war als ihre eigene. Andere waren hingegen zwar neugierig, hatten aber Angst die Darsteller zu berühren.

Durch die Reaktionen und Aussagen der Kinder und Jugendlichen konnte ich bemerken, wie unterschiedlich das junge Publikum über farbige Menschen denkt und urteilt. Kinder sind von Natur aus unvoreingenommen, deshalb scheint die Hautfarbe für sie keinerlei Bedeutung zu haben. Ihr Interesse, das Fremde zu erkunden, schien groß. Ich meine, dass in unserer heutigen mobilen Gesellschaft Heranwachsende bereits frühzeitig Erfahrungen mit anderen Ländern und Völkern machen sollten und außerdem viele von ihnen infolge der Migration einen normalen und positiven Umgang mit dem Fremden erleben können.

Ich hatte den Eindruck, dass die Mitglieder der Darstellenden Kunstschule IYASA mit der Aufführung von „Afrikanische Märchen" einen guten Beitrag zum interkulturellen Dialog geleistet haben und das Publikum das Gefühl erhalten hatte, dem südlichen afrikanischen Kontinent ein Stück näher gekommen zu sein.

10 Don Quijote - Ein Vorspiel

Die außergewöhnliche zweisprachige Aufführung - in deutscher und amharischer (Äthiopien) Sprache - ist der Kategorie Musiktheater zuzuordnen und wurde am 12. September 2008 im Dschungel Wien uraufgeführt. Das Stück ist eine ca. 60minütige Produktion des Wiener Vorstadttheaters - Integratives Theater Österreich - in Kooperation mit dem Integrationshaus Wien, in welcher unter der Regie von Manfred Michalke und der musikalischen Leitung von Christoph Cech Kinder und Jugendliche aus dem Integrationshaus Wien und der Musikschule Floridsdorf spielen und musizieren.[487] Der Regisseur, der auch der Autor des Bühnenwerks ist, fand die Inspiration und Vorlage dazu bei Miguel de Cervantes Saavedras Roman „Don Quijote“ - „das Spiel endet dort, wo der Roman Cervantes erst beginnt, wenn sich die Flügel der fiktiven Windmühle plötzlich zu drehen beginnen.“[488] Die Altersempfehlung für diese Inszenierung ist für Jugendliche ab 16 Jahren. Der Reinerlös aus diesem Projekt kam jungen Gewaltopfern - Kindern und Jugendlichen - zugute. Im Untersuchungszeitraum dieser Dissertation wurde die Vorstellung am 15. September 2008 um 19:30 Uhr besucht.

10.1 DarstellerInnen

Bei diesem Theaterstück handelt es sich um ein Integrationsprojekt, bei dem zehn Flüchtlingskinder und Kinder aus Wien einander kennen und verstehen lernen. Die Darsteller aus verschiedenen Ländern und ein Gast sollen hier nun vorgestellt werden:

- Schuschanna (14 Jahre): Die Familie ist aus Armenien geflohen. Sie geht ins Gymnasium und macht beim Theater mit, weil sie einfach gerne schauspielert.

---

487 Weitere Mitwirkende und Unterstützung des Theaterstücks: Bühnenbild: Claudia Tobias (Matador), Tanzeinstudierung: Karin Steinbrugger. Unterstützt von Art for Art, Wiener Staatsoper (Requisite), Burgtheater (Funkmikrofone), Wien-Kultur, Siemens und MA-7. Ehrenschutz: Dr. Michael Häupl.

488 Dschungel Wien zeigt Don Quijote: Kinder gegen Gewalt an Kindern: Rathauskorrespondenz vom 9.9.2008. http://www.wien.gv.at/vtx/rk?DATUM =20080909&SEITE=020080909006. Zugriff am 5. Juli 2009.

- Elena (11 Jahre): Die Familie ist aus Armenien geflohen. Sie geht in die Volksschule und macht beim Theater mit, weil sie ihre Angst, vor vielen Leuten zu spielen, überwinden möchte.
- Vachram (11 Jahre): Die Familie ist aus Armenien geflohen. Er geht in die Volksschule und wollte schon immer mal vor einem großen Publikum stehen.
- Jerry (20 Jahre): Kommt aus Nigeria, befindet sich derzeit in einer Ausbildung zum Kinderassistenten. Er arbeitet in einem Pensionistenheim in Hetzendorf und freut sich, in einer Theatergruppe zu arbeiten und dabei neue Leute kennen zu lernen.
- Asif (18 Jahre): Er kommt aus Afghanistan. Seine Motivation ist das Interesse am Schauspiel.
- Artur (14 Jahre): Die Familie ist aus der Ukraine geflüchtet. Er geht in das Gymnasium und macht beim Theater mit, weil er neue Erfahrungen sammeln möchte.
- Alexandra (10 Jahre): Die Familie ist aus der Ukraine geflüchtet. Sie geht in die Volksschule und Theater spielen macht ihr Spaß.
- Hedra (16 Jahre): Kommt aus Ägypten und wohnt im Projekt Caravan im Integrationshaus. Seit 1,5 Jahren lebt er in Österreich, besucht einen Deutschkurs und wird seinen Hauptschulabschluss machen. Hedra möchte Schauspieler oder Polizist werden. Theater spielen macht ihm Spaß, da man die Sprache verbessern und neue Leute kennen lernen kann.
- Hidy (18 Jahre): Kommt aus Äthiopien und wohnt im Projekt Caravan im Integrationshaus. Sie hat in ihrer Heimat einen Theaterkurs besucht und in der Schule und in der Kirche Theater gespielt.
- Arman (17 Jahre): Kommt aus Afghanistan und wohnt im Projekt Caravan im Integrationshaus. Das Spielen auf der Bühne macht ihm großen Spaß und hat ihm sehr geholfen die deutsche Sprache besser kennen zu lernen.
- Melsik (Gast): Er ist der Vater von Schuschanna, Elena und Vachram und wirkt im Stück als Erzähler (Bengheli). Nebenbei ist er als Kleindarsteller im Burgtheater tätig.[489]

---

[489] Vgl. Don Quijote – Ein Vorspiel: Presseinformation von GAMUEKL – Gabriele Müller Klomfar. Seite 4f.

10.2 Inhalt und Inszenierung

„Kinder, in (Matador-) Käfigen eingeschlossen, werden mit Gabelstaplern auf die Bühne gebracht. Es gelingt ihnen auszubrechen. Sie genießen die wieder gewonnene Freiheit und erforschen ihre Umgebung. Ein alter Gameboy wird gefunden und als Spielanleitung finden sich darin - neben Bildern - Verse aus Cervantes „Don Quijote". Man beschließt, diese Bilder mit den Elementen des zerstörten Käfigs nachzubauen.

Eine zweite Gruppe von Kindern stößt dazu: die Neuankömmlinge wollen wissen, welches Spiel hier gespielt wird. Einige sind skeptisch, finden es blöd. Es entsteht Streit und schließlich eine wilde Rauferei.

Mitten in dieser Auseinandersetzung tauchen plötzlich „Fremde" (eine dritte Gruppe von Kindern) auf: fahrende Schauspieler, die im halb aufgebauten und bereits wieder halb zerstörten Bühnenbild die Don Quijote-Geschichte erkennen. Ein Mädchen aus dieser Gruppe tanzt die Geschichte des Ritters von der traurigen Gestalt.

Die ursprünglichen Kontrahenten werden versöhnt, und man beschließt nun gemeinsam - wenn auch noch immer nicht konfliktfrei - das Bild endgültig fertig zu bauen.

Erschöpft von den Anstrengungen wird schließlich das Bühnenbild - Wirtshaus - besiedelt, es wird getrunken und gesungen. Alle haben schon genug von der alten Geschichte, nur eines der Kinder spielt mit dem Gameboy weiter und plötzlich beginnt sich die Windmühle langsam zu drehen..."[490]

Anstelle einer exemplarischen Darstellungsanalyse der Inszenierung wird in diesem Modell eines interkulturellen Dialogs im und auf dem Theater diese sehr ausführliche Inhaltsangabe, welche aus einer Presseinformation hervorgeht, verwendet. An theatralischen Elementen dominiert vor allem das Bühnenbild, das einen wichtigen Beitrag zum interkulturellen Dialog innerhalb des Stückes leistet und welches in einem eigenen Kapitel im weiteren Verlauf der Arbeit behandelt wird.

10.3 Intention

Basis der Inszenierung war für den Regisseur, Manfred Michalke, Cervantes Don Quijote - der als ein Sinnbild von Idealismus und Courauge steht und im Kampf gegen Windmühlen in die Weltliteraturgeschichte

490 Ebd. Seite 3.

einging. Michalke nimmt Verse aus Cervantes Roman als Ausgangspunkt für ein Theaterstück über Gewalt an Kindern sowie die Angst gegenüber Fremden und zeigt, wie diese überwunden werden kann. „Das Thema dieses Musiktheaters [...] ist die zunehmende Gewaltbereitschaft in allen Lebensbereichen und daraus resultierend ein Plädoyer für einen Verzicht auf Aggression gegen die Schwächsten der Gesellschaft."[491]

Das Wiener Vorstadttheater hatte in dieser Produktion nicht die Intention, das Werk „Don Quijote" zu inszenieren, sondern sollte hier vielmehr im wahrsten Sinne des Wortes ein „Vorspiel" dazu gezeigt werden. Michalke meint, dass sein „Vorspiel" dort endet, wo der Roman beginnt, und er gibt im Programmheft seine Beweggründe für das Verfassen dieses Werkes:

> „Wer war dieser Miguel de Cervantes Saavedra, der am 29.9.1547 in Alecala´ geboren wurde? Warum schrieb Cervantes diesen Roman? Seine Ablehnung gegen billige Ritterromane ist wohl nicht der einzige Grund für die Entstehung von Don Quijote.
>
> Er trat massiv gegen die „Verblödung der Menschheit" auf und zeigte Handlungen, welche aus tiefster Seele kommen, und ihre Folgen auf.
>
> Dies war für mich Grund genug dieses Vorspiel zu schreiben. Natürlich verwendete ich auch original Textstellen aus dem wohl wichtigsten Roman der Weltliteratur.
>
> Heute wendet sich das humanistische Weltbild des Dichters sicherlich gegen die gesteuerten Verdummungsmechanismen unserer Unterhaltungsindustrie (= billige Ritterromane!)
>
> Bildungsniveau kontra Waffengewalt - das ist nur ein Punkt in den Auseinandersetzungen zwischen Religion, Wissenschaft und Politik, die in der „Mancha" personifiziert auftreten. Der Lehrer, Pfarrer und Friseur - frei übersetzt - beurteilen, ja verbrennen sogar „wertlose" Bücher und glauben so - Dummheit - vernichten zu können. Unter dem Deckmantel der Hilfestellung für den „erkrankten" Don Quijote toben abenteuerliche Realitätsverschiebungen.
>
> So entstanden zwangsläufig Gruppierungen, welche die Sinnhaftigkeit der Übertragung von virtuellem Geschehen in die Welt der gelebten Fantasie und der daraus resultierenden Realität anzweifeln und bekämpfen.

---

491 Theaterspielplan.at: Ensemble: Wiener Vorstadttheater integratives theater österreichs. http://www.theaterspielplan.at/index.php?pagePos=42&id= 23729. Zugriff am 8.7.2009.

Kinder haben zu diesen Themen einen Zugang, den wir nur mehr aus großer Distanz nachvollziehen können. Aber wie geht unsere Gesellschaft mit Kindern und ihren Lebensbedingungen um? - ohne Worte -"[492]

Wo einst der Dichter in Form des Don Quijote einen sozial engagierten Mann zeigte, der einerseits, wie oben bereits beschrieben, gegen die Verdummung der Menschen eingetreten ist und andererseits Flüchtlinge, Gefangene, etc. befreit hat, geht es im „Vorspiel" auch „um den Verlust von Lesekultur, Fantasie sowie Engagement und die gesellschaftlichen Folgen daraus."[493] Alle diese Elemente wurden zusammen von Kindern und Jugendlichen aus dem Wiener Integrationshaus und der Musikschule Floridsdorf erarbeitet und gezeigt - ein Integrationsprojekt, bei dem Flüchtlingskinder und Kinder aus Wien einander kennen und verstehen lernen. Im Theaterstück werden im Laufe der Handlung überdimensionale Matadorelemente zu einer Windmühle zusammengebaut. Dies geschieht trotz Streitereien und Kämpfen zwischen den DarstellerInnen auf der Bühne am Ende in einem gemeinsamen Spiel. Grundsätzlicher Anspruch dieses Stückes ist vor allem eine Sensibilisierung von Kindern gegen Gewalt an Kindern, Gewaltausübungen und die subtilen Formen der Gewaltanwendung, die unter anderem bei Cervantes dokumentiert sind.

„Soziale Probleme und fanatische, einseitig orientierte Lösungsversuche prägen unser heutiges Weltbild ebenso, wie die Zeit des Ritters von der traurigen Gestalt.

Konflikte werden noch immer mit Waffengewalt oder Ignoranz „bewältigt".

Kinder und Jugendliche sind die Schwächsten innerhalb unserer Gesellschaft und damit auch die am stärksten davon Betroffenen. Der Bogen des Missbrauchs spannt sich von Kinderarbeit und Gewalttaten bis zur Unterdrückung.

Fundamentalismus und Terror sind uns permanent durch medialen Aufschrei gegenwärtig. Wie aber wirkt sich dies im „Kleinen", im Umfeld von Kindern und Jugendlichen aus? Wenn die „Starken" nicht mehr weiter kommen, lassen sie dann ihr Unvermögen an Wehrlose aus? Wird die

---

492 Don Quijote - Ein Vorspiel: Presseinformation von GAMUEKL - Gabriele Müller Klomfar. Seite 3.

493 Theaterspielplan.at: Ensemble: Wiener Vorstadttheater integratives theater österreichs. http://www.theaterspielplan.at/index.php?pagePos=42&id= 23729. Zugriff am 8.7.2009.

Kinderseele als Kriegsschauplatz irrealer Machtansprüche der Großen missbraucht?

Diese und viele andere Fragen sind der Grund dieser Aufführung. Ein Vorspiel also, das durch Spiel und freie Entwicklung der Phantasie diesen Umständen entgegenwirken soll.

Konfliktabbau durch kreatives Miteinander. Kinderrechte durch Kunst weit über unsere Grenzen hinaus geltend machen. Musik und Schauspiel als Träger einer überaus wichtigen Botschaft. Diese Theaterarbeit soll nicht im Kampf gegen Windmühlen enden."[494]

10.4 Der praktische Diskurs: Wahrnehmungsverschiebung

In Anlehnung auf die von mir entwickelten theoretischen Modelle des interkulturellen Dialogs im Kapitel 5.6 soll hier nun das Modell „Wahrnehmungsverschiebung" analytisch in der Praxis dargestellt werden. Da hier der interkulturelle Dialog in Form des aufeinander Zugehens der SchauspielerInnen in einem Theaterraum sowie im Theaterhauses an sich, in diesem Fall das „Wiener Vorstadttheater - Integratives Theater Österreich", stattfindet, kann der Inhalt des Theaterstückes eher nebensächlich behandelt werden.

10.4.1 Wiener Vorstadttheater - Integratives Theater Österreich

Das Wiener Vorstadttheater - Integratives Theater Österreich wurde im Jahr 1994 vom Schauspieler und Regisseur Manfred Michalke als „eine Plattform, auf der Menschen, die üblicherweise vom professionellen Kulturbetrieb ausgeschlossen sind, die Möglichkeit haben, ihre Probleme durch künstlerische Leistung zu artikulieren und der Öffentlichkeit nahe zu bringen"[495], gegründet. Das Theater beschäftigt sich mit der Integration von Randgruppen der Gesellschaft, wobei Bühnenwerke von und mit Migranten, Behinderten, Gewaltopfern, etc. inszeniert und auch verschiedene „versteckte" Randgruppenthemen (alleinerziehende Mütter, Homosexualität, Armut, etc.) in das Schaffen des Regisseurs mit einbezogen werden.

---

494 Don Quijote - Ein Vorspiel: Presseinformation von GAMUEKL - Gabriele Müller Klomfar. Seite 2.

495 Theaterspielplan.at: Ensemble: Wiener Vorstadttheater integratives theater österreichs. http://www.theaterspielplan.at/index.php?pagePos=42&id= 23729. Zugriff am 8.7.2009.

„Theatergeschichtlich steht das Wiener Vorstadttheater in der Tradition der Wiener Hinterhofbühnen, die immer schon ein multikulturelles Kulturangebot für die sozial schwachen Bevölkerungsschichten anboten. Aus diesem Gründungsgedanken entwickelte sich das „Freie Ensemble“, welches im Jahr 1980 mit einer Tennessee Williams Bearbeitung erstmals öffentlich in auftrat.

Die Idee, eine gesellschaftliche Randgruppe in eine Theaterproduktion einzubeziehen, entstand, als 1993 im niederösterreichischen Lanzendorf ein Pavillon für mehrfachbehinderte Menschen, unter der damaligen Leitung von Frau Dr. Margaretha Michalke, eröffnet wurde. Aufgrund ihres Vorschlags, betreffend der künstlerischen Gestaltung einer würdigen Feier, entstand ein Schattenspiel nach Paul Hindemiths: „Wir bauen eine Stadt“. Seitdem existiert der entscheidende Zusatz: „integratives theater österreichs“."[496]

Traditionell hatten in Wien die Vorstadtbühnen „immer großen Einfluss auf das Kulturschaffen der Stadt. Ihre kulturpolitische Bedeutung war auch stets eng mit sozialpolitischen Aufgaben verbunden. Diese Tradition - heute in Form eines multikulturellen Zentrums - setzt das „Wiener Vorstadttheater“ fort.“[497]

10.4.2 Theater als Raum für Integration

In der Inszenierung von „Don Quijote - Ein Vorspiel“ arbeitet der „Vorstadttheater“-Regisseur Michalke mit jungen Flüchtlingen aus dem Wiener Integrationshaus, die großteils zum ersten Mal auf der Bühne stehen. Die Kooperation mit Flüchtlingen und die Ziele seines Theaters beschreibt Michalke mit folgenden Worten: „Wir versuchen, durch professionelle Hilfe einen Rahmen zu ermöglichen, in dem die Betroffenen ihre Wünsche, Vorstellungen und Hoffnungen in hoher künstlerischer Qualität umsetzen können.“[498] Dabei ist es Michalke wichtig, mit seinen Aufführungen keinen Mitleidseffekt zu erzeugen sondern einen Teilbeitrag zur gelungenen Integration zu leisten. Deshalb ist seine Devise:

496 Ebd.

497 Osiecki, Matthias: Aus der erlebten Realität - Manfred Michalke über seine Arbeit mit Flüchtlingen. http://oe1.orf.at/highlights/4076.html. Zugriff am 10.7.2009.

498 Osiecki, Matthias: Aus der erlebten Realität - Manfred Michalke über seine Arbeit mit Flüchtlingen. http://oe1.orf.at/highlights/4076.html. Zugriff am 10.7.2009.

„Mitleidseffekte aufgrund von Unvermögen lehnen wir entschieden ab. Denn Integration bedarf anderer Wege. Wir hoffen, dass die Asylwerber und Flüchtlinge, die ja nicht aus Jux und Tollerei nach Österreich gekommen sind, Anerkennung finden. Das Wesentlichste ist aber, ihr Selbstwertgefühl zu steigern – und dass sie nicht mehr zur Untätigkeit verurteilt sind."[499]

In einem Theaterraum soll somit das von den Kindern und Jugendlichen gemeinsam erarbeitete und dargebotene Theaterstück zu einer geistigen und emotionellen Brücke zwischen den Darstellern und dem Publikum werden. Diese Begegnung findet auf gleichberechtigtem Niveau zwischen Menschen unterschiedlicher kultureller Herkunft statt. Dadurch wird eine Bewusstseinserweiterung zwischen allen Beteiligten geschaffen, in welcher Kinder unterschiedlichen kulturellen Ursprungs auf der Bühne in Harmonie miteinander auftreten.

„Das Theaterspiel ist eine Auseinandersetzung mit dem Unbekannten: junge Menschen entdecken neue Seiten an sich selbst und anderen. Sie lernen, sich in die Gruppe einzubringen, die Begegnung mit anderen Menschen auf neue Art und Weisen zu gestalten, Freiräume für sich selbst zu schaffen und Hindernisse zu überwinden."[500]

Diese Art der Theaterarbeit und Integration fördert die Sprache und die kulturelle Kompetenz der DarstellerInnen. So hat der 17-jährige afghanistanische Darsteller Arman durch das Spiel auf der Bühne die deutsche Sprache besser kennengelernt. Eine andere Darstellerin aus Ägypten, Hedra (16 Jahre), macht Theater spielen deshalb Spaß, weil sie damit ihre Sprache verbessern kann und neue Leute kennen lernt. Diese Beispiele zeigen, dass mit einer „Steigerung der Sprachkompetenz auch ein starker Zuwachs mit kulturkonstituierenden Faktoren des sozialen Lebens zu beobachten"[501] ist. „Kulturelle Kompetenz, also das Bewusstsein,

499 Ebd.

500 EDUCULT – Denken und Handeln im Kulturbereich: Vielfalt und Kooperation. Kulturelle Bildung in Österreich – Strategien für die Zukunft. Bericht im Auftrag des Bundesministeriums für Unterricht, Kunst und Kultur. Wien, im Dezember 2007. Seite 165.

501 Baier, Christian: Für ein Theater der sozialen Kompetenz. In: Monika Wagner [Hrsg.], Michael Hüttler und Susanne Schwinghammer: Theater-Begegnung-Integration? – 1. Auflage. Frankfurt am Main: IKO – Verlag für Interkulturelle Kommunikation. 2003.Seite 190.

Kulturträger und Kulturtransmitter zu sein, ist die unabdingbare Voraussetzung für soziale Kompetenz."[502]

Somit stellt ein derartiges Projekt den DarstellerInnen ein geeignetes Instrumentarium zur Steigerung der Kommunikationsfähigkeit im Umgang mit anderssprachigen Menschen sowie einer Sicherung und Festigung der Sprechfähigkeit im grammatikalischen und semantischen Bereich bereit. Auch hilft es beim Abbau von Hemmschwellen in Bezug auf den Spracherwerb, bei der Bereicherung des Wortschatzes und der Steigerung der Ausdrucksflexibilität. Weiters unterstützt es das Erlernen und die praktische Anwendung der fremdsprachigen Phraseologie und die Festigung der Persönlichkeitsstruktur in Hinblick auf die praktische Sprachanwendung.[503] Das Zusammenspiel auf der Bühne fördert zudem die Auseinandersetzung mit sich selbst und den anderen und steigert somit das Selbstbewusstsein der SchauspielerInnen enorm.

10.4.3 Bühnenbild - Kunst und Integration

Eine der Hintergedanken der Produktion ist der Konfliktabbau durch kreatives Miteinander. Diese Kreativität spiegelt sich auch im Bühnenbild wieder. In Form von überdimensionalen Matadorelementen entsteht zu Beginn des Stückes ein lebensgroßer „Matadorkäfig", aus welchem eine Gruppe von Kindern ausbrechen kann. Die nun befreiten Kinder finden einen alten Gameboy, durch welchen sie in eine Bilderwelt des Don Quijote entführt werden. Im Laufe des Stücks kommen die Kinder auf die Idee, Szenerien aus dieser mit dem Matadorbausatz nachzubauen. Nach und nach werden Matadorelemente zu einem Bühnenbild in Form einer Windmühle fertig gestellt, die sich am Ende zu drehen beginnt.

Die Firma Matador unterstützt bereits seit vielen Jahren Integrationsprojekte, welche innerhalb der Kulturszene besondere Aufmerksamkeit verdienen. Ohne die Finanzierung und den Bau des Bühnenbildes wäre eine Aufführung sicherlich nicht zu Stande gekommen. Für dieses Enga-

---

502 Ebd.

503 Diese Erkenntnisse beruhen auf einer Forschungsarbeit im Bereich der integrationsfördernden Faktoren von Theaterarbeit des größten deutschprachigen MigranntInnen-Theaters Wiens- „Die Menschenbühne."

Vgl. Baier, Christian: Für ein Theater der sozialen Kompetenz. In: Monika Wagner [Hrsg.], Michael Hüttler und Susanne Schwinghammer: Theater-Begegnung-Integration? - 1. Auflage. Frankfurt am Main: IKO - Verlag für Interkulturelle Kommunikation. 2003.Seite 188f.

gement wurde die Firma mit dem Niederösterreichischen Kultursponsoringpreis „Maecenas Niederösterreich 2008“[504] ausgezeichnet. „Die Jury lobte neben der guten Idee mit der Verwendung des Materials und dem persönlichen Engagement der Firma, vor allem die sozialen Aspekte, wie die Integrationsarbeit und den mutigen Schritt, Kinder gegen Gewalt an Kindern zu sensibilisieren.“[505] Für die Geschäftsführung zählten bei diesem Projekt besonders zwei wichtige Motive für die Unterstützung:

> „Förderung der Kunst und Integration, in dem das Unternehmen österreichischen Künstlern bei der Umsetzung ihrer Vorhaben und Ideen hilft und Kinder und Jugendliche bei ihrer Integration unterstützt. Dabei sind die aufwendige Probenarbeit und die öffentlichen Aufführungen ein wesentlicher Bestandteil der gemeinsamen Arbeit.“[506]

Seit Jahren hat sich die Firma Matador

> „das Ziel gesteckt, Kunst zu fördern und hilfebedürftige Kinder zu unterstützen. Viele Projekte wurden seitdem erfolgreich umgesetzt. Das Projekt Don Quijote - ein Vorspiel vereinigt gleich alle Bereiche unserer Zielsetzungen. Wir können damit Kinder und österreichische Künstler bei der Umsetzung des Vorhabens unterstützen. Es bietet die Möglichkeit, Kinder und Jugendliche aus anderen Ländern bei der Integration zu helfen.“[507]

---

504 „In Kooperation mit den Initiativen Wirtschaft für Kunst vergab die Wirtschaftskammer Niederösterreich, unterstützt von ecoplus - Die Wirtschaftsagentur für Niederösterreich, […] den 8. Niederösterreichischen Kultursponsoringpreis an Unternehmer und Unternehmen für die Förderung von Kulturprojekten, die ohne diese Unterstützung nicht hätten verwirklicht werden können. Am 18. November 2008 wurden die Unternehmen bei der schon traditionellen Maecenas-Gala in der Minoritenkirche Krems-Stein ausgezeichnet.“

Initiativen Wirtschaft für Kunst: Vergabe – 8. Kultursponsoringpreis Niederösterreich „ Maecenas Niederösterreich 2008“. Wien. 18. November 2008. Seite 2.

505 Ebd. Seite 4.

506 Ebd. Seite 3f.

507 Don Quijote – Ein Vorspiel: Presseinformation von GAMUEKL – Gabriele Müller Klomfar. Seite 6.

11 Ergebnis der empirischen Untersuchung

Die Ergebnisse der empirischen Untersuchung sind repräsentativ und geben im Bereich des interkulturellen Dialogs einen ersten Einblick in das Programm des Dschungel Wien - Theaterhauses für junges Publikum. Bei der Analyse der ermittelten interkulturellen Dialoge von drei ausgewählten Inszenierungen wurden die von mir entwickelten Modelle des interkulturellen Dialogs im und auf dem Theater aus Kapitel 5.6 herangezogen.

Zusammenfassend lässt sich sagen, dass im Programm, in der Philosophie und in der Arbeit des Hauses der interkulturelle Dialog bzw. interkulturelle Schwerpunkte und Themen eine Wichtigkeit haben. Bei den aufgeführten Theaterstücken enthalten von den Wiener Produktionen etwa 25 % und von den Eigen- und Koproduktionen sowie Gastspielen etwa 60 % einen interkulturellen Dialog.

Seit Gründung des Theaterhauses im Oktober 2004 ist der Dschungel Wien ein offenes Zentrum für Kinder, Jugendliche, junge Erwachsene und Familien und Drehscheibe für Kunst und Kultur. Er sieht sich als Ort des Dialogs und Stätte zum Wühlfühlen. Als überaus wichtig sieht Dschungel Wien dabei seine große Verantwortung im Bereich der Vermittlung von multikulturellen Angeboten und des interkulturellen Dialogs. Diese findet mit verschiedenen Genres, Zugängen, Lebensentwürfen, Themen und Richtungen statt. Dazu gehören unter anderem

- die immer wieder stattfindenden Länderschwerpunktereihen.
- Kooperationen und Projekte mit unterschiedlichen Theaterhäusern, Vereinen, Institutionen, Schulen, Kindergärten, Jugendorganisationen etc., wie beispielsweise mit der „brunnen.passage“ (Projekt: Integration und Kunst für alle!), mit „daskunst“, mit „Kulturen in Bewegung“ (Projekt: „Onda Latina“ 2006), mit dem aus Simbabwe stammenden Ensemble IYASA, usw.
- Theaterarbeiten mit Kindern und Jugendlichen aus anderen Kulturen.
- der Transport von Jugendlichen aus Wiener Stadtteilen mit einem hohen Migrationsanteil zu Besuchen in das Theaterhaus, z.B. mit dem Projekt „Dschungelbus“.

- viele internationale Gastspiele.
- inhaltlich interkulturell thematisierte Inszenierungen auf der Bühne (Eigen- und Kooperationen).

Anhand dieser Auflistung kann man erkennen, dass sich das Theaterhaus tatsächlich und bewusst im Spielraum des interkulturellen Handelns und Dialogs bewegt und sich nicht nur zufällig einer Programmgestaltung unterwirft. Durch Sensibilisierung der BesucherInnen für andere Menschen und Kulturen versucht es, mehr Toleranz und einen veränderten Umgang mit dem Fremden zu erzeugen. All dies spiegelt sich auch in den drei ausgewählten Inszenierungen, die szenentechnisch und in Hinblick auf meine im theoretischen Teil entwickelten Modelle interkulturellen Dialogs im und auf dem Theater analysiert wurden, wieder.

Im Modell „Gesellschaftsdiskurs“ wurde die Inszenierung „Vermutungen über Aischa oder: Inländer sind auch arme Schweine“ zur Analyse herangezogen. In diesem Stück werden soziale und kulturelle Themen der heutigen Zeit - wie die Angst gegenüber dem Fremden, Rassismus, Unwissenheit und Vorurteile, etc. - aufgezeigt. Das Stück zeigt eine reale Situation, wie sie in jeder Schulklasse stattfinden kann, in welcher sich eine Ausländerin in eine Gemeinschaft zu integrieren versucht. Die dabei manifestierten Probleme und Vorurteile werden dem Publikum durch Dialoge und Erzählungen von der Bühne präsentiert. Dadurch erfolgt bei diesem die Möglichkeit einer Auseinandersetzung mit eigenen Erfahrungen in dieser Problematik.

In der Inszenierung von „Afrikanische Märchen“ wird das Modell „Die Tür zum Fremden - Schauspieler als Überbringer eines Weltbildes“ vortrefflich abgebildet. Mit der Darstellung der fiktiven Reise einer Gruppe von Afrikanern werden dem Zuseher durch monologartige Vorträge, traditionelle Lieder, Tänze und Musik die Kultur und die Lebensumstände in Afrika näher gebracht. Dabei werden beim Betrachter emotionale Reaktionen und Neugier hervorgerufen, welche ein positives Gesellschaftsverständnis bewirken.

Das Stück „Don Quijote - Ein Vorspiel“ zeigt eine, wie im Modell „Wahrnehmungsverschiebung“ beschriebene, Form des aufeinander Zugehens und der Integration. Hier erfahren in Österreich lebende Flüchtlinge, die als Darsteller im Stück auftreten, durch kreatives Miteinander einen Konfliktabbau und steigern damit ihre Kommunikationsfähigkeit, ihre neu erworbenen Sprachkenntnisse sowie ihre kulturelle und soziale Kompetenz in der neuen Heimat.

12 Perspektiven

Auch nach dem Untersuchungszeitraum 2008 - dem europäischen Jahr des interkulturellen Dialogs - bleibt das Theaterhaus Dschungel Wien ein Ort für diesen Dialog und trägt mit bestehenden und weiteren Programmangeboten dazu bei. Beispielsweise wurde

- in der Saison 2008/2009 die Tanz und Performance Produktion „Heimat", die im Rahmen der „DSCHUNGEL WIEN GOES...Brunnenpassage" stattfand, in das Programm aufgenommen. „Die Compagnie Smafu hat sich in Zusammenarbeit mit der Brunnenpassage und Menschen und KünstlerInnen unterschiedlicher Herkunft in einem Projekt zum Thema Heimat auseinandergesetzt und künstlerisch umgesetzt."[508]
- Anfang 2009 durch das Rumänische Kulturinstitut die Veranstaltungsreihe „Romania 20 years later" präsentiert. Mit Bezug auf den Sturz des kommunistischen Regimes in Rumänien fanden neben der Theatervorstellung „Bucharest Calling" auch eine Ausstellung zum Thema „Kommunismus - Was bedeutet der Kommunismus für mich?" und der Dialog „Damit es nie wieder geschieht!" statt.
- im Rahmen der Tschechischen EU-Ratspräsidentschaft im ersten Halbjahr 2009 in Kooperation mit dem Tschechischem Zentrum Wien und dem Kultusministerium der Tschechischen Republik das Figurentheater „The Best of the Cech Puppet Theatre" aufgeführt.

In der kommenden Saison 2009/2010 werden ebenfalls bestehende und neue Produktionen mit interkulturellem Inhalt Platz finden:

- In Kooperation mit der „KinderKulturKarawane"/„Kulturen in Bewegung" wird eine Produktion des „The Freedom Theatre (PS)"[509] -

---

508 Dschungel Wien: Programmheft Jänner, Februar, März 2009.Seite 43.

509 „Das Freedom Theatre [...] hat sich zum Ziel gesetzt, mit den Mitteln der Kunst für Kinder und Jugendliche aus Flüchtlingslagern eine Veränderung zu erreichen. Man will Bedingungen herstellen, in denen sich Jungen und Mädchen in gleicher Weise und ohne Scheu einbringen, ausprobieren und Fähigkeiten entwickeln können, den kulturell, sozial und politisch gegebenen Barrieren selbstbewusst zu begegnen, um diese zu verändern." Dschungel Wien: Fragments of Palestine. Stückbeschreibung.

„Fragments of Palestine" - aufgeführt. In diesem Bewegungstheater mit viel Tanz und Musik, aber wenig Sprache spiegelt sich mein Modell „Wahrnehmungsverschiebung" wieder.

- Anlässlich des 140. Jahrestages der österreichisch-japanischen diplomatischen Beziehungen präsentiert Dschungel Wien mit Unterstützung der Agency for Cultural Affairs, Government, of Japan, im November 2010 die Österreichpremiere des Musik- und Tanzstückes „Unterm dem Sternenhimmel - Die sieben Schwestern des südlichen Ozeans".
- Zum fünfjährigen Jahrestag präsentiert Dschungel Wien in Kooperation mit „daskunst" und „Rokas (SK)" Anfang Oktober 2009 die Uraufführung des Stückes „Ich melde mich morgen! Zavolám ti zajtra! Yarin seni ararim! I call you tomorrow!" Im Werk nutzen zwei Menschen - der aus Wien stammende Österreich-Türke Oktay und die in Bratislava lebende Slowakin Michaela - die Möglichkeit des Internets, um miteinander zu kommunizieren. Obwohl die Städte so dicht nebeneinander liegen, bringen die beiden es nicht zu Stande, sich auch einmal in der Realität zu treffen. Hier befinden sich zwei Kulturen in einem virtuellen Kommunikationsprozess und suchen mittels Internet nach neuen Formen des Zusammenseins.

  „Auf der Bühne sind die beiden getrennt und miteinander verbunden durch die Kommunikation im Internet; sie sprechen keine gemeinsame Sprache und suchen sich doch einen Weg der Verständigung. Das Publikum im jeweiligen Aufführungsland wird auch nicht alles verstehen, als Hilfe dienen die Comic-Projektionen, die die sprachlichen Erzählungen in Bilder übersetzen. Vor allem der Humor schafft eine Brücke der Verständigung und die Körper und das emotionale Verständnis nehmen mehr wahr, als die Übersetzungsleistung des Verstandes vermag."[510]

---

510 Dschungel Wien: „Ich melde mich morgen! Zavolám ti zajtra! Yarin seni ararim! I call you tomorrow!" Stückbeschreibung.

13 Abstract (deutsch und englisch)

13.1 Abstract in Deutsch

Die Dissertation soll einen wissenschaftlichen Beitrag zum interkulturellen Dialog im Dschungel Wien - Theaterhaus für junges Publikum liefern. Als interkulturellen Dialog bezeichnet man einen Austausch zwischen Kulturen, zu welchem das Medium Theater bzw. die Theatralität einen wesentlichen Anteil, insbesondere auch bei der Bewältigung von derzeit auftretenden gesellschaftlichen Problemen und Konflikten im Bereich Migration und Integration, leistet. In diesem Dialog können mehrere Kulturen parallel mit einbezogen werden - meistens findet er aber zwischen zwei Kulturen statt.

Mit der Erweiterung der Europäischen Union auf die mittel- und osteuropäischen Staaten im Mai 2004 und Jänner 2007 ist man einem „Europa der Kulturen" näher gekommen. Das Jahr 2008 - das Europäische Jahr des interkulturellen Dialogs - kann dabei Motor für die Neugestaltung eines gemeinsamen Kulturraumes sein. In diesem Kontext dient der interkulturelle Dialog als eine Möglichkeit für eine Auseinandersetzung und auch für ein Zusammenleben der verschiedenen Kulturen in unserer multikulturellen Gesellschaft.

Die vorliegende Abhandlung ist deshalb diesem Thema gewidmet, da diesem im Europäischen Jahr des interkulturellen Dialogs eine besondere Aktualität zugekommen ist. Als Untersuchungsgegenstand wurde der Dschungel Wien, ein Theaterhaus für junges Publikum und Drehscheibe unterschiedlicher theatraler Erscheinungsformen, ausgewählt. Das Haus dient und versteht sich als Ort der Begegnung, als ein offenes Zentrum für Kinder, Jugendliche, Familien und junge Erwachsene.

Die gegenständliche Arbeit besteht aus einem theoretischen und einem empirischen Teil. Im theoretischen Rahmen erfolgt zunächst die Auseinandersetzung mit den Definitionen „Inter", „Kultur" und „Dialog", um danach für den zusammengefassten Begriff - „Interkultureller Dialog" - eine fundierte Beschreibung zu finden. Weiterführend erfolgt eine Vertiefung der Themen „Migration" und „Integration" in Österreich, um dabei kulturelle Unterschiede sichtbar zu machen und hervorzuheben. Die Thematisierung des „Fremden" und des „Eigenen" soll zusätzlich diskutiert werden, da der Frage nachgegangen werden muss, wie "Fremdheit" in der Gesellschaft gesehen wird. Das vierte Kapitel erläutert die derzeit vorherrschende interkulturelle Bildung in unserer Gesellschaft. Familie, frühkindliche Erziehung, Schule, außerschulische und kulturelle Kinder- und Jugendbildung, interreligiöser Dialog sowie Medien als Bildungsmittel stehen hierbei als unerlässliche Untersuchungsgegenstände im Vordergrund.

Im empirischen Teil wird speziell auf den Dschungel Wien - Theaterhaus für junges Publikum eingegangen, wobei Bereiche wie die Entstehungsgeschichte des Hauses, die Mission, das Programm, die Theaternutzung und der Bezug zum interkulturellen Dialog diesen Teil abrunden. Im Anschluss an diese Abhandlung werden drei ausgewählte Inszenierungen szenentechnisch und in Hinblick auf die in den theoretischen Ausführungen entwickelten Modelle interkulturellen Dialogs im und auf dem Theater analysiert. Dabei werden folgende zentrale Forschungsfragen gestellt:

- Wie und in welchen Konzepten und Strukturen des Programms vermittelt das Theaterhaus „Dschungel Wien" den interkulturellen Dialog?
- Welche Dramaturgien und ästhetische Verfahrensweisen werden für die Repräsentation des interkulturellen Dialogs in den untersuchten Theaterstücken des „Dschungel Wien" eingesetzt?

Auf Basis dieser Modelle und vorangegangener Überlegungen soll der Beweis erbracht werden, dass sich der Dschungel Wien nachhaltig mit dem Thema „Interkultureller Dialog" beschäftigt. Die empirische Untersuchung soll aber vor allem auch die Erkenntnis bringen, wie der interkulturelle Dialog weiterentwickelt werden und zur Angebotsstruktur des Hauses in Zukunft beitragen kann.

13.2 Abstract in English

The dissertation is intended as an academic contribution to the intercultural dialogue at the "Dschungel Wien" - Theater House for a young audience. An intercultural dialogue is a dialogue between or among cultures, in which the medium "theater", or "theatricality", can participate in significant ways - especially with respect to current social problems having to do with intercultural interaction as well as with immigration and integration. Intercultural dialogues can involve several cultures, but they more commonly take place between two cultures.

With the entrance of Central European and Eastern European states into the European Union in May 2004 and January 2007, we have approached closer to a "Europe of Culture". The "European Year of Intercultural Dialogue" - 2008 - can act as a motor in the corresponding process of reshaping a shared cultural space. In this context, intercultural dialogue serves as a chance for addressing central issues as well as for the coexistence of diverse cultures in our multi-cultural society.

The present dissertation is devoted to this topic in part because of its currency in the European Year of Intercultural Dialogue. As a focal point for the enquiry, I have chosen the "Dschungel Wien" - Theater House for a young audience and turntable for art and culture. The theater house serves as and is conceived as a meeting point and open space for children, teenagers, families and young adults.

The dissertation is divided into a theoretical and an empirical part. Within the theoretical framework, the first task is to investigate the definitions of "inter", "culture", and "dialogue", in order to establish a basis for the ensuing characterization of "intercultural dialogue". As a next step, the topics "immigration" and "integration" are examined with a view to the Austrian context, whereby cultural differences are brought to light and emphasized.

The thematic contrast of "foreigners" and "members of a culture" is also an important topic of discussion, since the question must be addressed as to how "foreignness" is defined within a society. The fourth chapter deals with the present state of intercultural educational in our society. The central topics here are the family, education in early childhood, school, extra-curricular and cultural education of children and teenagers, inter-religious dialogue, and the media as an education resource.

The empirical part, which is devoted to the "Dschungel Wien" - Theater House for a young audience, focuses upon the genesis of the theater house, its mission and program, the uses to which it is put and its relation to intercultural dialogue. This discussion is followed by the analysis of three selected productions, with an emphasis on staging techniques as well as on their connection to the models of intercultural dialogue developed within the theoretical framework. In this discussion, the following central research questions are posed:

- What ideas and programmatic structures are employed at "Dschungel Wien" in order to establish an intercultural dialogue?
- What dramaturgic and aesthetic procedures are employed to this same end in the three theater pieces investigated here?

On the basis of these models and of the preceding reflections, the dissertation supports the conclusion that "Dschungel Wien" is actively and enduringly involved with the topic of "intercultural dialogue". The empirical investigation is also, however, intended to suggest ways in which the intercultural dialogue at "Dschungel Wien" could be developed further in the future and in which its contribution to the offerings of the theater house could be enhanced.

IV. ZUSAMMENFASSUNG

Die Gesellschaft braucht einen interkulturellen Dialog. Mit der Erweiterung der Europäischen Union auf die mittel- und osteuropäischen Staaten ist man einem „Europa der Kulturen" näher gekommen. Das Jahr 2008 - das Europäische Jahr des interkulturellen Dialogs - kann dabei Motor für die Neugestaltung eines gemeinsamen Kulturraumes sein. In diesem Kontext dient der interkulturelle Dialog als Möglichkeit für eine Auseinandersetzung und auch für ein Zusammenleben der verschiedenen Kulturen in unserer multikulturellen Gesellschaft. Auch wenn es Vermutungen dazu gibt, dass der Begriffszusammenhang des interkulturellen Dialogs eine politische Strategie zu sein scheint, findet dieser dennoch in den Bereichen Kultur, Kunst, Recht, Bildung, Wirtschaft und in der Politik seinen Platz.

Tatsächlich findet auf Grund der kulturellen Vielfalt in Europa zunehmend ein interkultureller Austausch statt. Die Menschen können ihre spezifischen kulturellen Identitäten und Fähigkeiten einbringen, sodass man sagen kann, dass Kultur auf lange Sicht gesehen wandelbar ist. Gerade im Alltag erlebt man viele Gelegenheiten, um in einen bewussten oder unbewussten interkulturellen Dialog zu Menschen mit unterschiedlicher Nationalität - Nachbarn, Arbeitskollegen, Freunde, Sportpartner, etc - zu treten. Die Vielfalt der Kulturen gewinnt in der Gesellschaftspolitik an Bedeutung und verstärkt die kulturellen Kooperationen - den interkulturellen Dialog.

Da sich der interkulturelle Dialog besonders auf die Aufgabe konzentriert, das Zusammenleben der BürgerInnen - vor allem junger Menschen - zu verbessern, ist es eine besondere Herausforderung in den Feldern Bildung, Jugend, Sport und Kultur, einen erfolgreichen Beitrag zu leisten. Dadurch können sich die Menschen Kenntnisse und Fähigkeiten aneignen und sich damit in einer dynamischen und immer komplexeren Umwelt besser zurechtfinden. Um tatsächlich von einander zu lernen und eine produktive Wahrnehmung von den Unterschieden zu bekommen, ist allerdings ein auf einander zugehen erforderlich. Zusätzlich bedarf es eines politisches Auftrages und budgetärer Verantwortung. Bei der Erziehung von Kindern und Jugendlichen ist es insbesondere die Verantwortung der Gesellschaft, Sorge zu tragen, dass interkulturelle Themen als Grundlage für ein besseres Verstehen vermittelt werden. Dadurch erlangt jeder Einzelne die Chance, interkulturelles

Verständnis zu erlangen und die Gelegenheit - mit einer Portion Neugier und Konfliktbereitschaft - leichter mit dem Anderen in Kontakt zu treten.

In erster Linie ist die Familie für die interkulturelle Bildung eines Kindes oder Jugendlichen verantwortlich. Familienergänzend wird die interkulturelle Erziehung durch den Kindergarten bzw. die Vorschule unterstützt und erweitert. In der Schule greifen insbesondere die Lehrer in Bezug auf die interkulturelle Orientierung der Schüler ergänzend und korrigierend ein. Auch außerschulische kulturelle Kinder- und Jugendbildung bieten daneben eine Möglichkeit, mit unterschiedlichen Kulturen in Kontakt zu treten. Religionen dürfen in diesem Zusammenhang nicht vernachlässigt werden, da sie einerseits wichtige Träger von Kultur und Werten sind, jedoch oft Beginn von interkulturellen Missverständnissen sein können. Medien spielen in der Kommunikationsgesellschaft durch die Vermittlung von Bildern und Berichten aus fremden Welten und Kulturen als „Bildungsmotor" eine herausragende Rolle.

Das Theater - als Medium betrachtet - fördert ein Miteinander verschiedener Kulturen und kann durch die Präsentation und ästhetische Reflexion von Werten und Weltmodellen kulturelle Traditionen, Veränderungen und Entwicklungen in einer Gemeinschaft öffentlich aufzeigen und damit zur Bewältigung auftretender Problemfelder und Konflikte Hilfestellung anbieten. Besonders der Dschungel Wien - Theaterhaus für junges Publikum leistet einen besonderen Beitrag zu einem interkulturellen Dialog für Kinder, Jugendliche und junge Erwachsene, was die empirische Untersuchung im zweiten Teil dieser Arbeit gezeigt hat. Dieses Theater bietet dem jungen Publikum neben wertvollen Theateraufführungen eine zusätzliche Möglichkeit, gemeinsam mit Familie, Schule und Freunden interkulturelle Themen, Aspekte, Probleme, etc. mit Schauspielern und Pädagogen zu diskutieren und zu verarbeiten.

Durch die wachsende Globalisierung wird das Thema Migration und Integration auch in Zukunft eine große Bedeutung für den gemeinsamen Lebensraum, den gesellschaftlichen Zusammenhalt und für die Chancengleichheit behalten. Deshalb wäre es notwendig, dass sich jeder Einzelne permanent mit dieser Materie auseinandersetzt.

Alle während der Kindheit und als Jugendlicher verinnerlichten interkulturellen Werte werden durch den erwachsenden Menschen der Gemeinschaft wiedergegeben und beeinflussen die Gesellschaft positiv!

V. LITERATURVERZEICHNIS

Aichinger, Ralph u.a.: Pangea: Public Acces und Medienkompetenzvermittlung. In: Steinert, Fiona (Hrsg.) u.a.: Wer Spricht - Interkulturelle Arbeit und Mehrsprachigkeit im Kontext freier Medien. Klagenfurt/Celovec: Drava Verlag. 2006. Seite 36-40.

Apfl, Stefan: Zuhause bei Mona S. In: Falter - Zeitschrift für Kultur und Politik. Falter Nummer: 48/08 (laufende Nummer: 2176/2008).

Auernheimer, Georg: Einführung in die Interkulturelle Pädagogik. 5. Auflage. Darmstadt: Wissenschaftliche Buchgesellschaft. 2007.

Auernheimer, Georg: Kulturelle Identität als pädagogisches Problem. In: Fuchs, Max (Hrsg.): Fachtagung Kulturelle Identität - eine Aufgabe für die Jugendarbeit? Remscheid: Akad. Remscheid für Musische Bildung und Medienerziehung. 1993.

Bachmair, Ben u.a.: Bestandsaufnahme zum Kinderfernsehen. Ein pädagogischer Blick auf das Fernsehangebot und die Nutzung durch dir Kinder. In: Medien praktisch (25/2001/12). Frankfurt/Main. Seite 23-28.

Bade, Klaus J.: Migration, Integration und kulturelle Vielfalt: historische Erfahrungen und aktuelle Herausforderungen. In: Kulturelle Vielfalt in der Stadtgesellschaft. 34. Cappenberger Gespräch der Freiherr-vom-Stein-Gesellschaft, 3.11.2005 (Cappenberger Gespräche, Bd. 34), Köln: Kohlhammer. 2007.

Baier, Christian: Für ein Theater der sozialen Kompetenz. In: Monika Wagner [Hrsg.], Michael Hüttler und Susanne Schwinghammer: Theater-Begegnung-Integration? - 1. Auflage. Frankfurt am Main: IKO - Verlag für Interkulturelle Kommunikation. 2003. Seite 179-195.

Balme, Christopher: Deutsches Welttheater. In: Die deutsche Bühne – Stadttheater interkulturell. Ausgabe: Mai 2007, 78. Jahrgang. Seite 20-23.

Balme, Christopher: Das Theater der Anderen - Alterität und Theater zwischen Antike und Gegenwart. Tübingen und Basel: Francke Verlag. 2001.

Barsig, Walter (Hrsg.): Die Lehrerpersönlichkeit in Erziehung und Unterricht. Donauwärth: Auer. 1980.

Beck-Gernsheim, Elisabeth: Was kommt nach der Familie? Einblicke in neue Lebensformen. München: Verlag C.H. Beck. 2000.

Becker, Hellmut & **Hentig**, Hartmut von (Hrsg.): Der Lehrer und seine Bildung. Beiträge zur Überwindung einer Resignation. Frankfurt/Main: Ullstein. 1984.

Beer, Bettina: Ethnos; Ethnie; Kultur. In: Beer, Bettina und Fischer, Hans (Hrsg.): Ethnologie. Einführung und Überblick. Berlin: Reimer. 2003. Seite 55-72.

Beer, Bettina und **Fischer**, Hans (Hrsg.): Ethnologie. Einführung und Überblick. Berlin: Reimer. 2003.

Bericht der Unabhängigen Kommission „Zuwanderung": Zuwanderung gestalten, Integration fördern. Berlin: Druckerei Conrad GmbH. 4. Juli 2001.

Bifie - Bildungsforschung, Innovation und Entwicklung des österreichischen Schulwesens: Frühkindliche Sprachstandsfeststellung. Konzept und Ergebnisse der systematischen Beobachtung im Kindergarten. Simone Breit (Hrsg.). Graz: Leykam. 2009.

Billenetz - Bildung und Lernen: Diskussionsvorlage zum Fachgespräch Interkultureller Bildung am 27. Mai 2008 im Kulturpalast Billstedt.

Bildung und Kultur in Europa - Das Magazin: Europa am Kreuzungspunkt der Welten. Ausgabe 24 - 2004.

Blänsdorf, Jürgen: Der Fremde als Störenfried in der antiken Komödie. In: Balme, Christopher: Das Theater der Anderen - Alterität und Theater zwischen Antike und Gegenwart. Tübingen und Basel: Francke Verlag. 2001. Seite 21-36.

Bleicher, Joan Kristin: Die Lindenstraße im Kontext deutscher Familienserien. In: Jurga, Martin (Hrsg.): Lindenstraße. Opladen: Westdeutscher Verlag. 1995. Seite 41-53.

Bolten, Jürgen: Interkulturelle Kompetenz. Landeszentrale für politische Bildung Thüringen. Erfurt: Druckerei Sömmerda GmbH. 2007.

Bourdieu, Pierre: Le sens pratique. Paris: Editions de Minuit. 1980.

Breitwieser, Gerhard: Theater erfahren. In: gift - zeitschrift für freies theater: Thema: Darstellende Kunst für junges Publikum. Februar/März 2008. Seite 65-66.

Brook, Peter: Wanderjahre. Schriften zu Theater, Film & Oper - 1946 - 1987. Dt. von Gretchen Meier-Müller. Bearbeitung von Ingrid Wewerka. Berlin: Alexanderverlag. 1989.

Brunzel, Peggy: Kulturbezogenes Lernen und Interkulturalität. Dissertation. Universität Kassel. 2001.

Bundeskanzleramt Österreich: Regierungsprogramm 2007 bis 2010 - Regierungsprogramm für die XXIII. Gesetzgebungsperiode. 2006.

Bundesministerium für Inneres: gemeinsam kommen wir zusammen - Expertenbeiträge zur Integration. Wien. O.A.

Bundesministerium für Unterricht, Kunst und Kultur: Europäisches Jahr des interkulturellen Dialogs 2008 - Veranstaltungen und Projekte in Österreich.

Corn Heribert: Raus aus der Tschuschenecke! Falter - Zeitschrift für Kultur und Politik. Falter Nummer: 36/08 (laufende Nummer: 2164/2008).

Cvitic, Ana Marija: Sie müssten lauter gehört werden. Der Standard. 16. Oktober 2007.

Demorgon, Jacques: Europakompetenz lernen interkulturelle Ausbildung und Evaluation. Frankfurt/Main [u.a]: Campus-Verlag. 2001.

Die Beauftragte der Bundesregierung für Migration, Flüchtlinge und Integration: Der Nationale Integrationsplan. Neue Wege - Neue Chancen. Baden Baden: Koelblin-Fortuna-Druch. 2007.

Die deutsche Bühne - Stadttheater interkulturell. Ausgabe: Mai 2007, 78. Jahrgang.

Die Zeit. 19. April 2007. Ausgabe Nr. 17.

Der Brockhaus: Psychologie. Fühlen Denken und Verhalten verstehen. Hrsg. v. Lexikonredaktion des Verlags. Mannheim, Leipzig: F.A. Brockhaus. 2001.

Der Standard. 16. Oktober 2007

Deutsches Jugendinstitut (Hrsg.): Ein Handbuch zur Situation der Familien heute. München: Kösel Verlag. 1988.

Dreikurs, Rudolf: Kinder fordern uns heraus. Wie erziehen wie sie zeitgemäß? Aus dem englischen Übersetzt von Erik A. Blumenthal. Stuttgart: Klett-cotta. 2000.

Duden: Kultur. Das Fremdwörterbuch. Mannheim: Dudenverlag. 2001.

EDUCULT - Denken und Handeln im Kulturbereich: Kunst, Kultur und Interkultureller Dialog. Wien. 2008.

EDUCULT - Denken und Handeln im Kulturbereich: Vielfalt und Kooperation. Kulturelle Bildung in Österreich - Strategien für die Zukunft. Bericht im Auftrag des Bundesministeriums für Unterricht, Kunst und Kultur. Wien, im Dezember 2007.

EDUCULT - Institut für die Vermittlung von Kunst und Wissenschaft: Kunst, Kultur und interkultureller Dialog. Bericht im Auftrag des Bundesministeriums für Unterricht, Kunst und Kultur. Wien. 2008.

Elschenbroich, Donata: Eine Familie - zwei Kulturen - Deutschausländische Familien. Wie geht's der Familie? In: Deutsches Jugendinstitut (Hrsg.): Ein Handbuch zur Situation der Familien heute. München: Kösel Verlag. 1988.

ERICarts: Sharing Diversity: Kulturelle Vielfalt gemeinsam Leben - Nationale Konzepte zum „Interkulturellen Dialog" in Europa. Zusammenfassung der Ergebnisse der Studie „Sharing Diversity" des Europäischen Instituts für vergleichende Kulturforschung (ERICarts) für die EU-Kommision. Bonn und Helsinki. März 2008.

ERICarts: Sharing Diversity - National Approaches to Intercultural Dialoque in Europe. Study for the European Commison. Bonn and Helsinki. März 2008.

European Interactive Advertising Association (EIAA): Mediascope Europe 2003-2008. Ergebnisse der Studie mit Fokus auf Deutschland. November 2008.

Europäische Kommission. Das EU-Kulturprogramm (2007-2013) - Grenzen überwinden - Kulturen verbinden: Interkultureller Austausch im zeitgenössischen Tanz. Erfurt: Druck Repro und Verlag OHG: O.A..

Europäische Kommision: Europäische Union Jahresbericht 2006 zur Menschenrechtslage. Luxemburg. 2006.

Europäische Kommission: Programmleitfaden - Programm „Europa für Bürgerinnen und Bürger" 2007-2013. Belgien, im Dezember 2007.

Europäische Kommission: Werte die europäischen Kultur 2007. Eurobarometer-Umfrage über die kulturellen Werte in Europa. Eurobarometer Spezial 278/Welle 67.1 - TNS Opinion & Social. Durchgeführt im Auftrag der Generaldirektion Bildung und Kultur und koordiniert von der Generaldirektion Kommunikation. Veröffentlichung: September 2007.

Falter - Zeitschrift für Kultur und Politik. Falter Nummer: 18/08 (laufende Nummer: 2146/2008).

Falter - Zeitschrift für Kultur und Politik. Falter Nummer: 48/08 (laufende Nummer: 2176/2008).

Falter - Zeitschrift für Kultur und Politik. Falter Nummer: 50/08 (laufende Nummer: 2178/2008).

Falter - Zeitschrift für Kultur und Politik. Falter Nummer: 17/09 (laufende Nummer: 2195/2009).

Fassmann, Heinz (Hg): 2. Österreichischer Migrations- und Integrationsbericht 2001-2006 - Rechtliche Rahmenbedingungen, demographische Entwicklungen, sozioökonomische Strukturen. Klagenfurt/Celovec: Verlag Drava. Wien. 2007.

Fischer-Lichte, Erika: Das eigene und das fremde Theater. Tübingen und Basel: Francke Verlag. 1999.

Fischer Lichte, Erika (Hrsg.), Kolesch, Doris und Warstat, Matthias: Metzler Lexikon Theatertheorie. Stichwort: Interkulturalität. Stuttgart, Weimar: Verlag J. B. Metzlar. 2005.

Fiske, John: Wie ein Publikum entsteht. Kulturelle Praxis und Cultural Studies. In: Hörning Karl H. (Hrsg.) und Winter, Rainer: Widerspenstige Kulturen: Culture Studies als Herausforderung. Frankfurt am Main: Suhrkamp. 1999. Seite 238-263.

Forum EB - Beiträge und Berichte aus der evangelischen Erwachsenenbildung: Differenzen und Dominanzen - Reflexionen interkultureller Bildungsarbeit. Ausgabe 4/2003. Frankfurt am Main: Uwe Grube Druckservice. 2003.

Föllinger, Sabine: ‚Fremde' auf der Bühne Aischylos. In: Balme, Christopher: Das Theater der Anderen - Alterität und Theater zwischen Antike und Gegenwart. Tübingen und Basel: Francke Verlag. 2001. Seite 36-54.

Fuchs, Max (Hrsg.): Fachtagung Kulturelle Identität - eine Aufgabe für die Jugendarbeit?. Remscheid: Akad. Remscheid für Musische Bildung und Medienerziehung. 1993.

Ganser, Katharina und Kock, Sabine: „Ich versuche Räume aufzustoßen und neue Dinge und Möglichkeiten zu schaffen" - Drei Jahre Dschungel Wien. In: gift - zeitschrift für freies theater: Thema: Darstellende Kunst für junges Publikum. Februar/März 2008. Seite 47-51.

Gasteiger, Anna: Der ewige Kebabstand-Besitzer. Kurier. Ausgabe: 320. 18. November 2008.

Gepp, Joseph: Sparsam, tierlieb, kinderlos. Falter - Zeitschrift für Kultur und Politik. Falter Nummer: 25/08 (laufende Nummer: 2153/ 2008).

Geretschlaeger, Ingrid: Anregung zum Ich. Vorgaben für die Wertorientierung des „Confetti TV" - Publikums. In: Medien Impulse. Heft Nr. 22. Dezember 1997. Seite 41-47.

Geretschlaeger, Ingrid: Integration beginnt im Kopf - aller beteiligten. In: Medien Impulse - Beiträge zur Medienpädagogik. Heft Nummer 63, März 2008. Seite 20-23.

Ghassemi, Sonja Sevede: Lebens- und Bildungssituation bikulturelle Kinder und Jugendliche in Österreich. Eine empirische Analyse mittels Mikrozensus, PISA und persönlichen Interviews. Diplomarbeit. Universität Wien, Institut der Soziologie. 2007.

Gierden-Jülich, Marion: Von Kindesbeinen an: Von der Notwendigkeit, den Umgang mit Pluralität zu erlernen. In: Mein Gott - Dein Gott. Interkulturelle und interreligiöse Bildung in Kindertagesstätten. Schweitzer, Friedrich u.a. Weinheim und Basel: Beltz Verlag. Seite 142-145.

Giesecke, Hermann: Wie lernt man Werte? Grundlagen der Sozialerziehung. Weinheim (u.a.): Juventa-Verlag. 2005.

gift - zeitschrift für freies theater. Mitteilungen der IG freie Theaterarbeit. September/Oktober 2004.

gift - zeitschrift für freies theater: Thema: Darstellende Kunst für junges Publikum. Februar/März 2008.

Gojo, Josef: Jugendarbeit und Freizeit. In: Interkulturelles Zusammenleben und Integration als kommunalpolitische Herausforderung. Handbuch für die interkulturelle Gemeindearbeit. Maria Zwicklhuber (Hrsg.), Interkulturelles Zentrum. Wien: Rabas Druck. 2003. Seite 48-52.

Gómez, Tutor, Claudia: Bikulturelle Ehen in Deutschland. Pädagogische Perspektiven und Maßnahmen. Frankfurt am Main: Verlag für Interkulturelle Kommunikation. 1995.

Gromes, Hartwin: Interkulturelle Aspekte in der Theaterarbeit Peter Brooks. In: Kurzenberger, Hajo und Matzke, Frank (Hrsg.): Interkulturelles Theater und Theaterpädagogik. Dokumentation der Tagung und des Festivals an der Universität Hildesheim und in der Kulturfabrik Löseke, November 1993. Hildesheim: Universität Hildesheim. 1994. Seite 31-47.

Götz, Hermann: Wer braucht schon Kindertheater? In: Falter - Zeitschrift für Kultur und Politik. Falter Nummer: 17/09 (laufende Nummer: 2195/2009).

Gürses, Hakan; **Kogoj**, Cornelia und **Mattl**, Silvia (Hrsg.): Gastarbajteri, 40 Jahre Arbeitsmigrations. Mandelbaum Verlag. Wien. 2004.

Hahn, Alois: „Partizipative" Identitäten. In: Münkler, Herfried (Hrsg.): Furcht und Faszination - Facetten der Fremdheit. Berlin: Akademischer Verlag. 1997. Seite 115-158.

Haldenwang, Vera: Medien und interkulturelle Bildung. Staatsinstitut für Schulqualität und Bildungsforschung München (Hrsg.). München. 11/2007.

Hamann, Sybille: Wenn die Tschuschenpower fehlt. Falter - Zeitschrift für Kultur und Politik. Falter Nummer: 50/08 (laufende Nummer: 2178/2008).

Hasib, Nigar: Lalish-Theaterlabor. Aufbruch zur Quelle der Feierlichkeit. In: Wagner Monika, Schwinghammer Susanne und Hüttler, Michael (Hrsg.): Theater. Begegnung. Integration? 1. Auflage. Frankfurt am Main, London: IKO - Verlag für Interkulturelle Kommunikation. 2003. Seite 221-241.

Helmolt, Katharina v.: Kommunikation in internationalen Arbeitsgruppen. Eine Fallstudie über divergierende Konventionen der Modalitätskonstituierung. (Reihe interkulturelle Kommunikation, Bd. 2) München: Iudicium. 1997.

Hentig, Hartmut von: Vom Verkäufer zum Darsteller. Absagen an die Lehrerbildung. In: Der Lehrer und seine Bildung. Beiträge zur Überwindung einer Resignation. Hellmut Becker & Hartmut von Hentig (Hrsg.). Frankfurt/Main: Ullstein. 1984. Seite 99-146.

Hentig, Hartmut von: Ach, die Werte: ein öffentliches Bewußtsein von zwiespältigen Aufgaben über eine Erziehung für das 21. Jahrhundert. München, Wien: Hanser. 1999.

Hoffmann, Klaus: Theater heute und die Interkulturalität. In: kultur - kompetenz - bildung: Konzeption kulturelle Bildung. Regelmäßige Beilage zu Politik & Kultur. Ausgabe 11, Juli-August 2007. Seite 1-2.

Hoffmann, Klaus: Theater heute und die Interkulturalität. politik & kultur. Beilage: kultur kompetenz bildung. Juli - August 2007. Ausgabe 11.

Hofstede, Geert: Lokales Denken, globales Handeln - Interkulturelle Zusammenarbeit und globales Management. München: Deutscher Taschenbuch Verlag. 2006.

Höbsch, Werner: Unterscheiden, um zu klären. In: Pastoralblatt für die Diözesen Aachen, Berlin, Essen, Hildesheim, Köln und Osnabrück. Februar 2/2009. Seite 49-54.

Höppner, Christian: Wer das Eigene nicht kennt, kann das Andere nicht erkennen - die Position des Deutschen Musikrates. In: Institut für Kulturpolitik der Kulturpolitischen Gesellschaft (Hrsg.): Beheimatung durch Kultur - Kulturorte als Lernsorte interkultureller Kompetenz. Essen: Klartext Verlag. 2007. Seite 189–191.

Hörning, Karl H. (Hrsg.) und **Winter**, Rainer: Widerspenstige Kulturen: Culture Studies als Herausforderung. Frankfurt am Main: Suhrkamp. 1999.

Initiativen Wirtschaft für Kunst: Vergabe - 8. Kultursponsoringpreis Niederösterreich „ Maecenas Niederösterreich 2008". Wien. 18. November 2008.

Institut für Kulturpolitk der Kulturpolitischen Gesellschaft (Hrsg.): Beheimatung durch Kultur - Kulturorte als Lernsorte interkultureller Kompetenz. Essen: Klartext Verlag. 2007.

Institut für Kulturpolitik der Kulturpolitischen Gesellschaft (Hrsg.): Jahrbuch für Kulturpolitik 2002/03. Band 3. Essen: Klartext Verlag. 2003.

Interessengemeinschaft Freie Theaterarbeit: Freie Theater 2008 - Jahresbericht. Wien. 2008.

Jahrbuch für Kulturpolitik 2002/03: Interkultur: Institut für Kulturpolitik der Kulturpolitischen Gesellschaft (Hrsg.) Band 3. Essen: Klartext Verlag. 2003.

Jaklin, Peter: Wertewandel und Medien - Eine vergleichende Untersuchung über die Bedeutung graphisch animierter Fernsehsendungen im Prozeß der Wertvermittlung bei Grundschulkindern. Baden-Baden: Battert Verlag. 1998.

Jurga, Martin (Hrsg.): Lindenstraße. Opladen: Westdeutscher Verlag. 1995.

Kalayci, Hüseyin: Schule. In: Interkulturelles Zusammenleben und Integration als kommunalpolitische Herausforderung. Handbuch für die interkulturelle Gemeindearbeit. Maria Zwicklhuber (Hrsg.), Interkulturelles Zentrum. Wien: Rabas Druck. 2003. Seite 44–47.

Khounani, Pascal M.: Binationale Familien in Deutschland und die Erziehung der Kinder. Eine Vergleichsuntersuchung zur familiären Erziehungssituation in mono- und bikulturellen Familien im Hinblick auf multikulturelle Handlungsfähigkeit. Frankfurt am Main, Berlin, Bern, Bruxelles, New York, Wien: Peter Lang. 2000.

Knoblauch, Jörg und **Marquardt**, Horst (Hrsg.): Werte haben Zukunft. Gießen, Basel: Brunnen Verlag. 2003.

Knoblauch, Jörg W. und **Marquardt**, Horst (Hrsg.): Werte sind Zukunft. Holzgerlingen: Hänssler Verlag. 2005.

Konsortium Bildungsberichterstattung (Hg.): Bildung in Deutschland - Ein indikatorengestützter Bericht mit einer Analyse zu Bildung und Migration. Im Auftrag der Ständigen Konferenz der Kultusminister der Länder in der Bundesrepublik Deutschland und des Bundesministeriums für Bildung und Forschung. Bielefeld: W. Bertelsmann Verlag, 2006.

Korrespondenz - Zeitschrift für Theaterpädagogik. 21. Jahrgang, Heft Nr. 46. Uckerland: Schibri-Verlag. März 2005.

Krenz, Armin: Wie Kinder Werte erfahren. Wertevermittlung und Umgangskultur in der Elementarpädagogik. Freiburg in Breisgau, Wien (u.a.): Herder. 1999.

Kränzle, Susanne: Palliative Care - Handbuch für Pflege und Begleitung. Heidelberg: Springer Medizin Verlag. 2006.

Kroeber, Alfred und **Kluckhohn**, Clyde: Culture. A Critical Review of Concepts and Definitions (Papers of the Peabody Museum of American Archaeology and Ethnology, Havard University, Bd. 47, No. 1) New York: Random House. O.J.

Krüger-Potratz, Marianne: Interkulturelle Pädagogik. Studienbrief der Fernuniversität Hagen. 1994.

Kulturelle Vielfalt in der Stadtgesellschaft: 34. Cappenberger Gespräch der Freiherr-vom-Stein-Gesellschaft, 3.11.2005 (Cappenberger Gespräche, Bd. 34), Köln: Kohlhammer. 2007.

Kultur - Kompetenz - Bildung: Konzeption kulturelle Bildung. Regelmäßige Beilage zu Politik & Kultur. Ausgabe 11, Juli-August 2007.

Kultur Kontakt Austria: Symposiumsrückblick - Europäisches Jahr des interkulturellen Dialogs 2008. Jahrgang 4, H1. Wien. 2007.

Kultur Kontakt - Kultur Bildung Europa: Symposiumsrückblick - Europäisches Jahr des interkulturellen Dialogs 2008. Wien. Frühling 2007.

Kurier Edition Wissen: Die Weltreligionen - Teil 10. Wien: Kurier Zeitungsverlag und Druckerei. Wien. 2007.

Kurier. Ausgabe: 320. Ausgabe vom 18. November 2008.

Kurier: O.A. Ausgabe vom 29. März 2007.

Kurzenberger, Hajo und **Matzke**, Frank (Hrsg.): Interkulturelles Theater und Theaterpädagogik. Dokumentation der Tagung und des Festivals an der Universität Hildesheim und in der Kulturfabrik Löseke, November 1993. Hildesheim: Universität Hildesheim. 1994.

Lebhart, Gustav und **Marik-Lebeck**, Stephan: Zuwanderung nach Österreich: aktuelle Trends. In: Fassmann, Heinz (Hg): 2. Österreichischer Migrations- und Integrationsbericht 2001-2006 - Rechtliche Rahmenbedingungen, demographische Entwicklungen, sozioökonomische Strukturen. Klagenfurt/Celovec: Verlag Drava. Wien. 2007. Seite 145–164.

Lebhart, Gustav und **Marik-Lebeck**, Stephan: Bevölkerung mit Migrationshintergrund. In: Fassmann, Heinz (Hg): 2. Österreichischer Migrations- und Integrationsbericht 2001-2006 - Rechtliche Rahmenbedingungen, demographische Entwicklungen, sozioökonomische Strukturen. Klagenfurt/Celovec: Verlag Drava. Wien. 2007. Seite 165–182.

Lefèbvre, Henri: Die Revolution der Städte. Dt. Erstausgabe. München: List. 1972.

Lennartz, Knut: Editorial. In: Die deutsche Bühne - Stadttheater interkulturell. Ausgabe: Mai 2007, 78. Jahrgang.

Luger, Karl: Offene Grenzen in der Kommunikationswissenschaft. Über die Notwendigkeit eines interkulturellen Forschungsansatzes. In: Luger, Karl und Renger, Rudi: Dialog der Kulturen. Die Multikulturelle Gesellschaft und die Medien. Wien. 1994. Seite 23-65.

Luger, Karl und **Renger**, Rudi: Dialog der Kulturen. Die Multikulturelle Gesellschaft und die Medien. Wien. 1994.

Lüsebrink, Hans-Jürgen: Interkulturelle Kommunikation - Interaktion, Fremdwahrnehmung, Kulturtransfer. Weimar: Verlag J.B. Metzler Stuttgart. 2005.

Maalouf, Amin: Mörderische Identitäten. Aus dem Französischen von Christian Hansen. 5. Auflage. Frankfurt am Main: Suhrkamp Verlag. 2008.

Maleczek, Werner (Hrsg.): Fragen der politischen Integration im mittelalterlichen Europa. Ostfildern: Thorbecke. 2005.

Mattel, Sylvia und **Payer**, Peter: Wien: Der lange Weg zur „Multikulturellen Weltstadt". In: Gürses, Hakan; Kogoj, Cornelia und Mattl, Silvia (Hrsg.): Gastarbajteri, 40 Jahre Arbeitsmigrations. Mandelbaum Verlag. Wien. 2004. Seite 99-104.

Medien Impulse - Beiträge zur Medienpädagogik. Heft Nr. 22. Dezember 1997.

Medien Impulse - Beiträge zur Medienpädagogik. Heft Nummer 63. März 2008.

Medien praktisch (25/2001/12). Frankfurt/Main.

Medienpädagogischer Forschungsverbund Südwest (LFK, LMK): JIM-Studie 2008 - Jugend, Information, (Multi-) Media + Medien, Computer + Internet. Basisuntersuchung zum Medienumgang 12- bis 19-Jähriger in Deutschland. Stuttgart, im November 2008.

Medienpädagogischer Forschungsverbund Südwest (LFK, LMK): KIM-Studie 2006 - Kinder + Medien, Computer + Internet. Basisuntersuchung zum Medienumgang 6- bis 13-Jähriger in Deutschland. Stuttgart, im Februar 2007.

Mennicken, Rainer: Die Jungen sind die Helden. In: Mennicken, Rainer und Rabl, Stephan: Theater für junges Publikum. Szene Österreich von Bregenz bis Wien. Berlin: Verlag Theater der Zeit. 2008.Seite 8–15.

Mennicken, Rainer und Rabl, Stephan: Theater für junges Publikum. Szene Österreich von Bregenz bis Wien. Berlin: Verlag Theater der Zeit. 2008.

Metzeltin, Michael: Der Andere und der Fremde. Eine Linguistisch-Kognitive Untersuchung. Cinderella Band 1. Wien: profildruck. Wien. 1997.

Messerschmidt, Astrid: Gesellschaftliche Bedingungen interkultureller und interreligiöser Bildung. In: Forum EB – Beiträge und Berichte aus der evangelischen Erwachsenenbildung: Differenzen und Dominanzen – Reflexionen interkultureller Bildungsarbeit. Ausgabe 4/2003. Frankfurt am Main: Uwe Grube Druckservice. 2003. Seite 7–9.

Münkler, Herfried (Hrsg.): Furcht und Faszination - Facetten der Fremdheit. Berlin: Akademischer Verlag. 1997.

Münz, Rainer u.a.: The Cost and Benefits of European Immigration. Hamburgisches Welt Wirtschafts Institut (HWWI). Report No. 3 by the HWWI Research Programme. Migration - Migration Research Group. Hamburg. 2006.

Münz, Rainer: Migration in Europa, Migration in Österreich - Rückblick auf das 20 Jahrhundert, Ausblick auf das 21. Jahrhundert. In: Österreichische Beamtenversicherung (ÖBV) (Hg.): Migration verändert die Arbeitswelt - Wiener Kultur- und Bildungseinrichtungen im Dialog. Wien. 2007. Seite. 23-39.

Nationaltheater Mannheim: Türkisch Gold - theaterpädagogische Materialien. Programmheft der Spielzeit 2007/2008.

Neisser, Heinrich: Perspektiven und Probleme der politischen Integration in der Europäischen Union. In: Maleczek, Werner (Hrsg.): Fragen der politischen Integration im mittelalterlichen Europa. Ostfildern: Thorbecke. 2005. Seite 19-32.

Nieke, Wolfgang: Interkulturelle Erziehung und Bildung. Wertorientierung im Alltag. 2. überarb. u. erg. Aufl. Opladen: Leske und Budrich. 2000.

Nooke, Günter: Wir und die anderen. Migration - Religion - Integration: Anmerkungen zu Grundlagen der interkulturellen Kulturarbeit. In: Jahrbuch für Kulturpolitik 2002/03. Band 3. Thema: Interkultur: Institut für Kulturpolitik der Kulturpolitischen Gesellschaft (Hrsg.) Essen: Klartext Verlag. 2003. Seite 337-341.

Nuscheler, Franz: Internationale Migration - Flucht und Asyl. 2. Auflage. Wiesbaden: VS Verlag für Sozialwissenschaften. 2004.

O.A.: Kindertheater. In: gift - zeitschrift für freies theater. Mitteilungen der IG freie Theaterarbeit. September/Oktober 2004.

Österreichische Beamtenversicherung (ÖBV) (Hg.): Migration verändert die Arbeitswelt - Wiener Kultur- und Bildungseinrichtungen im Dialog. Wien. 2007.

Österreichischen Integrationsfonds: Integration - Zahlen, Daten, Fakten. Wien: AV + Astoria Druckzentrum. 2008.

Pastoralblatt für die Diözesen Aachen, Berlin, Essen, Hildesheim, Köln und Osnabrück. Februar 2/2009.

Perpeet, Wilhelm: Kulturphilosphie. Anfänge und Probleme. Bonn: Bouvier Verlag. 1997.

Petschenig, Michael: Der kleine Stowasser. Lateinisch-deutsches Wörterbuch. München. 1969.

Pighin, Gerda: Kindern Werte geben - aber wie? München, Basel: Ernst Reinhardt Verlag. 2005.

Porsche, Susanne: Kinder wollen Werte. Ein Leitfaden für Eltern - für eine neue Ethik in der Erziehung. München: Südwest-Verlag. 2003.

Pocrnja, Jana: Die wollen sich nicht integrieren! unique 01/08. 21. Jänner 2008.

Potz, Richard: Islam, Migration und Integration. In: Fassmann, Heinz (Hg): 2. Österreichischer Migrations- und Integrationsbericht 2001-2006 - Rechtliche Rahmenbedingungen, demographische Entwicklungen, sozioökonomische Strukturen. Klagenfurt/Celovec: Verlag Drava. Wien. 2007. Seite 337–355.

Pusitz, Hein: M und kein Ende… Repräsentationen asiatischer Frauen in interkulturellen Partnerschaften im Westen. In: Pusitz, Hein und Reif, Elisabeth: Interkulturelle Partnerschaften - Begegnungen der Lebensformen und Geschlechter Frankfurt am Main: IKO-Verlag für Interkulturelle Kommunikation. 1996. Seite 113–138.

Pusitz, Hein und **Reif**, Elisabeth: Interkulturelle Partnerschaften - Begegnungen der Lebensformen und Geschlechter Frankfurt am Main: IKO-Verlag für Interkulturelle Kommunikation. 1996.

Putz-Plecko, Barbara und **Wimmer**, Michael: Schule als kulturelles Zentrum. Aus dem 2. Zwischenbericht der ExpertInnen-Kommission für eine neue Mittelschule des Bundesministeriums für Unterricht, Kunst und Kultur. Wien, im Jänner 2008.

Rajković, Amar und **Nikahetiya**, Raki: Ich bin schon vorgebibert. biber - Stadtmagazin für Wien, Viyana und Beč. Dezember 2008.

Reiter, Erich: Integration und/oder Kulturkampf. In: Sozialwissenschaftliche Schriftenreihe des Internationalen Instituts für liberale Politik Wien. Heft 16. Wien. 2006. Seite 19–22.

Regus, Christine: Interkulturelles Theater zu Beginn des 21. Jahrhunderts - Ästhetik, Politik, Postkolonialismus. Bielefeld: transcript Verlag. 2009.

Rettenegger, Florian: Mediale Integration ethnischer Minderheiten am Beispiel des alternativen Fernsehsenders Okto. Diplomarbeit. Universität Wien, Institut für Theater-, Film- und Medienwissenschaft. 2008.

Ruhrmann, Georg und **Demren**, Songül: Wie Medien über Migranten berichten. In: Schatz, Heribert/Holtz-Bacha, Christina & Jörg-Uwe Nieland (Hrsg.): Migranten und Medien. Neue Herausforderungen an die Integrationsfunktion von Presse und Rundfunk. Wiesbaden: Westdt. Verlag. 2000. Seite 69–81.

Ruthner, Clemens: Schlüsselbegriff „Kultur" - Facetten eines viel sagenden Wortes. In: Medien - Impulse. Heft Nr. 63., März 2008. Seite 10.

Rutter, Michael (Mitverf.): Fünfzehntausend Stunden. Schulen und ihre Wirkung auf die Kinder. Aus dem Englischen übersetzt von Karl Rudolf Höhn. Weinheim (u.a.): Beltz. 1980.

Sallaba, Petra und **Krisch**, Richard: Impulsreferat - Diversität und Jugendarbeit. Partizipation von MigrantInnen am öffentlichen Kulturleben. In: Österreichische Beamtenversicherung (ÖBV) (Hg.): Migration verändert die Arbeitswelt - Wiener Kultur- und Bildungseinrichtungen im Dialog. Wien. 2007. Seite. 91–96.

Salgado, Rubia: MigrantInnen, Partizipation und Medien. In: Steinert, Fiona (Hrsg.) u.a.: Wer Spricht - Interkulturelle Arbeit und Mehrsprachigkeit im Kontext freier Medien. Klagenfurt/Celovec: Drava Verlag. 2006. Seite 10–15.

Sandmeyer, Petra: Neue Sehnsucht nach Werten. Teil I. In: Stern (Extrabeilage) Nr. 46 vom 10. November 2005.

Sandrisser, Wilhelm und **Winkler**, Hans: Die Stärke der kulturellen Vielfalt. In: Bundesministerium für Inneres: gemeinsam kommen wir zusammen - Expertenbeiträge zur Integration. Wien. O.A. Seite 168–205.

Schatz, Heribert, **Holtz-Bacha**, Christina und **Nieland**, Jörg-Uwe (Hrsg.): Migranten und Medien. Neue Herausforderungen an die Integrationsfunktion von Presse und Rundfunk. Wiesbaden: Westdt. Verlag. 2000.

Scharzenberger, Dietlind: „Useless" - Eine Begegnung. Bericht über prozessorientierte interkulturelle Theaterarbeit. In: Wagner, Monika (Hrsg.), Schwinghammer, Susanne und Hüttler, Michael: Theater. Begegnung. Integration? 1. Auflage. Frankfurt am Main, London: IKO - Verlag für Interkulturelle Kommunikation. 2003. Seite 291–311.

Scheibler, Petra M.: Binationale Ehen. Zur Lebenssituation europäischer Paare in Deutschland. Weinheim: Deutscher Studien Verlag. 1992.

Schönpflug, Ute: Migration aus kulturvergleichender psychologischer Perspektive. In: Thomas, Alexander (Hrsg.), Kulturvergleichende Psychologie. Göttingen: Hogrefe-Verlag. 2003. Seite 515-541.

Schmid, Albert Maximilian: Aufgabenfelder der Migrationspolitik in Deutschland. In: Institut für Kulturpolitik der Kulturpolitischen Gesellschaft (Hrsg.): Jahrbuch für Kulturpolitik 2002/03. Band 3. Essen: Klartext Verlag. 2003. Seite 115-124.

Schnurbein von, Barbara: Werte vermitteln in Familie und Schule. In: Werte sind Zukunft. Jörg W. Knoblauch/Horst Marquardt (Hrsg.). Holzgerlingen: Hänssler Verlag. 2005. Seite 274-287.

Schweiger, Anna Thandeka: Medea im Zeitalter der Globalisierung - eine rekonstruktive Studie zu Ethnisierungsphänomen in Paarbeziehungen. Diplomarbeit. Universität Wien. Fakultät für Psychologie. 2008.

Schweitzer, Friedrich u.a.: Mein Gott - Dein Gott. Interkulturelle und interreligiöse Bildung in Kindertagesstätten. Weinheim und Basel: Beltz Verlag. 2008.

Schwinghammer, Susanne: Der gesunde Hausverstand macht uns Krank. In: Monika Wagner [Hrsg.], Michael Hüttler und Susanne Schwinghammer: Theater. Begegnung. Integration? - 1. Auflage. Frankfurt am Main: IKO - Verlag für Interkulturelle Kommunikation. 2003. Seite 15-23.

Senghaas, Dieter: Zivilisierung wider Willen - der Konflikt der Kulturen mit sich selbst. Frankfurt am Main: Suhrkamp. 1998.

Silberzahn-Jandt, Gudrun: Transkulturelle Pflege - Oder: Die Falle mit „den Fremden". In: Kränzle, Susanne: Palliative Care - Handbuch für Pflege und Begleitung. Heidelberg: Springer Medizin Verlag. 2006. Seite 25-30.

Slembek, Edith: Grundfragen der interkulturellen Kommunikation. In: Jonach, Ingrid (Hg.): Interkulturelle Kommunikation. (Reihe: Sprache und Sprechen. Beiträge zur Sprechwissenschaft und Sprecherziehung, Bd. 34). München: Ernst Reinhardt Verlag. 1998. Seite 27-36.

Spiewak, Martin: Meinungsstark, aber ahnungslos. Die Zeit. 19. April 2007. Ausgabe Nr. 17.

Steindl, Mari: Interkulturelles Lernen - ein Beitrag zur Integration? In: Interkultureller Dialog. Interkulturelles Lernen. Zentrum polis - Politik Lernen in der Schule (Hrsg.) Broschüre ist ein Beitrag zum Europäischen Jahr des interkulturellen Dialogs sowie zu den Aktionstagen Politische Bildung 2008. Wien. März 2008. Seite 8-9.

Steinert, Fiona (Hrsg.) u.a.: Wer Spricht - Interkulturelle Arbeit und Mehrsprachigkeit im Kontext freier Medien. Klagenfurt/Celovec: Drava Verlag. 2006.

Stern (Extrabeilage der Zeitschrift) Nr. 46 vom 10. November 2005.

Sting, Wolfgang: Differenz zeigen. Chancen interkultureller Theaterarbeit. In: Korrespondenz - Zeitschrift für Theaterpädagogik. 21. Jahrgang, Heft Nr. 46. Uckerland: Schibri-Verlag. März 2005. Seite 41-47.

Streit, Antje: Fremd in der Serienfamilie? In: TELEVIZION - Internationals Zentralinstitut für das Jugend- und Bildungsfernsehen (IZI): Medien und Migration. Ausgabe: 21/2008/1. Seite 50-53.

Sozialwissenschaftliche Schriftenreihe des Internationalen Instituts für liberale Politik Wien. Heft 16. Wien, 2006.

TELEVIZION - Internationals Zentralinstitut für das Jugend- und Bildungsfernsehen (IZI): Medien und Migration. Ausgabe: 21/2008/1.

Then, Werner: Menschenwürde, christliche Werte und die soziale Marktwirtschaft. In: Werte haben Zukunft. Knoblauch, Jörg und Marquardt, Horst (Hrsg.). Gießen, Basel: Brunnen Verlag. 2003. Seite 207–222.

Thomas, Alexander: Psychologie interkulturellen Lernens und Handelns. In: Thomas, Alexander (Hrsg.): Kulturvergleichende Psychologie. 2., überarbeitete und erweiterte Auflage. Göttingen: Hogrefe-Verlag. 2003. S. 433–485.

Thomas, Alexander (Hrsg.): Kulturvergleichende Psychologie. 2., überarbeitete und erweiterte Auflage. Göttingen: Hogrefe-Verlag. 2003.

Tseng, Wen-Shin: Adjustment in Intercultural Marriage. In: Tseng, Wen-Shin et. al. (Eds.): Adjustment in Interculture Marriage. Honolulu. 1977. Seite 93–103.

Tseng, Wen-Shin et. al. (Eds.): Adjustment in Interculture Marriage. Honolulu. 1977.

Valentin, Karl: Mögen hätt ich schon wollen, aber dürfen hab ich mich nicht getraut! Das Beste aus seinem Werk. Original Ausgabe, 3. Auflage. München [u.a.]: Pieper. 1996.

Valeruz, Serena: Reiz des Fremden. Die Bunte Zeitung - Medium für Würde, Gerechtigekeit und Demokratie. Nr. 2, 3/4 2008.

Varro, Gabrielle: Der Begriff der „gemischten Ehe“. In: Varro, Gabrielle und Gebauer, Gunter (Hrsg.): Zwei Kulturen - eine Familie. Paare aus verschiedenen Kulturen und ihre Kinder am Beispiel Frankreichs und Deutschlands. Opladen: Leske und Budrich. 1997. Seite 27–47.

Varro, Gabrielle und **Gebauer**, Gunter (Hrsg.): Zwei Kulturen - eine Familie. Paare aus verschiedenen Kulturen und ihre Kinder am Beispiel Frankreichs und Deutschlands. Opladen: Leske und Budrich. 1997.

Vogl, Mathias und **Matscher**, Franz: Integration zwischen Assimilation und pluralistischer Multikultur. In: Bundesministerium für Inneres: gemeinsam kommen wir zusammen - Expertenbeiträge zur Integration. Wien. O.A. Seite 14-23.

Wagner, Bernd: Integration und Vielfalt. Anforderungen an Gesellschafts- und Kulturpolitik in einer Einwanderungsgesellschaft. In: Institut für Kulturpolitk der Kulturpolitischen Gesellschaft (Hrsg.): Beheimatung durch Kultur - Kulturorte als Lernsorte interkultureller Kompetenz. Essen: Klartext Verlag. 2007. Seite 27-39.

Wagner, Heinz: Kunterbuntes Theater-Biotop. In: Mennicken, Rainer und Rabl, Stephan: Theater für junges Publikum. Szene Österreich von Bregenz bis Wien. Berlin: Verlag Theater der Zeit. 2008. Seite 114-122.

Wagner, Heinz: Wer weiß etwas über Aischa? In: Kurier, Ausgabe vom 29. März 2007.

Wagner, Monika [Hrsg.], Michael Hüttler und Susanne Schwinghammer: Theater.Begegnung.Integration? - 1. Auflage. Frankfurt am Main: IKO - Verlag für Interkulturelle Kommunikation. 2003.

Wagner, Monika (Hrsg.), **Schwinghammer**, Susanne und **Hüttler**, Michael: Theater. Begegnung. Integration? 1. Auflage. Frankfurt am Main, London: IKO - Verlag für Interkulturelle Kommunikation. 2003.

Wagner, Monika und **Zips**, Werner: Begegnungen oder Integrierte Sorgen? In: Wagner, Monika (Hrsg.), Schwinghammer, Susanne und Hüttler, Michael: Theater. Begegnung. Integration? 1. Auflage. Frankfurt am Main, London: IKO - Verlag für Interkulturelle Kommunikation. 2003. Seite 23-37.

Welsch, Wolfgang: Transkulturalität. Zur veränderten Verfasstheit heutiger Kulturen. In: Zeitschrift für Kulturenaustausch. Ausgabe 45/1. Seite 39-44.

Wenko, Nina: Ein Theater 2. Klasse? Analyse der darstellenden Kunst für junges Publikum in Wien und am Dschungel Wien. Diplomarbeit. Universität Wien, Institut für Theater-, Film- und Medienwissenschaft. 2009.

Wiener Schulprojekte 2008: Publikation anlässlich des Europäischen Jahres des interkulturellen Dialogs 2008. Wien: Druckerei des Bundesministeriums für Unterricht, Kunst und Kultur. 2008.

Wiener Theaterreform: Gutachten zur Wiener Theaterreform (Konzeptförderung). Vorgelegt im November 2004 von der Wiener Theaterjury: Andrea Amort, Karin Cerny, Wolfgang Greisenegger, Karin Kathrein, Veronica Kaup-Hasler, Christian Meyer und Dietmar N. Schmidt. 2004.

Wiener Theaterreform: Gutachten der Wiener Theaterjury 2008 (Konzeptförderung 2009 - 2013). Vorgelegt im Dezember 2008 von Eva Hosemann, Silvia Kargl, Thomas Licek, Berno Odo Polzer und Jürgen Weihäupl. 2008.

Wolfram, Karoline: Kinder und Jugendtheater in Wien. Diplomarbeit. Institut für Kulturmanagement. Universität für Musik und darstellende Kunst in Wien. 2004.

Wolkinger, Thomas: Alter, stirb doch mal". Falter - Zeitschrift für Kultur und Politik. Falter Nummer: 40/08 (laufende Nummer: 2168/2008).

Wörterbuch der Soziologie: Stichwort Kultur. Hrsg. v. Wilhelm Bernsdorf. Band 2. Frankfurt am Main: Fischer-Taschenbuch-Verlag. 1972.

Zeitschrift für Kulturenaustausch. Ausgabe 45/1. O.A.

Zweites Deutsches Fernsehen: Selbstverpflichtungserklärung des ZDF 2009–2010.

Zwicklhuber, Maria: Kindergarten. In: Interkulturelles Zusammenleben und Integration als kommunalpolitische Herausforderung. Handbuch für die interkulturelle Gemeindearbeit. Maria Zwicklhuber (Hrsg.), Interkulturelles Zentrum. Wien: Rabas Druck. 2003. Seite 40–43.

Zwicklhuber, Maria (Hrsg.): Interkulturelles Zusammenleben und Integration als kommunalpolitische Herausforderung. Handbuch für die interkulturelle Gemeindearbeit. Interkulturelles Zentrum. Wien: Rabas Druck. 2003.

Internetquellen

Alte Schmiede: Literatur im Herbst. http://www.alte-schmiede.at/. Zugriff am 27. Juni 2008.

Amtsblatt der Europäischen Union: Entscheidung Nr. 1983/2006/EG des Europäischen Parlaments und des Rates vom 18. Dezember 2006 zum Europäischen Jahr des interkulturellen Dialogs (2008). http://eurlex.europa.eu/LexUriServ/LexUriServ.do?uri=OJ:L:2006:412:0044:0050:DE:PDF. Zugriff am 20. Juni 2008.

Artworks: Manfred Michalke. http://www.equal-art works.at/start.php?site=projekte&subsite=kuenstler_detail&id=59. Zugriff am 5. September 2008.

Bade, Klaus J.: Migration, Integration und kulturelle Vielfalt: historische Erfahrungen und aktuelle Herausforderungen. In: Kulturelle Vielfalt in der Stadtgesellschaft. 34. Cappenberger Gespräch der Freiherr-vom-Stein-Gesellschaft, 3.11.2005 (Cappenberger Gespräche, Bd. 34), Köln: Kohlhammer. 2007. Seite 2. http://www.kjbade.de/bilder/CappenbergPublikation.pdf. Zugriff am 27. 8. 2008.

Bakker, Marija: Wertevermittlung: Kinder und Religion. www.wdr.de/tv/service/familie/inhalt/20041215/. Zugriff am 13. Dezember. 2008.

Barroso, José Manuel, Präsident der Europäischen Kommision, erklärte dies anlässlich der Verabschiedung einer Mitteilung der Kommission über eine europäische Kulturagenda im Zeichen der Globalisierung. http://ec.europa.eu/culture/eac/communication/comm_de.html. Zugriff am 19. April 2008.

Beucke-Galm, Mechtild: Über die Bedeutung von Dialog in einer „lernenden Organisation". http://www.io-d.de/pdf/n_mbg0603.pdf. Zugriff am 10. Juni 2008.

biber: Wien ist anders - jetzt stimmts. http://www.dasbiber.at/node/27. Zugriff am 17. Dezember 2008.

Bildungsforschung: Jahrgang 5, Ausgabe 1. 2008. http://bildungsforschung.org/bildungsforschung/Archiv/2008-01/medienkompetenz. Zugriff am 17. 12. 2008.

Born, Julia: Wie geht interreligiöses Lernen? Interview mit Peter Schreiner (Comenius-Institut). Die Religionspädagogische Plattform im Internet. © rpi-virtuell, Bereich Methoden, Februar/März 2005. http://www.rpivirtuell.net/workspace/users/3566/int/schrein/Interview_Schreiner.pdf. Zugriff am 13. Dezember 2008.

Bundesministerium für Unterricht, Kunst und Kultur: Anfragebeantwortung. Österreichs Schulen 3515/J (XXIII.GP) - Anfrage bzw. 3491/AB (XXIII. GP) - Anfragebeantwortung. http://www.parlament.gv.at/PG/DE/XXIII/AB/AB_03491/imfname_105296.pdf. Zugriff am 26. November 2008.

Bundesministerium für Unterricht, Kunst und Kultur: Interkulturelles Lernen. Lehrplanbestimmungen. http://www.bmukk.gv.at/schulen/unterricht/prinz/interkult_lernen_lp.xml. Zugriff am 25. November 2008.

Bundesverband Theaterpädagogik e. V: http://www.eduhi.at/dl/ Theater_ist_Dialog.pdf. Zugriff am 15. Juni 2009.

Das Europäische Jahr des interkulturellen Dialogs 2008 in Österreich: Interkultureller Dialog in einer globalen Perspektive. http://www.interculturaldialogue2008.eu/545.0.html. Zugriff am 20. Juni 2008.

Deutsche Bundesregierung: Nationaler Integrationsplan. http://www.bundesregierung.de/Webs/Breg/DE/Bundesregierung/BeauftragtefuerIntegration/NationalerIntegrationsplan/nationaler-intregrationsplan.html. Zugriff am 3. September 2008.

Deutscher Kulturrat: Interkulturelle Bildung - eine Chance für unsere Gesellschaft. Seite 2. http://www.kulturrat.de/pdf/1057.pdf. Zugriff am 14. November 2008.

Dschungel Wien: Rubrik - Das Haus. http://www.dschungelwien.at/. Zugriff am 15. Mai 2008.

Dschungel Wien: Das Haus - Schwerpunkte. http://www.dschungel wien.at/de/haus/. Zugriff am 22. Mai 2009.

Dschungel Wien: Programm 2007/2008. http://www.dschungel wien.at/cgi-bin/page.pl?id=5;lang=de. Zugriff am 15. Mai 2008.

Dschungel Wien: Rubrik: Schwerpunkte. http://www.dschungel wien.at/. Zugriff am 19. Mai 2009.

Dschungel Wien zeigt Don Quijote: Kinder gegen Gewalt an Kindern: Rathauskorrespondenz vom 9.9.2008. http://www.wien.gv.at/vtx/rk?DATUM=20080909&SEITE=020080909006. Zugriff am 5. Juli 2009.

Europa.eu: http://ec.europa.eu/culture/eac/communication/comm_de.html. Zugriff am 19. April 2008.

Europäische Jahr des interkulturellen Dialogs 2008: http:// www.interculturaldialogue2008.eu/406.0.html?&L=1&redirect_url=my-startpage-eyid.html. Zugriff am 20. Juni 2008.

Europäische Jahr des interkulturellen Dialogs 2008: http:// www.bm ukk.gv.at/europa/ejid/faq.xml. Zugriff am 20. Juni 2008.

Exil-Club - Zu Hause in der Welt: Mehr erfahren über Exil, Fremdsein und Migration. http://tinyurl.com/yrffeu. Zugriff am 17. Dezember 2008.

Falter - Zeitschrift für Kultur und Politik. Falter Nummer: 40/04 vom 29.09.2004. http://www.falter.at/print/F2004_40_2.php. Zugriff am 19. Mai 2009.

Faix, Wilhelm: Werteerziehung in der Erziehung. http://www.lza.de /downloads/material/index.php?title=Wertevermittlung_in_der_ Erziehung. Zugriff am 14. November 2008.

Gartenpolylog: http://www.gartenpolylog.org/. Zugriff am 20. Juni 2008.

Glaube und Religion: Islam spezial. http://www.anima.or.at/. Zugriff am 24. Juni 2008.

Gröschl, Martina: Migration und Integration - Interview mit Heinz Fassmann. http://www.oeaw.ac.at/home/thema/thema_200705 _1. html. Zugriff am 28. August 2008.

Haun, Hein: Theaterpädagogik ist Dialog. In: Bundesverband Theaterpädagogik e. V. http://www.eduhi.at/dl/Theater_ist_Dialog.pdf. Zugriff am 15. Juni 2009.

Huber, Hans-Dieter: Interkontextualität und künstlerische Kompetenz. Eine kritische Auseinandersetzung. http://www.hgb-leipzig.de/ ARTNINE/huber/aufsaetze/glarus.html. Zugriff am 1. Juni 2008.

Interkulttheater: Konzept des interkulttheaters. http://www.interkult theater.at/home/konzept.html. Zugriff am 20. März 2009.

Interkulttheater: Index. http://www.interkulttheter.at/index_de/index.html. Zugriff am 20. März 2009.

Interkulttheater: Konzept des interkulttheaters. http://www.interkulttheater.at/home/konzept.html. Zugriff am 20. März 2009.

Interkultureller Dialog: http://www.daara.de/interkultureller-dialog/. Zugriff am 20. Juni 2008.

Interkultureller Mehrsprachiger Kindergarten (IKG):Unsere Philosophie.http://www.ikg.or.at/index.php?option=content&task=blogcategory&id=20&Itemid=143. Zugriff am 16. November 2008.

Kralicek, Wolfgang: Bitte zurückkehren. In: Falter - Zeitschrift für Kultur und Politik. Falter Nummer: 40/04 vom 29.09.2004. http://www.falter.at/print/F2004_40_2.php. Zugriff am 19. Mai 2009.

Lalish Theaterlabor: Lalish Interkulturelle Dialog. http://www.lalishtheater.org/interkulturelle-dialoge/. Zugriff am 20. März 2009.

Leitner, Stefan C. und **Klaban**, Julia: Offener Brief an den ORF - Neugestaltung des ORF-Kinderprogramms. Katholische Jungschar. 10.6.2008. http://www.jungschar.at/index.php?id=496. Zugriff am 16. Dezember 2008.

Lidner, Helga: Schulfrei für unsere Kindergartenkinder! Ein Plädoyer für den familienergänzenden, nicht den vorschulischen Kindergarten. http://www.kindergartenpaedagogik.de/1242.html. Zugriff am 15. November 2008.

Luchtenberg, Sigrid: Interkulturelle Medienkompetenz als Antwort auf die Rolle der Medien im interkulturellen Zusammenleben. In: bildungsforschung, Jahrgang 5, Ausgabe 1. 2008. http://bildungsforschung.org/bildungsforschung/Archiv/2008-01/medienkompe-tenz. Zugriff am 17. 12. 2008.

Migration: Heimat in der Fremde - Filme zum Thema „Migration". http://www.top-videonews.de/themen/migration/default.htm. Zugriff am 17. Dezember 2008.

MuseumsQuartier Wien: Barock trifft Cyberspace. http://www.mqw.at /index.php?page_id=4. Zugriff am 18. Mai 2009.

Münz, Rainer u.a.: The Cost and Benefits of European Immigration. Hamburgisches Welt Wirtschafts Institut (HWWI). Report No. 3 by the HWWI Research Programme. Migration - Migration Research Group. Hamburg. 2006. http://hwwi.hwwi.net/fileadmin/hwwi/ Publikationen/Research/Report/HWWI_Policy_Report_Nr__3.pdf. Zugriff am 4. April 2009.

O.A.: Förderung des interkulturellen Dialogs: das Weißbuch des Europarats.http://www.coe.int/t/dg4/youth/Source/Resources/Forum 21/Issue_No10/N10_CoE_WhitePaper_de.pdf. Zugriff am 5. November 2008.

Orange 94.0: Radiodialoge - Stimmen der Vielfalt. http://o94.at/pro jects/Radiodialoge. Zugriff am 17. Dezember 2008.

Osiecki, Matthias: Aus der erlebten Realität - Manfred Michalke über seine Arbeit mit Flüchtlingen. http://oe1.orf.at/highlights/4076. html. Zugriff am 10.7.2009.

Pangea: Allgemeine Konzeption. http://www.pangea.at/info /allgeme _INFO.htm. Zugriff am 3. September 2008.

„profil" Redaktion: "profil": Vertragsverlängerung von Dschungel-Chef Stephan Rabl. http://www.politikportal.at/presseaussendung. php?ch=politik&schluessel=OTS_20080120_OTS0005&email=1. Zugriff am 17. Mai 2009.

Riedl, Gerlinde: Mailath: Neue Gruppen und Konzepte, mehr Geld für das Off-Theater. http://www.wien.gv.at/vtx/rk?SEITE= 020081 210018. Zugriff am 10. April 2009.

Schlingensief, Christoph: Eine Kirche der Angst vor dem Fremden in mir. http://www.kirche-der-angst.de/#. Zugriff am 7. Oktober. 2008

Seibel, Johannes: Des Menschen Lebenswelt ist eine Kulturwelt - Zum Tod des Bonner Philosophen Wilhelm Perpeet DT vom 31.08.2002. http://www.die-tagespost.de/archiv/titel_anzeige.asp?ID=1352. Zugriff am 5.4. 2008.

Slowenien: Europäisches Jahr des interkulturellen Dialogs wird offiziell eröffnet. http://europa.eu/rapid/pressReleasesAction.do?reference=IP/08/10&format=HTML&aged=1&language=DE&guiLanguage=en. Zugriff am 20. Juni 2008.

Spiewak, Martin: Meinungsstark, aber ahnungslos. Die Zeit. 19. April 2007. Ausgabe Nr. 17. http://www.zeit.de/2007/17/B-Islam?page=all. Zugriff am 12. Dezember 2008.

Standard.at: Apollo 28 für „Dschungel Wien: http://www.apollo28.at / 01news/news_archiv.php. Zugriff am 19. Mai 2009.

Statistik Austria: Bevölkerung am 1.1.2008 nach detaillierter Staatsangehörigkeit und Bundesland. http://www.statistik.at /web_de/static/bevoelkerung_am_1.1.2008_nach_detaillierter_staatsangehoerigkeit_und_bunde_031066.pdf. Zugriff am 23. August 2008.

Statistik Austria: Schülerinnen und Schüler mit nicht-deutscher Umgangssprache im Schuljahr 2007/08. http://www.statistik.at/web_de/static/schuelerinnen_und_schueler_mit_nicht-deutscher_umgangssprache_im_schuljahr_029650.pdf. Zugriff am 24. November 2008.

szene bunte wähne: Unsere Mission. http://www.sbw.at /typo_sbw/ index.php?id=40. Zugriff am 17. Mai 2009.

Theaterspielplan: Ensemble: Wiener Vorstadttheater integratives theater österreichs. http://www.theaterspielplan.at/index.php?pagePos =42&id=23729. Zugriff am 8.7.2009.

Theaterspielplan: Wiener Vorstadttheater - Integratives Theater Österreichs. http://www.theaterspielplan.at/index.php?pagePos=42 &id=23729. Zugriff am 5. September 2008.

Tremetzberger, Iris: Menschrechte im Kulturvergleich. http://sammel punkt.philo.at:8080/913/1/se0102arbtremetzberger.pdf. Zugriff am 5. Juni2008.

Volkskunde in Österreich. Jahrgang 42, Folge 9. Wien, November 2007. http://www.volkskundemuseum.at/verein/vioe_2007_09.pdf. Zugriff am 27. Juni 2008.

Weiss, Hilde: Institution ohne Ablaufdatum: Die Familie. Wiener Zeitung. 18. Dezember 1998.http://www.wienerzeitung.at/Destop dfault.aspx?TabID=3946&Alias=WZO&lexikon=Kinder&letter=K& cob=7160. Zugriff am 5. November 2008.

Wiener Theaterreform: Richtlinien zur Konzeptförderung in der Darstellenden Kunst. http://inszenierung.at/materialien/richtl _konz foerd.pdf. Zugriff am 22. März 2009.

ZDF tivi: 1,2 oder 3. http://www.tivi.de/fernsehen/12oder3/rubrik/ 16807/index.html. Zugriff am 17. Dezember 2008.

Bildquellen

Abb. 1: Bolten, Jürgen: Interkulturelle Kompetenz. Landeszentrale für politische Bildung Thüringen. Erfurt: Druckerei Sömmerda GmbH. 2007. Seite 11.

Abb. 2: Hofstede, Geert: Lokales Denken, globales Handeln - Interkulturelle Zusammenarbeit und globales Management. München: Deutscher Taschenbuch Verlag, 2006. Seite 8.

Abb. 3 bis 4: Europäische Kommission: Werte die europäischen Kultur - 2007. Eurobarometer Umfrage über die kulturellen Werte in Europa. Eurobarometer Spezial 278 / Welle 67.1 - TNS Opinion & Social. Durchgeführt im Auftrag der Generaldirektion Bildung und Kultur und koordiniert von der Generaldirektion Kommunikation. Veröffentlichung: September 2007. Abb. 3: Seite 8 und Abb. 4: Seite 9.

Abb. 5: European Commision: European Culture Values. Special Eurobarometer 278/Wave 67. - TNS Opinion Social. This Survey was requested by Directorate General Education and Culture and coordinated by Directorate General Communication. Report Publication September 2007. Seite 9.

Abb. 6 bis 8: Europäische Kommission: Werte die europäischen Kultur - 2007. Eurobarometer Umfrage über die kulturellen Werte in Europa. Eurobarometer Spezial 278/Welle 67.1 - TNS Opinion & Social. Durchgeführt im Auftrag der Generaldirektion Bildung und Kultur und koordiniert von der Generaldirektion Kommunikation. Veröffentlichung: September 2007. Abb. 6: Seite 10, Abb. 7: Seite 11, Abb. 8: Seite 12.

Abb. 9: European Commision: European Culture Values. Special Eurobarometer 278/Wave 67. - TNS Opinion Social. This Survey was requested by Directorate General Education and Culture and coordinated by Directorate General Communication. Report Publication September 2007. Seite 24.

Abb. 10 bis 19: Europäische Kommission: Werte die europäischen Kultur - 2007. Eurobarometer Umfrage über die kulturellen Werte in Europa. Eurobarometer Spezial 278/Welle 67.1 - TNS Opinion & Social. Durchgeführt im Auftrag der Generaldirektion Bildung und Kultur und koordiniert von der Generaldirektion Kommunikation. Veröffentlichung: September 2007. Abb. 10 Seite 17, Abb. 11 Seite 18, Abb. 12 Seite 26, Abb. 13 Seite 19, Abb. 14 Seite 20, Abb. 15 Seite 21, Abb. 16 Seite 22, Abb. 17 Seite 22, Abb. 18 Seite 23, Abb. 19 Seite 24.

Abb. 20: Lebhart, Gustav und Marik-Lebeck, Stephan: Zuwanderung nach Österreich: aktuelle Trends. In: Fassmann, Heinz (Hg): 2. Österreichischer Migrations- und Integrationsbericht 2001-2006 - Rechtliche Rahmenbedingungen, demographische Entwicklungen, sozioökonomische Strukturen. Klagenfurt/Celovec: Verlag Drava. Wien. 2007. Seite 147.

Abb. 21: Lebhart, Gustav und Marik-Lebeck, Stephan:Bevölkerung mit Migrationshintergrund. In: Fassmann, Heinz (Hg): 2. Österreichischer Migrations- und Integrationsbericht 2001-2006 - Rechtliche Rahmenbedingungen, demographische Entwicklungen, sozioökonomische Strukturen. Klagenfurt/Celovec: Verlag Drava. Wien. 2007. Seite 169.

Abb. 22 bis 23: Österreichischen Integrationsfonds: Integration - Zahlen, Daten, Fakten. Wien: AV + Astoria Druckzentrum, 2008. Abb. 22: Seite 11, Abb. 23: Seite 75.

Abb. 24: Statistik: Schülerinnen und Schüler mit nicht-deutscher Umgangssprache im Schuljahr 2007/08. http://www.statistik.at/web_de/static/schuelerinnen_und_schueler_mit_nicht-deutscher _umgangssprache_im_schuljahr_029650.pdf. Zugriff am 24. November 2008.

Abb. 25: Dschungel Wien - Theaterhaus für junges Publikum: Informationsmaterial zur Vermietung des Theaterhauses. Seite 3.

Abb. 26: Dschungel Wien - Theaterhaus für junges Publikum: Informationsmaterial zur Vermietung des Theaterhauses. Seite 3.

Abb. 27: © Dschungel Wien - Theaterhaus für junges Publikum.

„Ich habe mich bemüht sämtliche Inhaber der Bildrechte ausfindig zu machen und ihre Zustimmung zur Verwendung der Bilder in dieser Dissertation eingeholt. Sollte dennoch eine Urheberrechtsverletzung bekannt werden, ersuche ich um Meldung bei mir."

Presse- Medieninformation

Breitwieser, Gerhard: Medieninformation: Österreichweites Theaterprojekt des BMUKK, KulturKontaktAustria und DSCHUNGEL WIEN. 2. April 2009.

Breitwieser, Gerhard: Medieninformation/Aktueller DSCHUNGEL WIEN Schwerpunkt: junge AutorInnen und Jugendliche auf der Bühne.14. April 2009.

Breitwieser, Gerhard: Medieninformation/DSCHUNGEL WIEN Mai 2009/Von "LOVE" und Einblicken in Elfriede Jelineks Wohnzimmer. 29. April 2009.

Dschungel Wien - Theaterhaus für junges Publikum: Informationsmaterial zur Vermietung des Theaterhauses.

Dschungel Wien: Medieninformation - Anlässlich der 1. Fahrt des Dschungel Wien Bus.

Don Quijote - Ein Vorspiel: Presseinformation von GAMUEKL - Gabriele Müller Klomfar.

Programmhefte/Begleitmaterial

Afrikanische Märchen: Begleitmaterial; Spiele und Information für den Unterricht. Herausgegeben von der Pädagogischen Einrichtung des Dschungel Wien.

Afrikanische Märchen: Programmheft.

Dschungel Wien: „Ich melde mich morgen! Zavolám ti zajtra! Yarin seni ararim! I call you tomorrow!" Stückbeschreibung.

Dschungel Wien: Programmheft für April, Mail, Juni 2008.

Dschungel Wien: Programmheft für Schulen 2005/2006.

Dschungel Wien: Programmheft Jänner, Februar, März 2009.

Dschungel Wien: Programmheft für September, Oktober, November und Dezember 2008.

Dschungel Wien: Programmheft für Kindergarten und Volksschule. Herbstsaison 2006/2007.

Dschungel Wien: Programmheft für Unterstufe und Oberstufe - Herbstsaison 2006/2007.

Forstner-Widter, Sabine: Dschungel Wien. Ausblick Spielplan Jänner - Juni 2009.

Rabl, Stephan: Dschungel Wien. Programmzeitschrift: Take OFF. Wir starten! Oktober 2004 - Februar 2005.

Theater Iskra: Vermutungen über Aischa oder: Inländer sind auch arme Schweine. Begleitinformation zur Vorstellung.

Email-Interview

Artmann, Marianne im Email-Kontakt am 14. März 2009.

Film + DVD-ROM Ebene:

Der Brockhaus Multimedial 2000: Dialog. CD-ROM, © Bibliographisches Institut & F. A. Brockhaus AG: Mannheim. 1999.

Vom Schutz zur Chance - Integration von Flüchtlingen in Österreich: Flüchtlingsland Österreich. Eine Produktion des Österreischischen Integrationsfonds. Gefördert aus den Mitteln der Republik Österreich. Mit freundlicher Unterstützung des Bundesministeriums für Inneres. © Österreichischer Integrationsfonds, Agentur Heininger. Wien. 2006. DVD, 44'.

Radioproduktionen

Vermutungen über Aischa oder Inländer sind auch arme Schweine - Radiobeitrag Online. Radio Stimme - Die Sendung der Initiative Minderheiten. Regie: Petra Permesser. Radio Orange 94.0. 28. Februar 2008.

Zeitfracht Medien GmbH
Ferdinand-Jühlke-Straße 7
99095 Erfurt, Deutschland
produktsicherheit@kolibri360.de